厚大®法硕 Juris Master

U0731309

2023 届硕士研究生招生考试法律硕士联考

Constitutional Law of China

中国宪法学

通关宝典

周悟阳◎编著　　厚大出品

中国政法大学出版社

图书在版编目（ＣＩＰ）数据

中国宪法学/周悟阳编著.—北京：中国政法大学出版社，2022.2
　（法硕联考通关宝典）
ISBN 978-7-5764-0180-6

Ⅰ.①中… Ⅱ.①周… Ⅲ.①宪法学－中国－研究生－入学考试－自学参考资料 Ⅳ.①D921.04

中国版本图书馆 CIP 数据核字 (2022) 第 022044 号

出 版 者　　中国政法大学出版社

地　　址　　北京市海淀区西土城路 25 号

邮寄地址　　北京 100088 信箱 8034 分箱　　邮编 100088

网　　址　　http://www.cuplpress.com (网络实名：中国政法大学出版社)

电　　话　　010-58908285(总编室) 58908433 （编辑部） 58908334(邮购部)

承　　印　　北京铭传印刷有限公司

开　　本　　787mm×1092mm　1/16

印　　张　　13.5

字　　数　　315 千字

版　　次　　2022 年 2 月第 1 版

印　　次　　2022 年 2 月第 1 次印刷

定　　价　　45.00 元

　　法硕联考开首至今已有整整二十个年头，针对法硕联考的备考而开设的培训机构及相应的培训教材更是如雨后春笋般铺满了生机勃勃的中华大地。但是却未曾出现哪怕一本能与作为考试官方教材的《法律硕士（非法学）专业学位联考考试分析》相比拟甚至相接近的基础教材，究其根本是因为考试分析具有权威性深受广大考生的信赖，但考试分析作为官方教材其可读性和易读性又一直令一代代学子折首。为解决这一两难问题，本书内容特根据《2022 年法律硕士（非法学）专业学位联考考试分析》进行了全面的修正与校订，针对 2023 届法硕联考的对应后续大纲修改的内容我们也将以电子版的形式提供给各位同学，一方面保证内容的权威性和及时性，另一方面在排版和编写上充分照顾到广大考生的复习需要，请大家放心学习使用。

　　同时，这是一本齐聚考试所需的中国宪法学最全知识点的应试教材，内容上对考试分析只增不减，我们希望你在整个复习过程中以此书为基准和基础就完全够用了，不论是真题训练、模拟题训练还是后面的针对性背诵的阶段，一旦遇到知识性的疑问回到本书，都将给你完整和准确的答案。

　　厚大法硕怀揣着让教育更生动、更温情、更有力量的梦想而来，我们致力于编撰一部这样的法律硕士基础教材：详细到每一个知识点都不会少于或别于考试分析，但是展现方式却能更加科学、美观、易学，装帧更加精美，无论手持还是伏案阅读都可以更加舒适，甚至在个别角落还小心翼翼地安放着我们厚大人的点滴情怀。两个多月来的焚膏继晷、夜以继日，让我有了一点点勇气说：同学，此刻你拿在手中的，几乎就是这样一部教材。

我们希望这本书能帮助你获得法律硕士研究生入学资格，去开启全新的人生篇章！与此同时，还希望本书能帮助你更加笃信宪法的价值，笃信自由的不易，笃信平等的可贵和正义的美好！

周悟阳

2022 年 2 月

于厚大教育北京苏州街总部

C 目 录
CONTENTS

宪法基本理论 第一章

本章知识体系

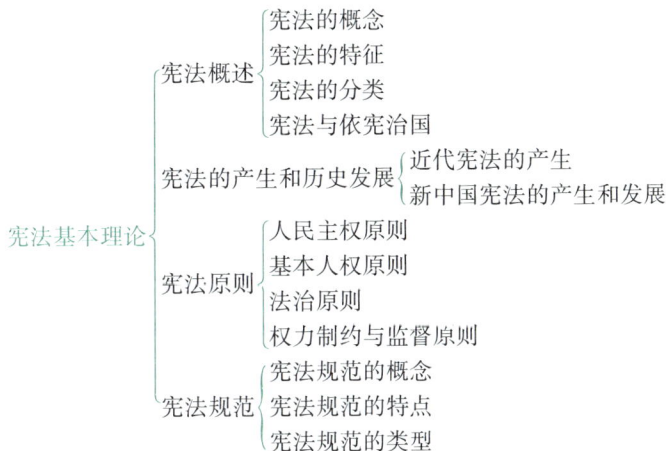

```
                        ┌ 宪法的概念
              ┌ 宪法概述 ┤ 宪法的特征
              │         │ 宪法的分类
              │         └ 宪法与依宪治国
              │
              │ 宪法的产生和历史发展 ┌ 近代宪法的产生
              │                   └ 新中国宪法的产生和发展
  宪法基本理论 ┤
              │         ┌ 人民主权原则
              │ 宪法原则 │ 基本人权原则
              │         │ 法治原则
              │         └ 权力制约与监督原则
              │
              │         ┌ 宪法规范的概念
              └ 宪法规范 │ 宪法规范的特点
                        └ 宪法规范的类型
```

第一节 宪法概述

一、宪法的概念与特征

概　念	宪法是确立公民权利保障和国家机构权限的根本法。 　　近代西方的宪法一词来源于拉丁文的 *Constitutio*，本为组织、确立、结构、政体的含义，近代西方将宪法一词分为两部分，即社会共同体结构或基本框架意义上的宪法和国家最高法意义上的宪法。东方文化中的宪法一词最早来自于日本学者林正明，其在翻译《美国宪法》《英国宪法》时，正式译为"宪法"。	
特　征	形式特征 （宪法在我国社会主义法律体系中居于核心的地位，是其他部门法律规范的最高依据）	（1）宪法内容的根本性 　　宪法规定国家的根本制度，是对国家和社会生活的宏观规范和调整，宪法规定的内容是有关国家制度和社会制度的基本原则和主要问题，包括国家主权的归属（国体）、国家机关的设置及界限（政体）、中央和地方的权限划分（国家结构形式）、公民的权利及范围、基本国策等范畴。宪法内容的根本性表现在宪法规范国家生活和社会生活的总体运行规则，以及各种政治参与主体如国家机关、各政党、各种政治力量、公民的政治地位和权利义务的界限。 记忆提示 国家根本制度，宏观规范调整，国家社会制度，原则主要问题。

特 征	形式特征 (宪法在我国社会主义法律体系中居于核心的地位，是其他部门法律规范的最高依据)	（2）宪法效力的最高性 在一国的法律体系中，宪法具有最高的法律效力。（两个方面：对人；对法） 一方面，宪法的最高法律效力表现为对法的最高法律效力。 ①宪法是其他一般法律的立法基础，是其他一般法律制定的依据，为其提供立法原则。宪法是国家的根本法，规定其他法律的立法原则，为整个国家的法律体系的构建提供准则、依据和基础，所以在这个意义上宪法又被称为"母法"，而普通法律则被称为"子法"，表明宪法和普通法律之间的内在关联。 ②宪法具有的最高法律效力表明，任何其他的法律都不得与宪法相抵触，否则，该法律即为无效。我国《宪法》第5条第3款规定："一切法律、行政法规和地方性法规都不得同宪法相抵触。"宪法是规范国家和社会运行的基本原则和章程，普通法律是将宪法的原则性规范具体化为具有可操作性的规则，目的是促成宪法的原则性规定在现实生活中的落实和实现。在国家整个法制体系的构建和运行中，宪法是核心和根本，具有最高的法律效力，一切普通法律规范的有效与否及其存废，都应以宪法规范为确定和取舍的依据。 **记忆提示** 立法依据基础，提供立法原则；其他不得抵触，否则该法无效。 另一方面，宪法的最高法律效力表现为对人的最高法律效力。宪法是一切国家机关、政治力量、政治组织以及社会组织和个人的根本活动准则，任何组织和个人都不得享有超越宪法的特权。
		（3）宪法制定、修改程序的特殊性 宪法的制定和修改程序比其他一般法律更为复杂和严格，这是由宪法内容的重要性和宪法所具有的最高法律效力决定的，其基本精神在于维护宪法的尊严和最高地位。当然，不成文宪法不具备这个特点。宪法的制定和修改程序更为严格，表现在以下几个方面： 首先，宪法的制定程序与其他一般法律不同。宪法是由专门的制宪机构制定的，宪法草案的通过要求2/3或者3/4以上的多数同意，有的国家甚至还要经全体公民投票才能最终议决。 其次，宪法的修改程序与普通法律不同。各国一般对修宪提案权的主体有特别的限制，如有的国家规定由议会绝对多数提出，有的国家规定由总统提出，也有的国家规定达到法定数量的公民可以提出。在我国，宪法修正案只能由全国人大常委会或者1/5以上的全国人大代表提出。一般国家还规定宪法修正案需要有更为严格的通过程序，通常要求立法机关以绝对多数或者特定方式通过。 最后，对宪法内容的修正往往附加特别的限制。有的国家虽然没有明文规定但事实上却存在着对修宪内容的限制。 **记忆提示** 绝对多数通过，特定主体提出，程序复杂严格。
		记忆总结 内容根本，程序特殊；效力最高，对人对法。

续表

		（1）宪法是公民权利的保障书。宪法确立的目的就是确认公民的基本权利。 宪法与公民权利之间存在着极为密切的关系。1789年法国的《人权宣言》明确宣布："凡权利无保障和分权未确立的社会就没有宪法。"1791年法国制定的第一部宪法就把《人权宣言》作为宪法的序言。英国的宪法性法律，如1679年的《人身保护法》、1689年的《权利法案》也是为保护公民权利而产生的。世界上第一个无产阶级国家的第一部宪法1918年的苏俄宪法以《被剥削劳动人民权利宣言》为第一篇。现代各国的宪法文本都以规定公民的基本权利为重要内容。 从历史发展的角度看，宪法确立的目的就是确认公民的基本权利。 从宪法的内容看，国家权力的正确行使和公民权利的有效保障是宪法文本中最为主要的部分，而且从两者之间的关系看，对国家权力的规制也是为了更好地实现和保障公民的权利。 从国家的法律体系看，宪法是全面规定公民基本权利的法律部门，对于其他一般法律中对公民的法律权利的设计和规定具有重要的指引作用。 记忆提示 历史目的在此，权力为了权利，指引其他法律。
特 征	实质特征	（2）宪法是民主制度法律化的基本形式。 宪法作为民主制度法律化的基本形式表现在宪法确立了国家的民主施政规则。 宪法确认民主施政规则，表现为宪法规定了代议制和普选制，为人民主权的实现构建了政治运行机制。 宪法确认民主施政规则，还表现为它以根本法的形式赋予人民广泛的政治权利和其他社会、经济、文化权利，这些权利既是人民当家作主的政治地位在其他社会生活领域的具体体现，同时也是人民政治权利实现的保障。宪法确认和保障广泛的人民权利，实际上为民主施政构建了坚实的社会基础。 宪法确认民主施政规则，还表现为它具体规范了国家机构的职权和行使程序，为国家权力的运行提供了法定界限。只有依法对国家权力的分工和运行程序予以规范，才能确保其在民主施政中各司其职，发挥作用。宪法规范国家机构及其权力界限，就是对民主施政的保障，反映了民主政治的内在要求。 记忆提示 民主施政规则，代议普选机制，赋予广泛权利，规范职权界限。
		（3）宪法是各种政治力量对比关系的集中体现。 宪法确认社会各阶级的政治地位，首先表现在宪法是在社会政治斗争中取得胜利并掌握了国家政权的那个阶级的意志和利益的集中表现，是统治阶级以根本法的形式确认本阶级的斗争成果、巩固本阶级已经取得的在政治上和经济上的统治地位的法律武器。

右上角：续表

特 征	实质特征	宪法确认社会各阶级的政治地位，还表现在宪法的内容和形式要受到阶级力量对比关系的决定和影响，这是各阶级社会政治地位的动态反映。 记忆提示 确认阶级地位，统治阶级表现，内容受此影响，政治动态反映。

概言之，近代宪法的实质特征和内容主要有两部分：①国家统治机构及其权限划分；②公民基本权利保障。限制公权力的初衷和最终目的乃是保障公民权利，二者具有手段和目的的关系，因而保障公民权利在宪法中居于核心的支配地位。

记忆提示 民权保障书，民主法律化，力量对比图。

二、宪法的分类

	分类及标准	特 点
传统分类	（1）是否具有统一法典形式——成文宪法、不成文宪法	成文宪法，是指以统一的宪法典的形式表现出来的宪法，它具有规范明确、条文系统、便于执行和监督的特点。
		不成文宪法，是指没有统一的法典形式而由带有宪法性质的各种法律文件、宪法判例和宪法惯例组成的宪法。其最显著的特征在于，虽然它们并未被冠以宪法之名，但却发挥着宪法的作用。它具有弹性较大、适应性强的优点，但也具有规范不系统等方面的不足。（不成文宪法国家主要包括：英国、沙特、以色列、新西兰）
	（2）宪法的效力和修改程序——刚性宪法、柔性宪法	刚性宪法，是指在效力上高于普通法律、在修改程序上比普通法律严格的宪法。刚性宪法有利于保持宪法的权威性和稳定性，有利于宪法的保障和实施。
		柔性宪法，是指制定、修改的机关和程序都与普通法律相同的宪法。柔性宪法的优点在于灵活性较强，能适应现实不断变化的需求。（柔性宪法国家主要包括英国及部分拉丁美洲国家）
	（3）制定机关——钦定宪法、协定宪法、民定宪法	钦定宪法，是指由君主或以君主的名义制定和颁布的宪法。
		协定宪法，是指由君主与国民或者国民的代表机关协商制定的宪法，往往是各阶级妥协的产物。（钦定宪法主要包括日本《明治宪法》、清末《钦定宪法大纲》等，协定宪法主要包括英国《自由大宪章》和1809年瑞典宪法）
		民定宪法，是指由民意机关或者公民公决制定的宪法。

续表

分类及标准		特　　点
马克思主义的宪法分类	宪法的阶级本质和赖以建立的经济基础——资本主义类型宪法、社会主义类型宪法	这种分类方法最鲜明的特点在于揭示宪法的本质，反映了宪法的阶级属性。

以上考试分析要求掌握的宪法分类其实是非常传统的宪法分类方式，对于划分现代各国宪法和进行宪法研究助益颇微，但真正现代宪法的分类方式又过于学术化不宜直接考查。故对本部分内容进行形式掌握即可，几乎不存在灵活考查的可能性。

三、宪法与依宪治国

1. 依宪治国的含义

坚持依法治国首先要坚持依宪治国，坚持依法执政首先要坚持依宪执政。我国现行宪法确立的一系列制度、原则和规则，制定的一系列大政方针，都充分反映了我国各族人民的共同意志和根本利益。维护宪法尊严和权威，是维护国家法制统一、尊严、权威的前提，也是维护最广大人民根本利益、确保国家长治久安的重要保障。全国各族人民、一切国家机关和武装力量、各政党和各社会团体、各企业事业组织，都必须以宪法为根本的活动准则，并且负有维护宪法尊严、保证宪法实施的职责。任何组织和个人，都不得有超越宪法和法律的特权。一切违反宪法和法律的行为，都必须予以追究。

记忆提示 依法先依宪，现行宪法好，最严权威——前提保障，一切主体——遵守维护。

2. 宪法与依宪治国的关系

（1）宪法与依宪治国互为基础和前提，是形式与内容的关系，两者是辩证统一的。宪法是国家的根本法，具有最高效力。宪法的生命在于实施，宪法的权威也在于实施。

记忆提示 基础前提，内容形式，辩证统一，全在实施。

（2）唯有依宪治国，方能使宪法真正成为现实力量，保证任何组织和个人都不得有超越宪法和法律的特权，实现"一切违反宪法的行为都必须予以追究"。只有坚持依法治国基本方略和依法执政基本方式，使执政党在宪法和法律范围内活动，真正做到党领导立法、保证执法、带头守法，才能使宪法成为所有国家机关及其工作人员的最高行为准则。

记忆提示 依宪治国使变现，任何主体无特权，导立保执带头守，公权才能跟着走。

（3）依宪治国，必须坚持中国特色社会主义道路，坚持党的领导、坚持人民当家作主。保证宪法实施，就是保证人民根本利益的实现。依宪治国是宪法规范与宪法实施的政治实践相结合的产物。宪法是静态意义的法律文本；依宪治国是动态性质的实践过程，也是宪法实现的最终结果。

记忆提示 中特党领民作主，保证实施保利益，规范实践相结合，二者动静总相宜。

真题链接

一、单项选择题

1. 关于我国宪法的效力，下列说法错误的是 （　　）（2018/非法学/21）[1]

A. 现行宪法首次明确规定宪法具有最高的法律效力

B. 一切法律、行政法规和地方性法规都不得同宪法相抵触

C. 国家机关和武装力量，各政党都必须以宪法为根本的活动准则

D. 法院审理案件时，一般不得直接引用宪法，故宪法对法院的审判活动没有拘束力

2. 成文宪法与不成文宪法是宪法的重要分类，关于这一分类，下列说法中正确的是 （　　）（2017/非法学/19）[2]

A. 成文宪法是指具有统一法典形式的宪法

B. 世界历史上第一部成文宪法是1791年法国宪法

C. 不成文宪法没有统一的宪法典，主要是以判例形式产生宪法规范

D. 不成文宪法的修改程序要求一般高于成文宪法

3. 下列关于宪法效力的表述，正确的是 （　　）（2016/法学/8）[3]

A. 宪法的效力和法律的效力相同

B. 宪法能够直接约束私人行为是宪法学的通说

C. 就各国实践来看，宪法具有最高效力是例外情形

D. 宪法效力主要体现为规范立法权、行政权和司法权

4. 按照宪法的分类，我国现行宪法属于 （　　）（2014/非法学/17）[4]

A. 钦定宪法　　　　　　　　　　B. 协定宪法

C. 成文宪法　　　　　　　　　　D. 柔性宪法

5. 最早提出刚性宪法和柔性宪法分类的学者是 （　　）（2013/非法学/15）[5]

A. 蒲莱士　　　　　　　　　　　B. 戴雪

C. 西耶士　　　　　　　　　　　D. 洛克

6. 下列关于"宪法"的表述，正确的是 （　　）（2013/法学/9）[6]

A. 中国历史典籍中的"宪法"特指根本法

B. 近代意义上的"宪法"泛指典章法度，是"法律的法律"

---

[1]　D
[2]　A
[3]　D
[4]　C
[5]　A
[6]　D

C. 古代意义上的"宪法"与近代意义上的"宪法"没有本质区别

D. 近代意义上的"宪法"不仅是法的表现形式，而且是一国法律体系的核心

7. 下列宪法性文件中，明确规定"凡权利无保障和分权未确立的社会就没有宪法"的是（　　）(2012/非法学/23)[1]

A. 英国《权利法案》　　　　　　　B. 美国《独立宣言》

C. 法国《人权宣言》　　　　　　　D. 苏俄《被剥削劳动人民权利宣言》

8. 根据是否具有统一的法典形式，可以把宪法分为（　　）(2012/法学/9)[2]

A. 成文宪法和不成文宪法

B. 刚性宪法和柔性宪法

C. 钦定宪法、协定宪法和民定宪法

D. 社会主义宪法和资本主义宪法

9. 根据我国宪法，法律可分为基本法律和基本法律以外的其他法律。下列关于基本法律的表述，正确的是（　　）(2019/非法学/24)[3]

A. 基本法律具有最高的法律效力

B. 全国人大常委会有权制定和修改基本法律

C. 限制人身自由的强制措施，只能由基本法律予以规定

D. 物权法、刑事诉讼法和民族区域自治法都属于基本法律

10. 下列关于宪法分类的表述，正确的是（　　）(2019/非法学/13；2019/法学/8)[4]

A. 刚性宪法和柔性宪法的区分由宪法学家罗文斯坦最早提出

B. 成文宪法和不成文宪法的划分标准是宪法是否具有成文的形式

C. 以制定宪法的机关为标准，可将宪法分为民定宪法和共和宪法

D. 根据宪法的经济基础和阶级本质，可将宪法分为资本主义宪法和社会主义宪法

二、多项选择题

11. 在我国，宪法的根本法地位表现在（　　）(2015/非法学/52)[5]

A. 法律效力上，宪法具有最高法律效力

B. 修改程序上，宪法比普通法律更为严格

C. 内容上，宪法规定国家最根本、最重要的制度

D. 解释上，宪法只能由全国人大进行解释

12. 下列关于宪法分类的表述，正确的有（　　）(2015/法学/26)[6]

---

[1] C

[2] A

[3] D

[4] D

[5] ABC

[6] ABD

A. 1958 年法国宪法属于典型的民定宪法

B. 我国现行宪法既是成文宪法又是刚性宪法

C. 英国宪法是成文宪法，而美国宪法是不成文宪法

D. 资本主义类型宪法与社会主义类型宪法是马克思主义宪法学者对宪法的分类

13. 下列关于宪法优位的说法，正确的有（　　　）(2013/非法学/53)[1]

A. 法律必须受宪法约束

B. 行政法规不得同宪法相抵触

C. 国家机关的行为必须有明确的宪法依据

D. 宪法优位要求在行政机关和立法机关的关系上遵循法律优位原则

14. 宪法是我国的根本法，具有最高的法律效力。其表现有（　　　）(2012/非法学/54)[2]

A. 国家维护社会主义法制的统一和尊严

B. 任何法律、行政法规和地方性法规都不得同宪法相抵触

C. 一切国家机关和武装力量、各政党、社会团体和企事业组织都必须以宪法为根本的活动准则

D. 任何违反宪法的行为都必须予以追究

15. 从宪法的形式特征看，我国现行宪法属于（　　　）(2010/非法学/59)[3]

A. 成文宪法　　　　　　　　　　B. 协定宪法

C. 刚性宪法　　　　　　　　　　D. 人民民主宪法

第二节　宪法的产生和历史发展

一、近代宪法的产生

（一）近代宪法产生的条件

宪法并不是随着法的出现而产生的。宪法是法发展到一定阶段的产物，是社会政治历史条件发展到一定阶段的产物。宪法是近代资本主义经济发展的必然产物。宪法是资产阶级政治发展的必然结果。宪法是以资产阶级启蒙思想和民主政治理论为基础发展起来的。

（二）英、美、法三国宪法的产生及其特点

1. 英国宪法

英国宪法被誉为"宪法之母"。英国宪制的确立，是通过逐步限制王权和扩大资产

---

[1]　ABD

[2]　ABCD

[3]　AC

阶级政治权力的途径实现的。英国宪法就是资产阶级在各个不同时期同封建贵族斗争、妥协的产物。英国宪法由宪法性法律、宪法惯例、宪法判例等构成，英国形成了没有统一的、完整的宪法典形式的、颇具特色的不成文宪法。英国宪法以人民主权思想为指导，突出议会至上的体制特点。标志着英国宪制逐步确立的宪法性文件主要包括：1215 年的《自由大宪章》；1628 年的《权利请愿书》；1679 年的《人身保护法》；1689 年的《权利法案》；1701 年的《王位继承法》；1998 年的《人权法案》。在英国的宪法史上，正是通过这些宪法性法律来逐步限制王权，争取和确认英国资产阶级的政治权力和地位，使民主政治制度最终在英国得以确立。

此后，英国采取同样的方式以适应统治秩序的需要，其间著名的宪法性法律有：1832 年的《改革法》；1911 年的《国会法》；1918 年的《国民参政法》；1972 年的《共同体法》等。正是这些宪法性法律推动着英国的宪制实践不断地适应现代社会发展的需要，走向未来。英国渐进式的革命历程也使得英国形成了独树一帜的不成文宪法、柔性宪法的制度特点。

2. 美国宪法

北美殖民地革命之初制定的《独立宣言》，被马克思称为世界上第一个人权宣言。美国宪法是世界上第一部成文宪法，是比较典型地体现分权与制衡思想的宪法。美国宪法于 1787 年制定，1789 年正式生效。美国宪法由宪法正文和宪法修正案构成。美国宪法全称为《美利坚合众国宪法》，所有条文均是有关国家政权组织和国家机构活动的内容。在美国宪法正文中，主要体现了以下几项基本原则：人民主权原则和有限政府原则；权力分立和制约与平衡原则；联邦与州的分权原则；对军队的文职控制原则。在上述原则中，权力分立与制衡原则体现得最为具体、科学和富有特点。根据权力分立和制衡原则，美国的宪制的设计明确规定，国会享有立法权，由参议院和众议院组成。众议院任期为 2 年，按照人口比例选出代表组成；参议院任期为 6 年，每 2 年改选总数的 1/3，由各州选出 2 名代表组成。总统享有行政权，总统任期为每届 4 年，实行间接选举制度。最高法院享有司法权。国会两院通过的法案须提交总统签署，总统如不同意则享有否决权，并可将法案退还国会两院重新审议，只有两院各以 2/3 以上议员维持原案，才能正式通过成为法律；总统经过参议院同意任命高级官员和最高法院法官；国会对总统拥有弹劾权。正是上述充分体现分权与制衡原则的具体宪制设计及其实施，保障了美国国家机器的有效运转，使美国的资产阶级民主制度得以巩固和发展。

宪法修正案是美国宪法规范体系的重要组成部分。以宪法修正案的方式对宪法进行调整和完善是美国宪制实践中的创造，现在已经被许多国家效仿和借鉴，其中包括我国。到目前为止，美国共通过宪法修正案 27 条，其中前 10 条宪法修正案是美国宪法颁布当年制定的，这 10 条宪法修正案专门规定了公民的基本权利，即所谓"权利法案"。此后的 17 条宪法修正案则是对有关宪法制度的补充或修正，其中包括总统选举、禁止蓄奴或强迫劳役、国会选举、公民选举权、总统任期与补缺、男女平等权以及议会增薪法案通过限制等内容。

美国《权利法案》（1791）

第 1 条修正案　国会不得制定关于下列事项的法律：确立国教或禁止宗教活动自由；限制言论自由或出版自由；或剥夺人民和平集会和向政府请愿申冤的权利。

第 2 条修正案　纪律严明的民兵是保障自由州的安全所必需的，因此人民持有和携带武器的权利不得侵犯。

第 3 条修正案　在和平时期，未经房主同意，士兵不得在民房驻扎；除依法律规定的方式，战时也不允许如此。

第 4 条修正案　人民的人身、住宅、文件和财产不受无理搜查和扣押的权利，不得侵犯。除依照合理根据，以宣誓或代誓宣言保证，并具体说明搜查地点和扣押的人或物，不得发出搜查和扣押状。

第 5 条修正案　无论何人，除非根据大陪审团的报告或起诉，不得受判处死罪或其他不名誉罪行之审判，惟发生在陆、海军中或发生在战时或出现公共危险时服现役的民兵中的案件，不在此限。任何人不得因同一罪行为而两次遭受生命或身体的危害；不得在任何刑事案件中被迫自证其罪；不经正当法律程序，不得被剥夺生命、自由或财产。不给予公平赔偿，私有财产不得充作公用。

第 6 条修正案　在一切刑事诉讼中，被告享有下列权利：由犯罪行为发生地的州和地区的公正陪审团予以迅速而公开的审判，该地区应事先已由法律确定；得知被控告的性质和理由；同原告证人对质；以强制程序取得对其有利的证人；取得律师帮助为其辩护。

第 7 条修正案　在普通法的诉讼中，其争执价值超过 20 元，由陪审团审判的权利应受到保护。由陪审团裁决的事实，合众国的任何法院除非按照普通法规则，不得重新审查。

第 8 条修正案　不得要求过多的保释金，不得处以过重的罚金，不得施加残酷和非常的惩罚。

第 9 条修正案　本宪法对某些权利的列举，不得被解释为否定或忽视由人民保留的其他权利。

第 10 条修正案　本宪法未授予合众国、也未禁止各州行使的权力，保留给各州行使，或保留给人民行使之。

3. 法国宪法

法国宪法是欧洲大陆第一部成文宪法，以保障人权为特点。1789 年 7 月 14 日巴黎的革命者攻破象征封建统治的巴士底狱，起义取得了胜利，资产阶级登上政治舞台，国家政权也随之从封建王室转移到资产阶级控制的制宪会议手中。8 月 27 日，制宪会议通过了著名的《人权和公民权利宣言》（简称《人权宣言》），这是法国资产阶级在反封建革命斗争中制定的纲领性文件。1791 年制定的法国第一部成文宪法，把《人权宣言》列为序言，以彰显人权的价值（注意《独立宣言》并非美国宪法序言）。1946 年法兰西第四共和国宪法规定了宪法委员会制度，主要目的是保障议会的权力。1958 年法兰西第五共和国宪法设立专章规定宪法委员会，其目的是约束议会权力的行使。

（三）宪法的发展及其趋势

1. 各国宪法越来越强调对人权的保障，不断扩大公民基本权利的范围。人权的范围扩大一方面体现在随着时代的发展新型权利（如社会权等）的产生和确认，另一方面体现在集体人权的产生和发展。

2. 政府权力的扩大，是社会发展的必然。各国宪法一方面确认和授予政府更多的权力，另一方面也更加注重通过设定多种监督机制对政府权力加以限制，以防止政府权力的滥用。值得注意的是这一国际上的趋势与改革开放以来我国的情况恰恰相反，我国尤其是在市场经济体制确立以来，政府逐步退出了很多社会生活领域。

3. 各国越来越重视建立合宪性审查制度来维护宪法的最高权威。各国普遍认为，必须建立完善合宪性审查的机构与制度，行使合宪性审查的职能，保障宪法的实施。

4. 宪法领域从国内法扩展到国际法。许多国家的宪法出现了同国际法相结合的内容，在人权的国际法保障方面尤为明显。法律的全球化往往是以经济的全球化为基础的，但是也往往需要以人权作为突破口。

[事例与思考]

在拒绝和呼吁中捍卫公民权利

宪法作为确立公民权利和政府权力的规则集，包含一份公民权利法案是宪法的应有之义。在此意义上，制宪会议对宪法规则的选择其实也是对公民基本权利的一种确认。因此，如果一个制宪会议选择的宪法没有公民权利法案，那无疑是对宪法精神的一种背离。面对这种背离，参加会议的代表如何作出应对？

麦迪逊的记录给我们描绘了一个榜样——时年62岁的弗吉尼亚代表乔治·梅森。这位拥有300多名奴隶的农场主，参与过制定弗吉尼亚邦的宪法，起草了其中的公民权利法案。他不仅主张废除奴隶制度，而且具有捍卫公民权利的强烈愿望。

在联邦制宪会议上，梅森提议起草公民权利法案，将之列入宪法，但被会议否定。梅森确信这一否决是根本错误的，因为宪法中如果没有公民权利法案，联邦政府的法律又高于各邦的法律和宪法，仅仅依靠分散在各邦宪法里的公民权利法案，公民权利无法得到有效的保障。

为此，梅森采取了几项行动：一是拒绝在宪法上签名。梅森说，"宪法弄成现在这样，他既不能在这里给予支持，回到弗吉尼亚，也不能投票赞成；在这里不能签名，到那里也不能支持。"在参加联邦制宪会议的55名代表中，他是3位拒绝签名者之一，他以断然拒绝签名的行为表明他捍卫公民权利的决心和勇气。二是把自己的反对意见公布于社会，力求获得社会舆论的支持。三是在弗吉尼亚邦的制宪会议上据理力争。

结果，该邦的制宪会议要求补充公民权利法案作为批准联邦宪法的前提条件。此举引起其他邦的仿效，各邦制宪会议也提出了类似的前提要求，作为批准联邦宪法的条件。

梅森的拒绝、呼吁和游说没有白费：1789年9月25日，第一届联邦议会通过12条公民权利法案，其中后10条得到足够的邦议会批准，成为联邦宪法的前10条修正案，是为公民权利法案。梅森也因此被誉为"公民权利之父"。而随着公民权利法案进入宪法，构成一部宪法的两根支柱——公民权利法案和政府权力架构终于建立起来，美国宪制大厦的总体框架也随之基本确立。[1]

思考：美国宪法的铸就，制宪会议的成功，开辟了人类新的时代。这一切背后的原因又是什么呢？

二、新中国宪法的产生和发展

（一）新中国宪法的历史沿革

共同纲领（新中国成立初期的临时宪法）	1949年9月29日，中国人民政治协商会议第一届全体会议选举了中央人民政府委员会，宣告了中华人民共和国的成立，并通过了《中国人民政治协商会议共同纲领》（以下简称《共同纲领》），起临时宪法的作用。
	《共同纲领》除序言以外，共分7章60条。第一章总纲规定中华人民共和国的性质、任务以及人民的基本权利和义务，规定了民族政策、外交政策和军事政策的基本原则。第二章规定政权机关的设置及其相互关系。第三章至第七章分别规定了新中国的经济、文化、教育、军事、外交、民族等各项基本政策。共同纲领在新中国成立后的宪法发展史上是一个十分重要的宪法性文件，是新中国成立初期全国各族人民团结奋斗的共同政治基础和大宪章。
1954年宪法	1954年9月20日，第一届全国人民代表大会第一次全体会议通过了《中华人民共和国宪法》，这是中华人民共和国成立后的第一部宪法。1954年宪法除序言外，分为总纲、国家机构、公民基本权利和义务以及国旗、国徽、首都共4章106条。1954年宪法所确认的基本原则主要是人民民主原则和社会主义原则，是本国经验和国际经验的结合，是原则性和灵活性的结合，是领导智慧和群众智慧的结合。1954年宪法是一部好的社会主义类型的宪法，它以《共同纲领》为基础，同时又是对《共同纲领》的发展。由1954年宪法所构建的宪制和宪法基本结构，为我国以后的立宪活动提供了可参照的模式和原则方向。
1975年宪法	1975年1月17日第四届全国人民代表大会第一次会议通过并颁布实施了1975年宪法，这是新中国建立后的第二部宪法。1975年宪法除序言外，共4章30条。它反映了我国从1956年起已经进入社会主义社会这一事实，确认了经济制度和

---

〔1〕 节选自肖滨："在辩论中选择宪法规则——美国制宪会议为什么能成功"，载《南方周末》2006年4月6日。

续表

1975 年宪法	国家制度方面的社会主义原则，因此在宪法所反映的历史阶段方面比 1954 年宪法又前进了一步。但是在具体内容方面与 1954 年宪法相比，不仅没有进步，反而是极大的后退，存在着严重的缺点和问题。其主要缺陷是： （1）在总的指导思想上力图以根本法的形式使极"左"思潮合法化； （2）在内容上极大地破坏了我国的民主政治，主要表现在关于国家机构和公民基本权利自由的规定方面； （3）随意删减宪法条文，使得宪法规范体系残缺不全，条文的总量由 1954 年宪法的 106 条锐减为 30 条。
1978 年宪法	1978 年 3 月 5 日，第五届全国人大第一次会议通过了《中华人民共和国宪法》，这就是 1978 年宪法，是新中国建立以后的第三部宪法。1978 年宪法共 4 章 60条，在结构上和 1954 年宪法、1975 年两部宪法相同。在内容上，1978 年宪法恢复和坚持了 1954 年宪法中的一些好的原则和内容，规定了全国人大常委会进行宪法解释等内容（1978 年宪法第 25 条规定全国人大常会职权）。删除了 1975年宪法中的一些错误的规定，如全面专政等条款，因而具有一定的历史进步意义。但是，由于当时拨乱反正刚刚开始，"两个凡是"的思想还禁锢着人们的头脑，因此，1978 年宪法并未能够彻底摆脱 1975 年宪法中极"左"思想的影响。而且其在内容上也并不完善，仍然有许多不符合社会发展现实的规定。所以，在正式颁布实施以后虽然经过了 1979 年、1980 年的两次修改（部分修改，但是未采用修正案方式），从总体上说还远远不能够适应新的历史时期发展的需要。
1982 年宪法	1982 年 12 月 4 日，第五届全国人大第五次会议通过了《中华人民共和国宪法》，这就是新中国成立后颁布的第四部宪法，即现行宪法。在结构上，1982 年宪法除序言外，分为总纲，公民的基本权利和义务，国家机构以及国旗、国徽、首都，共 4 章 138 条。与前三部宪法有所不同，1982 年宪法将公民的基本权利和义务一章放在国家机构一章之前，显示了国家对公民基本权利及其保障的重视。

（二）中国现行宪法的内容和特点

1. 总结了历史的经验，规定了国家的根本任务和指导思想。 记忆提示 历史经验——根本任务 & 指导思想。	
2. 发展了民主宪制，恢复完善了国家机构体系。	（1）加强了人民代表大会制度，省级以上人大设立了专门委员会，规定了人民代表的权利和义务，扩大了人大常委会的职权； （2）恢复了国家主席的建制，并调整了国家主席的职权； （3）设立了中央军事委员会，加强党和国家对武装力量的统一领导； （4）实行了行政和军事系统的个人负责制； （5）规定了国家领导人员的任期限制；

2. 发展了民主宪制，恢复完善了国家机构体系。	（6）体现了精简国家机构和人员的要求。 记忆提示 民主宪制：完善人大制度，省级以上专委，代表权利义务，扩大人常职权。 　　国家机构体系：恢复主席建制，军委领导武装，军政首长负责，限任废除终身，精简机构人员。
3. 强调加强民主与法制，保障公民的基本权利和自由。	（1）确立了国家一切权力属于人民的原则，坚持和完善人民代表大会制度； （2）规定了国家生活中的一系列民主原则，如党政分开、任期限制、首长负责制、人大常委会组成人员不得兼任行政机关和司法机关职务等； （3）扩大了公民的民主权利和自由。
4. 维护国家的统一和民族团结。	为实现台湾与祖国大陆的统一，恢复行使对香港、澳门的国家主权，宪法从实际出发，根据"一国两制"的原则，规定了特别行政区制度；健全了民族区域自治制度，扩大了民族自治地方的自治权限，加强了自治权实现的法律保障。 记忆提示 国家统一，民族团结：台湾回归，港澳特区，健全民族制度＆权限。

记忆提示 任务思想，体制机构，统一团结，民主自由。

（三）《宪法修正案》

从 1988 年起，我国开始采用《宪法修正案》的方式对《宪法》个别条文予以修改和完善。迄今为止，我国现行宪法共进行过 5 次修改，形成了 52 条宪法修正案。

1. 1988 年《宪法修正案》

记忆提示 私营经济，使用土地。

第 1 条和第 2 条《宪法修正案》是 1988 年 4 月 12 日第七届全国人大第一次会议通过的。

主要修改之处为：

（1）修改第 11 条，增加 1 款关于私营经济的规定；

（2）修改第 10 条第 4 款，删去了不得出租土地的规定，增加规定"土地的使用权可以依照法律的规定转让"。

修改前	修改后
	增加规定："国家允许私营经济在法律规定的范围内存在和发展。私营经济是社会主义公有制经济的补充。国家保护私营经济的合法的权利和利益，对私营经济实行引导、监督和管理。"
任何组织或者个人不得侵占、买卖、出租或者以其他形式非法转让土地。	任何组织或者个人不得侵占、买卖或者以其他形式非法转让土地。土地的使用权可以依照法律的规定转让。

2. 1993 年《宪法修正案》

记忆提示 九三修改因市场，初级中特要开放，联产承包县变五，国有经济多协商。

第 3~11 条《宪法修正案》是 1993 年 3 月 29 日第八届全国人大第一次会议通过的。

主要修改之处为：两次修正案的 11 个条款中，有关经济制度方面的修改占 8 条，如实地反映了十余年来我国经济体制改革持续发展而政治体制改革相对滞后的现实情况，体现了经济体制改革对相应的宪制提出的新要求。

修改前	修改后
	将"社会主义初级阶段"和"建设有中国特色社会主义的理论"及"改革开放"正式写进《宪法》
人民公社	家庭联产承包为主的责任制
计划经济	社会主义市场经济
	规定"中国共产党领导的多党合作和政治协商制度将长期存在和发展"

3. 1999 年《宪法修正案》

记忆提示 统分法治邓国安，长期多种私一半。

第 12~17 条《宪法修正案》是 1999 年 3 月 15 日第九届全国人大第二次会议通过的。

主要修改之处为：

（1）将"邓小平理论"写进宪法序言，与马克思列宁主义、毛泽东思想一起，成为指引我国社会主义现代化建设的旗帜；

（2）明确了中华人民共和国实行依法治国，建设社会主义法治国家；

（3）明确了我国将长期处于社会主义初级阶段，确立了我国社会主义初级阶段的基本经济制度和分配制度；

（4）修改了我国的农村生产经营制度；

（5）确立了非公有制经济在社会主义市场经济中的地位；

（6）将《宪法》第 28 条"反革命的活动"修改为"危害国家安全的犯罪活动"。

修改前	修改后
	将"邓小平理论"写进《宪法》序言
	明确了中华人民共和国实行依法治国，建设社会主义法治国家
	明确了我国将长期处于社会主义初级阶段，确立了我国社会主义初级阶段的基本经济制度和分配制度
	修改了我国的农村生产经营制度
	确立了非公有制经济在社会主义市场经济中的地位
《宪法》第 28 条"反革命的活动"	修改为"危害国家安全的犯罪活动"

4. 2004年《宪法修正案》

记忆提示 国事国歌改戒严，社保三建确私产，特区代表乡5年，鼓励非公保人权，三个文明共发展。

第18~31条《宪法修正案》涉及《宪法》序言、经济制度、公民权利和国家机构等内容的修改和完善，是2004年3月14日第十届全国人大第二次会议通过的。2004年《宪法修正案》共14条，即《宪法修正案》第18~31条。

主要修改之处为：

（1）对《宪法》"序言"的修改，体现了与时俱进的精神。《宪法》序言是宪法的精神和灵魂所在，在宪法立法体系中统率全局、贯穿始终。我国历来重视《宪法》序言的立法建设，1993年和1999年《宪法修正案》均有修正。这次宪法修改对序言的充实和完善主要有三个内容：

❶确立"三个代表"重要思想在国家政治和社会生活中的指导地位。"三个代表"重要思想写入《宪法》，对于凝聚党心、民心，指引全国人民坚持正确的政治方向，把握自己的前途和命运，保障改革、发展、稳定，开创中国特色社会主义事业新局面，必将发挥巨大作用。

❷增加推动物质文明、政治文明和精神文明协调发展的内容。把"三个文明"及其相互关系写入宪法，使"三个文明"协调发展具有法律保障。体现了我们党与时俱进的品格，也体现了指导思想的历史感和进步性，符合人类文明发展的趋势和要求，是中华民族实现伟大复兴的基础。

❸在统一战线的表述中增加"社会主义事业的建设者"。

（2）对"经济制度"的修改，体现了保护"私权"的精神。"公权"和"私权"是西方政治学和法学中的概念。公权，是指以国家为代表的公共管理权利和公共利益；私权则是指社会主体和公民自主发展的权利和利益。西方传统中奉行私权优于公权原则。在我国，传统理论不承认公权和私权、公法和私法的划分，认为个人利益、社会利益与国家利益应该是内在统一的，在实践中则体现出公法优于私法、公权优于私权的倾向，不重视保护公民个人和社会主体的合法权益。这次修宪，根据市场经济建设和公民权利保护的实际需要，对宪法经济制度的内容作了较大幅度的修改，与前三次宪法修正案相比，力度最大：

❶完善征用制度，区分了征收和征用两种不同情形，并明确了征收目的、征收程序和国家补偿的原则，有利于明确和理顺市场经济条件下因征收、征用而发生的不同财产关系。

❷进一步明确国家对发展非公有制经济的方针。对非公有制经济既鼓励、支持、引导，又依法监督、管理，以促进非公有制经济健康发展。

❸完善对私有财产保护的规定。一是进一步明确国家对全体公民的合法的私有财产都给予保护，保护范围既包括生活资料，又包括生产资料；二是用"财产权"代替原条文中的"所有权"，在权利含义上更加准确、全面；三是我国几部现行法律根据不

同情况已经作出了征收和征用的规定，在宪法中增加规定对私有财产的<u>征收</u>、<u>征用</u>制度，有利于正确处理私有财产保护和公共利益需要的关系，许多国家的宪法都有类似的规定。

❹增加建立、健全<u>社会保障制度</u>的规定。建立、健全<u>同经济水平相适应的社会保障制度</u>，是深化经济体制改革、完善社会主义市场经济体制的重要内容。

（3）对"<u>公民基本权利和义务</u>"的修改，体现了保护人权的精神。《宪法修正案》在《宪法》第二章"公民的基本权利和义务"第1条即第33条中增加一款，作为第3款"国家尊重和保障人权"。这样修改，主要基于两点考虑：①尊重和保障人权是我们党和国家的一贯方针，这次把它写入《宪法》，可以进一步为这个方针的贯彻执行提供宪法保障；②党的十五大、十六大都明确地提出了"尊重和保障人权"。在《宪法》中作出尊重和保障人权的宣示，体现了社会主义制度的本质要求，有利于推进我国社会主义人权事业的发展，有利于我国在国际人权事业中进行交流和合作。

（4）对"<u>国家机构</u>"的修改，体现了服务实践的精神。

❶完善全国人民代表大会组成的规定。《宪法修正案》在《宪法》第59条第1款关于全国人民代表大会组成的规定中增加"<u>特别行政区</u>"，符合全国人民代表大会组成的实际情况。

❷关于紧急状态的规定。《宪法》原来只对"戒严"作了规定，没有规定"紧急状态"。而"紧急状态"包括"戒严"又不限于"戒严"，适用范围更宽。修正案将"戒严"改为"紧急状态"，既便于应对各种紧急状态，也同国际上通行的做法相一致。

❸关于国家主席职权的规定。修改为"中华人民共和国主席代表中华人民共和国，进行国事活动，接受外国使节"，实际上是扩大了国家主席的宪法职权。

❹修改乡镇政权任期的规定。《宪法修正案》把乡、镇人大的任期由3年改为5年，各级人大任期一致，有利于协调各级经济社会发展规划、计划和人事安排。

（5）将《宪法》第四章的章名"国旗、国徽、首都"修改为"国旗、国歌、国徽、首都"。在第一章第136条中增加一款，作为第2款，中华人民共和国的国歌是《义勇军进行曲》。《义勇军进行曲》承载了中华民族实现独立和发展的历程，不仅体现了我们不屈不挠的民族精神，也是珍贵的民族文化遗产之一。将国歌写入《宪法》，有利于维护国歌的稳定性和权威性，增强全国各族人民的认同感和荣誉感。

2004年修宪是我国宪法发展史上的重大事件，整个修宪过程和修宪内容都充分体现出务实性、人性化和国际化的特点，使得我国宪法朝着更加<u>民主</u>、<u>人道</u>、<u>理性</u>的方向发展，为中国宪制的完善奠定了良好的基础。

修改前	修改后
	确立"三个代表"重要思想在国家政治和社会生活中的指导地位。
	完善征用制度。

续表

修改前	修改后
	对非公有制经济既鼓励、支持、引导，又依法监督、管理，以促进非公有制经济健康发展。
	建立、健全同经济水平相适应的社会保障制度。
	第二章"公民的基本权利和义务"第1条即第33条中增加一款，作为第3款"国家尊重和保障人权"。
	《宪法修正案》在《宪法》第59条第1款关于全国人民代表大会组成的规定中增加"特别行政区"。
戒　严	紧急状态。
	关于国家主席职权的规定，修改为"中华人民共和国主席代表中华人民共和国，进行国事活动，接受外国使节"。
3年	关于乡、镇人大的任期，改为"5年"。
	第一章第136条中增加一款，作为第2款，"中华人民共和国国歌是《义勇军进行曲》。"

5. 2018年《宪法修正案》

记忆提示 政治：法科习主席，和谐党核心（序7）（79）（序7、序11）（1）（24）。

改革：文明复兴，改革监察（序7、89）（序7、序10）（序12）（3、62、63、65、67、89、101、103、104、107、123、124、125、126、127）。

外交：发展开放共同体（序12）。

组织：市常宣誓宪法委（27）（70）（100）。

自2004年《宪法》修改以来，党和国家的事业又有了许多重要发展变化，特别是党的十八大以来，以习近平同志为核心的党中央形成了一系列治国理政新理念、新思想、新战略，推动党和国家事业取得历史性成就。为了将党和人民在实践中取得的重大理论创新、实践创新、制度创新成果通过国家根本法确认下来，使之成为全国各族人民的共同遵循和国家各项事业、各方面工作的活动准则，2018年对《宪法》进行了第五次修改，通过了第32～52条共21条修正案，主要涉及《宪法》序言、贯彻党的领导、国家机构等方面的内容。

（1）在《宪法》序言部分，增加了"科学发展观，习近平新时代中国特色社会主义"的内容，《宪法》确立其在国家政治和社会生活中的指导地位，反映了各族人民的愿望，体现了党的主张和人民意志的统一，具有重大的现实意义和深远的历史意义；创新、协调、绿色、开放、共享的新发展理念是十八大以来以习近平同志为核心的党中央推动我国经济发展实践的理论结晶，《宪法》序言中明确写入"贯彻新发展理念"，"推动物质文明、政治文明、精神文明、社会文明、生态文明协调发展，把我国建设成为富强民主文明和谐美丽的社会主义现代化强国，实现中华民族的伟大复兴。"

统一战线的范围扩大到包括"致力于实现中华民族伟大复兴的爱国者";在民族关系上,"平等团结互助和谐的社会主义民族关系已经确立,并将继续加强。" 充实和平外交政策的内容,增加了"坚持和平发展道路,坚持互利共赢开放战略",展现中国对世界各国的责任,提出了"构建人类命运共同体"的构想,完善依法治国和宪法实施举措,将《宪法》序言中"健全社会主义法制"修改为"健全社会主义法治"。

(2) 充实和加强中国共产党全面领导的内容,在《宪法》正文第1条增加规定"中国共产党领导是中国特色社会主义最本质的特征"。宪法从社会主义制度的本质属性角度将坚持和加强党的领导落实到国家工作全过程和各方面,确保党和国家事业始终沿着正确方向前进。增加倡导社会主义核心价值观的内容,《宪法》第24条第2款中"国家提倡爱祖国、爱人民、爱劳动、爱科学、爱社会主义的公德"修改为"国家倡导社会主义核心价值观,提倡爱祖国、爱人民、爱劳动、爱科学、爱社会主义的公德"。

(3) 为推进国家治理体系和治理能力的现代化,在国家机构方面进行了以下的修改:推进合宪性审查工作,将全国人大法律委员会改名为"宪法和法律委员会";"国家主席任期、副主席任期同全国人民代表大会每届任期相同";增加设区的市制定地方性法规的规定,在《宪法》第100条增加一款,作为第2款:"设区的市的人民代表大会和它们的常务委员会,在不同宪法、法律、行政法规和本省、自治区的地方性法规相抵触的前提下,可以依照法律规定制定地方性法规,报本省、自治区人民代表大会常务委员会批准后施行。" 为实现反腐败对公职人员的全覆盖,在国家机构中设立"监察委员会"。在2018年通过的21条《宪法修正案》中,有11条和监察委员会有关。

修改位置	修改前	修改后
《宪法》序言第七自然段	(1)"在马克思列宁主义、毛泽东思想、邓小平理论和'三个代表'重要思想指引下"	(1)"在马克思列宁主义、毛泽东思想、邓小平理论、'三个代表'重要思想、科学发展观、习近平新时代中国特色社会主义思想指引下"
	(2)"健全社会主义法制"	(2)"健全社会主义法治"
	(3)"自力更生,艰苦奋斗"	(3)前增写"贯彻新发展理念"
	(4)"推动物质文明、政治文明和精神文明协调发展,把我国建设成为富强、民主、文明的社会主义国家"	(4)"推动物质文明、政治文明、精神文明、社会文明、生态文明协调发展,把我国建设成为富强民主文明和谐美丽的社会主义现代化强国,实现中华民族伟大复兴"
《宪法》序言第十自然段	(1)"在长期的革命和建设过程中"	(1)"在长期的革命、建设、改革过程中"
	(2)"包括全体社会主义劳动者、社会主义事业的建设者、拥护社会主义的爱国者和拥护祖国统一的爱国者的广泛的爱国统一战线"	(2)"包括全体社会主义劳动者、社会主义事业的建设者、拥护社会主义的爱国者、拥护祖国统一和致力于中华民族伟大复兴的爱国者的广泛的爱国统一战线"

续表

修改位置	修改前	修改后
《宪法》序言 第十一自然段	"平等、团结、互助的社会主义民族关系已经确立，并将继续加强。"	"平等团结互助和谐的社会主义民族关系已经确立，并将继续加强。"
《宪法》序言 第十二自然段	（1）"中国革命和建设的成就是同世界人民的支持分不开的"	（1）"中国革命、建设、改革的成就是同世界人民的支持分不开的"
	（2）"中国坚持独立自主的对外政策，坚持互相尊重主权和领土完整、互不侵犯、互不干涉内政、平等互利、和平共处的五项原则"	（2）后增加"坚持和平发展道路，坚持互利共赢开放战略"
	（3）"发展同各国的外交关系和经济、文化的交流"	（3）"发展同各国的外交关系和经济、文化交流，推动构建人类命运共同体"
《宪法》 第1条第2款	"社会主义制度是中华人民共和国的根本制度。"	后增写一句，内容为："中国共产党领导是中国特色社会主义最本质的特征。"
《宪法》 第3条第3款	"国家行政机关、审判机关、检察机关都由人民代表大会产生，对它负责，受它监督。"	"国家行政机关、监察机关、审判机关、检察机关都由人民代表大会产生，对它负责，受它监督。"
《宪法》 第4条第1款	"国家保障各少数民族的合法的权利和利益，维护和发展各民族的平等、团结、互助关系。"	"国家保障各少数民族的合法的权利和利益，维护和发展各民族的平等团结互助和谐关系。"
《宪法》 第24条第2款	"国家提倡爱祖国、爱人民、爱劳动、爱科学、爱社会主义的公德"	"国家倡导社会主义核心价值观，提倡爱祖国、爱人民、爱劳动、爱科学、爱社会主义的公德"
《宪法》第27条增加一款作为第3款		"国家工作人员就职时应当依照法律规定公开进行宪法宣誓。"
《宪法》 第62条		"全国人民代表大会行使下列职权"中增加一项，作为第7项："（七）选举国家监察委员会主任"，原第7项至第15项相应改为第8项至第16项
《宪法》 第63条		"全国人民代表大会有权罢免下列人员"中增加一项，作为第4项："（四）国家监察委员会主任"，原第4项、第5项相应改为第5项、第6项
《宪法》 第65条第4款	"全国人民代表大会常务委员会的组成人员不得担任国家行政机关、审判机关和检察机关的职务。"	"全国人民代表大会常务委员会的组成人员不得担任国家行政机关、监察机关、审判机关和检察机关的职务。"

续表

修改位置	修改前	修改后
《宪法》第67条	"全国人民代表大会常务委员会行使下列职权"中第6项："（六）监督国务院、中央军事委员会、最高人民法院和最高人民检察院的工作"	"（六）监督国务院、中央军事委员会、国家监察委员会、最高人民法院和最高人民检察院的工作"
《宪法》第67条增加一项，作为第11项		"（十一）根据国家监察委员会主任的提请，任免国家监察委员会副主任、委员"，原第11项至第21项相应改为第12项至第22项
《宪法》第70条第1款	"全国人民代表大会设立民族委员会、法律委员会、财政经济委员会、教育科学文化卫生委员会、外事委员会、华侨委员会和其他需要设立的专门委员会。"	"全国人民代表大会设立民族委员会、宪法和法律委员会、财政经济委员会、教育科学文化卫生委员会、外事委员会、华侨委员会和其他需要设立的专门委员会。"
《宪法》第79条第3款	"中华人民共和国主席、副主席每届任期同全国人民代表大会每届任期相同，连续任职不得超过两届。"	"中华人民共和国主席、副主席每届任期同全国人民代表大会每届任期相同。"
《宪法》第89条	"国务院行使下列职权"中第6、8项："（六）领导和管理经济工作和城乡建设""（八）领导和管理民政、公安、司法行政和监察等工作"	"（六）领导和管理经济工作和城乡建设、生态文明建设""（八）领导和管理民政、公安、司法行政等工作"
《宪法》第100条		增加一款作为第2款："设区的市的人民代表大会和它们的常务委员会，在不同宪法、法律、行政法规和本省、自治区的地方性法规相抵触的前提下，可以依照法律规定制定地方性法规，报本省、自治区人民代表大会常务委员会批准后施行。"
《宪法》第101条第2款	"县级以上的地方各级人民代表大会选举并且有权罢免本级人民法院院长和本级人民检察院检察长。"	"县级以上的地方各级人民代表大会选举并且有权罢免本级监察委员会主任、本级人民法院院长和本级人民检察院检察长。"
《宪法》第103条第3款	"县级以上的地方各级人民代表大会常务委员会的组成人员不得担任国家行政机关、审判机关和检察机关的职务。"	"县级以上的地方各级人民代表大会常务委员会的组成人员不得担任国家行政机关、监察机关、审判机关和检察机关的职务。"
《宪法》第104条	"监督本级人民政府、人民法院和人民检察院的工作"	"监督本级人民政府、监察委员会、人民法院和人民检察院的工作"

续表

修改位置	修改前	修改后
《宪法》第107条第1款	"县级以上地方各级人民政府依照法律规定的权限，管理本行政区域内的经济、教育、科学、文化、卫生、体育事业、城乡建设事业和财政、民政、公安、民族事务、司法行政、监察、计划生育等行政工作，发布决定和命令，任免、培训、考核和奖惩行政工作人员。"	"县级以上地方各级人民政府依照法律规定的权限，管理本行政区域内的经济、教育、科学、文化、卫生、体育事业、城乡建设事业和财政、民政、公安、民族事务、司法行政、计划生育等行政工作，发布决定和命令，任免、培训、考核和奖惩行政工作人员。"
《宪法》第123~127条《宪法》第三章"国家机构"	增加一节，作为第七节"监察委员会"；增加5条，分别作为第123条至第127条。内容如右：	第七节　监察委员会 第123条　中华人民共和国各级监察委员会是国家的监察机关。 第124条　中华人民共和国设立国家监察委员会和地方各级监察委员会。 监察委员会由下列人员组成： 主任， 副主任若干人， 委员若干人。 监察委员会主任每届任期同本级人民代表大会每届任期相同。国家监察委员会主任连续任职不得超过2届。 监察委员会的组织和职权由法律规定。 第125条　中华人民共和国国家监察委员会是最高监察机关。 国家监察委员会领导地方各级监察委员会的工作，上级监察委员会领导下级监察委员会的工作。 第126条　国家监察委员会对全国人民代表大会和全国人民代表大会常务委员会负责。地方各级监察委员会对产生它的国家权力机关和上一级监察委员会负责。 第127条　监察委员会依照法律规定独立行使监察权，不受行政机关、社会团体和个人的干涉。 监察机关办理职务违法和职务犯罪案件，应当与审判机关、检察机关、执法部门互相配合，互相制约。

续表

修改位置	修改前	修改后
《宪法》第 123~127 条《宪法》第三章"国家机构"	原"第七节 人民法院和人民检察院"改为"第八节 人民法院和人民检察院",所属条数顺延	原第 123 条至 138 条相应改为第 128 条至 143 条

此次《宪法》修改,为在国家政治和社会生活中贯彻习近平新时代中国特色社会主义思想提供了宪法保障;为全面贯彻实施宪法确立的国家根本任务、发展道路、奋斗目标提供了宪法保障;为确保党的长期执政和国家长治久安提供了宪法保障;为进一步全面推进依法治国提供了宪法保障;为支持和健全人民当家作主提供了宪法保障。

本章内容中的"首次""最早":

1. 最早的宪法性文件:英国 1215 年《自由大宪章》。

2. 最早实行宪政的国家:英国。

3. 世界上最早的成文宪法(最早的合宪性审查、宪法解释、宪法修正案):美国宪法。

4. 欧洲大陆最早的成文宪法:法国 1791 年宪法。

5. 世界上第一个人权宣言(马克思语):美国《独立宣言》。

6. 我国第一部社会主义类型的宪法:1954 年宪法。

7. 我国首次规定宪法解释制度:1978 年宪法。

8. 我国现行宪法的"首次"和"最早":宪法具有最高法律效力;规定修宪提案主体;全国人大常委会有权监督宪法实施;全国人大常委会有权制定法律;总理负责制;基层群众自治制度;人格尊严不受侵犯。

[事例与思考]

监察体制改革需修宪保障

中共中央办公厅 2016 年 12 月 25 日印发的《关于在北京市、山西省、浙江省开展国家监察体制改革试点方案》(下称《试点方案》)拉开了我国监察体制改革的序幕。此次国家监察体制改革试点工作最为核心的内容便是探索设立监察委员会,以实现既有反腐败资源的整合。

国家监察体制的改革与监察委员会的设立,乃是事关全局的重大政治改革,是国家监察制度的顶层设计。如此重大的政治改革,若缺失宪法的参与,改革可能因此面临更多的变数。

缘何修宪：改革事关重大宪制结构

国家监察体制改革缘何有赖于宪法的修改，其最主要原因在于改革关乎国家重大宪制结构的变动。因为改革的内容关涉国家的宪制结构，改革的进行也应做到于法有据，改革的成果同样需要借由法律予以固化。具体而言有三：

首先，改革内容关涉国家宪制结构。通常来说，宪法规定的乃是国家最根本、最重要的事项，当此类事项发生变动之时，宪法也应当作出相应的修改。国家机构的组织及其职权即为这类最根本、最重要的事项之一，我国《宪法》也在第三章对"国家机构"作出了专门规定。如前所述，监察委员会的设立是此次监察体制改革的核心内容，而与新机构设立相伴随的乃是现有机构及其职能的整合。由此观之，监察体制改革无疑是关乎国家宪制结构的重大政治改革，有鉴于此，在改革的进程中，作为根本法的宪法亦须进行相应的修改。

其次，"凡属重大改革皆须于法有据"，现今已成为改革所必须遵守的基本准则之一。这一准则要求实现立法与改革的有效衔接。作为重大政治改革的国家监察体制改革，同样需要做到于法有据、依法进行。而在改革所依据的诸多法律当中，最为根本的便是宪法，于此层面而言，宪法的适时修改也是改革于法有据的必然要求。

最后，改革成果需经法律予以固化。当前国家监察体制改革所走的乃是探索型道路，诚如《试点方案》所指出的那般："从体制机制、制度建设上先行先试、探索实践，为在全国推开积累经验。"在探索型改革当中，改革者在经过多次试错后开始总结成败得失，然后将有益经验推及全国，若此经验能在全国范围内取得预期效果，则由立法者以法律的形式予以确认。依此逻辑，此次改革试点若能取得相当的有益经验，便可通过修宪的方式对其予以确认、固化和推广。[1]

思考： 复习我国宪法历次修改的过程中很多同学都会面临记忆上的困难，请结合当今监察制度改革思考修宪与制度变迁在我国的关系如何？

真题链接

一、单项选择题

1. 《共同纲领》在新中国成立之初起到了临时宪法的作用，其制定主体是（　　）（2020/非法学/13）[2]

　　A. 全国人民代表大会

　　B. 中央人民政府委员会

　　C. 全国人民代表大会常务委员会

　　D. 中国人民政治协商会议第一届全体会议

---

〔1〕 参见秦前红："监察体制改革需修宪保障"，载《领导科学》2017年第3期。

〔2〕 D

2. 根据 2018 年宪法修正案，爱国统一战线中增加的社会群体是（　　）(2020/非法学/22)[1]

A. 社会主义劳动者

B. 社会主义事业的建设者

C. 拥护社会主义的爱国者

D. 致力于中华民族伟大复兴的爱国者

3. 下列文件中，被马克思称为"世界上第一个人权宣言"的是（　　）(2018/非法学/13)[2]

A. 1215 年的英国《自由大宪章》

B. 1689 年的英国《权利法案》

C. 1776 年的北美《独立宣言》

D. 1789 年的法国《人权和公民权利宣言》

4. 2004 年，中华人民共和国全国人大对宪法进行了修改，这次修宪的主要内容包括（　　）(2017/非法学/18；2017/法学/9)[3]

A. 土地使用权可以转让

B. 把"国家尊重和保障人权"写进宪法

C. 明确规定"中国共产党领导的多党合作和政治协商制度将长期存在和发展"

D. 县人大代表任期由 3 年改为 5 年

5. 被马克思誉为世界上"第一部人权宣言"的宪法性文件是（　　）(2017/法学/10)[4]

A. 1679 年英国《人身保护法》

B. 1689 年英国《权利法案》

C. 1776 年美国《独立宣言》

D. 1789 年法国《人权宣言》

6. 下列关于我国 1999 年宪法修正案内容的表述，正确的是（　　）(2016/非法学/16)[5]

A. 明确了土地使用权可依法转让

B. 首次规定了公民合法的财产权受法律保护

C. 确立了按劳分配为主体、多种分配方式并存的分配制度

D. 增加了推动物质文明、政治文明和精神文明协调发展的内容

---

[1] D
[2] C
[3] B
[4] C
[5] C

7. 下列关于各国宪法发展的表述，不正确的是（　　）（2016/非法学/18）[1]

A. 1958 年法国宪法设专章规定宪法委员会制度

B. 我国现行宪法是对七五宪法精神的继承和发展

C. 英国宪法在发展中形成议会至上的体制特点

D. 通过普通法院解释宪法是美国宪法实践的创造

8. 根据 2004 年宪法修正案，爱国统一战线中增加的社会群体是（　　）（2015/非法学/18）[2]

A. 全体社会主义劳动者　　　　　　B. 社会主义事业的建设者

C. 拥护社会主义的爱国者　　　　　D. 拥护祖国统一的爱国者

9. 下列选项中，不符合宪法发展的世界性趋势的是（　　）（2015/非法学/27）[3]

A. 甲国修改宪法以扩大公民基本权利的范围

B. 乙国国会拒绝将国际人权法作为本国的宪法渊源

C. 丙国为维护宪法的最高权威设立专门违宪审查机构

D. 丁国最高法院判决，为应对经济危机而扩大政府权力的某部法律合宪

10. 下列关于我国宪法修正案的表述，正确的是（　　）（2012/法学/11）[4]

A. 我国采用修正案的方式对宪法进行修改始于 1982 年

B. 1988 年宪法修正案确立了"按劳分配为主体、多种分配方式并存的分配制度"

C. "国家尊重和保障人权"是 1999 年宪法修正案确立的原则

D. 2004 宪法修正案规定"国家建立健全同经济发展水平相适应的社会保障制度"

11. 我国宪法修正案中，明确规定"国家为了公共利益的需要，可以依照法律规定对公民的私有财产实行征收或者征用并给予补偿"的是（　　）（2011/非法学/23）[5]

A. 1988 年宪法修正案　　　　　　B. 1993 年宪法修正案

C. 1999 年宪法修正案　　　　　　D. 2004 年宪法修正案

12. 2004 年我国宪法修正案完善了保护私有财产的规定，下列表述正确的是（　　）（2010/非法学/23）[6]

A. 首次采用"私有财产权"的概念

B. 明确规定了非公有制经济的宪法地位

C. 确立了私有财产神圣不可侵犯的原则

D. 规定了对私有财产征收、征用并给予合理赔偿制度

13. 根据我国宪法和法律，设区的市的人大及其常委会可以制定地方性法规。下列

---

〔1〕　B

〔2〕　B

〔3〕　B

〔4〕　D

〔5〕　D

〔6〕　A

事项中，属于该立法权限的是（　　）(2019/非法学/16；2019/法学/11)[1]

A. 环境保护　　　　　　　　　　　B. 税收征收管理

C. 外贸基本制度　　　　　　　　　D. 本级人民政府的职权

二、多项选择题

14. 下列关于我国"八二宪法"的表述，不正确的是（　　）(2013/非法学/20)[2]

A. 我国采用修正案方式对宪法进行修改始于"八二宪法"

B. "八二宪法"和四个修正案共同构成了我国的现行宪法

C. "八二宪法"仍将国家机构一章置于公民的基本权利和义务一章之前

D. "八二宪法"继承并发展了"五四宪法"好的传统与基本原则，废弃了"七五宪法"与"七八宪法"中不适宜的内容

15. 我国宪法规定，国家尊重和保障人权。下列关于该条款的表述，正确的有（　　）(2016/非法学/56)[3]

A. 该条款在"八二宪法"制定时予以明确规定

B. 该条款对于理解基本权利具有指导作用

C. 该条款为未列举基本权利提供了规范基础

D. 该条款为国家设定了尊重、保障和实现人权的义务

16. 下列关于英国宪法的表述，正确的有（　　）(2014/非法学/52)[4]

A. 英国是最早确立违宪审查制度的国家

B. 英国宪法由宪法性法律、宪法惯例和宪法判例构成

C. 英国是典型的不成文宪法国家，没有统一、完整的宪法典

D. 英国宪政制度是通过限制王权、扩大资产阶级权力逐步实现的

17. 下列选项中，属于美国联邦宪法原则的有（　　）(2013/非法学/52)[5]

A. 议会至上　　　　　　　　　　　B. 有限政府

C. 分权制衡　　　　　　　　　　　D. 联邦与州的分权

18. 下列选项中，属于我国 2004 年宪法修正案内容的有（　　）(2012/非法学/56)[6]

A. 国家尊重和保障人权

B. 依法治国，建设社会主义法治国家

C. 国家建立健全同社会经济发展水平相适应的社会保障制度

D. 在爱国统一战线的范围的表述中增加"社会主义事业的建设者"

---

[1]　A

[2]　BC

[3]　BCD

[4]　BCD

[5]　BCD

[6]　ACD

第三节　宪法原则

一、宪法原则的内容及其在我国宪法中的体现

	内　　容	在我国宪法中的体现
1. 人民主权原则	人民主权原则又被称为主权在民原则，它所要解决的是权力来源与国家合法性问题。主权可以创造一切、变更一切，而没有其他的权力能够限制它，所以被称为最高权力。	《宪法》第 2 条规定："中华人民共和国的一切权力属于人民。人民行使国家权力的机关是全国人民代表大会和地方各级人民代表大会。人民依照法律规定，通过各种途径和形式，管理国家事务，管理经济和文化事业，管理社会事务。"
2. 基本人权原则	人权是人之为人应该享有的权利，不得非法限制和剥夺。基本人权原则最初是作为对抗封建等级和王权专制的对立物而产生的。在封建社会末期，尽管资产阶级在经济上处于上升的地位，但它们的政治地位依然很低，处于一种无权的地位。 从共同纲领开始，我国在历部宪法中都以专门章节的形式规定"公民的基本权利和义务"，列举公民的基本权利。1982 年宪法调整了宪法章节的结构安排，将"公民的基本权利和义务"一章规定在"总纲"之后，"国家机构"的前面，突出了公民基本权利作为国家权力来源的宪法价值。但受认识上的局限，我国一直以来都排斥"人权"的概念，我国宪法中并没有使用"人权"或"基本人权"的概念。 随着社会的进步和对于人权认识的加深，我国从 20 世纪 80 年代末开始认识到，人权是一个国际通行的概念和价值观，因此开始积极地宣传社会主义的人权价值观，并发布了十余个中国人权白皮书。同时，积极加入国际人权公约。中国迄今为止已加入了 25 个世界人权公约。	在我国逐步认可人权这一基本价值的背景之下，2004 年《宪法修正案》第 24 条规定，《宪法》第 33 条增加一款，作为第 3 款，"国家尊重和保障人权"。这是我国《宪法》上第一次引入"人权"的概念，确立了基本人权的原则，人权条款为理解宪法基本权利提供了指引。我国《宪法》明确列举了公民的基本权利，但并没有穷尽所有为现代文明国家和国际公约所承认的权利类型。例如，我国《宪法》并没有规定公民的生命权、隐私权等基本权利，"人权"入宪是自然权利实证化的过程，为保护公民的上述基本权利提供了规范基础。 《宪法》第 33 条第 3 款规定："国家尊重和保障人权。"

	内　　　容	在我国宪法中的体现
3. 法治原则	宪制的发展史是权力不断受到约束和规范的历史。人民不断追求个人的自由与幸福，防止国家专制恣意之行为。在宪制之下，立法部门、行政机构以及司法部门的行为都应当以宪法和法律作为政府行使权力的根据与界限。国家治理必须依据宪法和法律。 　　（1）宪法优位 　　宪法是国家的最高法律，法律必须受宪法约束。也即人民代表大会及其常委会制定的法律，必须受到宪法的约束，而不能与宪法相抵触，否则无效，这就是宪法优位。 　　为了确保一个国家法制的统一，宪法优位还进一步要求在行政和立法机关之间的关系上要遵循法律优位原则，也就是说行政机关的一切行政行为或其他活动都不得与法律相抵触。作为抽象行政行为的行政法规和行政规章必须在法律规定的范围之内作出。 　　（2）法律保留 　　其指关于公民基本权利的限制等专属立法事项，应当由立法机关通过法律来规定，行政机关不得代为规定，行政机关实施的行政行为必须要有法律的授权，不得与法律相抵触。 　　根据《立法法》第8、9条的规定，对公民政治权利的剥夺、限制公民人身自由的强制措施和处罚，只能制定法律。该项原则的实质在于要求行政权的行使必须在代议机关的监督下，没有代议机关（民意）的同意，行政权就不得行使。它既体现了立法权对行政权的制约，也体现了行政权的民意基础。 　　比如说，《行政处罚法》第10条规定："法律可以设定各种行政处罚。限制人身自由的行政处罚，只能由法律设定。"	（1）《宪法》序言明确规定："本宪法以法律的形式确立了中国各族人民奋斗的成果，规定了国家的根本制度和根本任务，是国家的根本法，具有最高的法律效力。" 　　（2）《宪法》第5条规定："中华人民共和国实行依法治国，建设社会主义法治国家。国家维护社会主义法制的统一和尊严。一切法律、行政法规和地方性法规都不得同宪法相抵触。一切国家机关和武装力量、各政党和各社会团体、各企业事业组织都必须遵守宪法和法律。一切违反宪法和法律的行为，必须予以追究。任何组织或者个人都不得有超越宪法和法律的特权。" 　　（3）《宪法》第131条规定："人民法院依照法律规定独立行使审判权，不受行政机关、社会团体和个人的干涉。"

续表

内　　容	在我国宪法中的体现
3. 法治原则 《立法法》 **第8条**　下列事项只能制定法律： （一）国家主权的事项； （二）各级人民代表大会、人民政府、人民法院和人民检察院的产生、组织和职权； （三）民族区域自治制度、特别行政区制度、基层群众自治制度； （四）犯罪和刑罚； （五）对公民政治权利的剥夺、限制人身自由的强制措施和处罚； （六）税种的设立、税率的确定和税收征收管理等税收基本制度； （七）对非国有财产的征收、征用； （八）民事基本制度； （九）基本经济制度以及财政、海关、金融和外贸的基本制度； （十）诉讼和仲裁制度； （十一）必须由全国人民代表大会及其常务委员会制定法律的其他事项。 **第9条**　本法第8条规定的事项尚未制定法律的，全国人民代表大会及其常务委员会有权作出决定，授权国务院可以根据实际需要，对其中的部分事项先制定行政法规，但是有关犯罪和刑罚、对公民政治权利的剥夺和限制人身自由的强制措施和处罚、司法制度等事项除外。 记忆提示　十项内容法律定，政权人身司法刑（绝对保留），主权机关收与用，自治税收民与经（相对保留）。 （3）审判独立 即法官在审判案件时不受任何干涉或压迫，只服从于宪法和法律。	同　　前
4. 权力制约与监督原则	权力制约与监督原则指国家权力机关的各部分之间相互监督、相互制约，以保障公民权利的原则，既包括了公民权利对于国家权力的制约，也包括了国家权力对于国家权力的制约。	我国实行人民代表大会制度，在国家权力统一行使的基础上，国家机关分工负责，相互制约。我国宪法在以下三个方面体现了权力制衡原则：①人民对于国家权力的监督制约；②公民权利对

续表

	内　　　容	在我国宪法中的体现
4. 权力制约与监督原则	权力制约与监督原则的内涵涉及两个基本方面： （1）国家权力分为立法权、行政权、司法权，并分别由三个不同的国家机关行使； （2）在立法、行政、司法等部门之间建立一种相互平衡与相互制约的关系。权力制衡原则的核心在于，通过权力分立、权力制约、权力平衡达到限制专制与独裁的目的，以实现民主。	国家权力的制约监督；③国家机关内部自上而下的制约监督。 （1）《宪法》第 2 条第 1 款规定："中华人民共和国的一切权力属于人民。" （2）《宪法》第 3 条第 3 款规定："国家行政机关、监察机关、审判机关、检察机关都由人民代表大会产生，对它负责，受它监督。" （3）《宪法》第 27 条第 2 款规定："一切国家机关和国家工作人员必须依靠人民的支持，经常保持同人民的密切联系，倾听人民的意见和建议，接受人民的监督，努力为人民服务。" （4）《宪法》第 62、63、65、73、99、104 条规定了人大监督"一府两院一委"的具体方式方法。 **记忆提示** 人民产生人大（人大对人民负责、受人民监督）。 人大产生其他（其他国家机关对人大负责、受人大监督、对人大报告工作）。 注意例外：监察委负责但不报告工作，中央军委负责但不报告工作，国家主席既不负责也不报告工作。

二、宪法原则的历史发展

（一）人民主权原则

近代意义上的主权概念是法国人博丹在《共和六书》中提出来的，他认为凡属国家，必有一种最高权力，其不受任何人为的法律的限制，而只受上帝的法律或自然的法律限制。主权理论是在论证王权的绝对性的基础上提出来的，所以主权的最初表现形式为君权神授，也就是所谓的君主主权。随着英国国内本身政治的发展，英国资产阶级革命取得胜利，出现了君主主权向议会主权的转变。这种转变所体现出来的是君主权力的衰落与平民权力的兴起。原来由君主专有的权力变成君主与贵族还有人民共同分享了。

18 世纪后半期，在美洲殖民地和英国的政治斗争中，北美殖民地人民根据无代表不纳税的理论，主张只有他所在州议会才能够代表人民，英国议会并不能代表他们。在这个阶段，他们所坚持的仍然是议会主权，只不过享有主权的议会的地点已经不在英国，而在美国各殖民地。随着美国取得独立战争的胜利，建立了邦联，但是邦联没有办法解决这个新兴国家所面临的内忧外患。为了应对当时的严峻现实，各州代表召开了制宪会议。围绕着大州与小州、北方州与南方州之间的利益，联邦与州权力的分配等问题，联邦党人与反联邦党人之间产生了激烈的争论。在这些争论中，联邦党人进一步发展了人民主权原则，他们指出，人民既然可以通过授权产生州议会，他们当然也有权力进行更大范围的授权建立一个强有力、又能够保障公民自由的联邦政府。经历这两次观念史的变迁之后，人民主权原则得以最终确立，从而代替了原有的议会主权。人民主权原则认为国家是人民根据自由意志缔结契约的产物，所以国家的最高权力应该属于人民而不属于君主。现在人民主权的原则已被世界各国的宪法规定所接受和吸纳。

（二）基本人权原则

基本人权原则最初是作为对抗封建等级和王权专制的对立物而产生的。在封建社会末期，尽管资产阶级在经济上处于上升的地位，但它们的政治地位依然很低，处于一种无权的地位。资产阶级的启蒙思想家提出了"天赋人权"学说与之抗衡。其核心内容是，每个人都有与生俱来的自由和平等权，这种权利是不能被剥夺的。在资产阶级革命取得胜利以后，这样的政治宣言就被写在了宪法之中。

1776 年的美国《独立宣言》明确宣布："我们认为这些真理是不言自明的：人人生而平等，他们都从'造物主'那里被赋予了某些不可转让的权利，其中包括生命权、自由权和追求幸福的权利。"1789 年法国《人权宣言》中有关人权保护的内容更为完整和系统。第 1 条和第 2 条分别规定，"人们生来而且始终是自由平等的"；"任何政治结合的目的都在于保存人的自然的和不可动摇的权利，这些权利就是自由、财产、安全和反抗压迫"。基本人权的内容在不断发展、变化和充实。最初各国宪法所规定的公民基本权利主要是有关公民人身自由、政治权利和财产权方面的内容，随着社会的发展，社会经济文化权利成为公民基本权利的重要内容。此外，有关基本人权的保护也从国内法扩展到国际法，基本人权成为世界各国普遍承认的价值和观念。

（三）法治原则

法治原则的历史源流，考试分析中没有明确的展示。实际上，法治原则的理论来源源远流长，从古希腊的亚里士多德开始，就逐渐有了对法治的深入探讨，他认为，法律之治优于一人之治。启蒙运动时期的洛克、斯宾诺莎和潘恩等人又分别从法治的功能和价值等诸方面对法治进行了阐述。一般认为在近代法治理论的发展过程中卢梭的贡献最大，称得上是近代法治理论的奠基人。他认为，人民应当拥有立法权，应让意味着平等的法治与共和之政体相结合。但是在制度上确认和实现法治一般被认为从英国的宪制实践肇始。以戴雪的法治观点为主流的英国宪制实践，其法治观念和实践都是世界上比较发达的，各国思想家不同程度地把法治视为盎格鲁撒克逊民族对自由政治制度的最大贡献。

（四）权力制约与监督原则

据中世纪的政治理论，混合政体是最好的政府，因为它能够代表各个社会阶层的利益。在混合政体之下，平民的利益、贵族的优雅和君主的尊贵都得到了保存，而且这三种不同身份的群体的利益也得到了很好的平衡。这种利益平衡的观念被一种现代的立法、司法和执法三种权力制约与平衡的观念所替代。一旦原有的阶级平衡为新的机构平衡所代替的时候，政治学也就发生了其从中世纪到现代的转型。

近代分权学说最初是由英国的洛克倡导而提出的，他认为国家权力应该分为立法权、行政权和对外联盟权，这实际上是立法与行政两权分立；孟德斯鸠在洛克学说的基础上进一步完善了分权理论，提出了著名的三权分立学说。孟德斯鸠指出："当立法权和行政权集中在同一个人或同一个机关手中，自由便不复存在了，因为人们将要担心这个国王或者议会制定暴虐的法律，并暴虐地执行这些法律。""如果司法权不同立法权和行政权分离，自由也不存在了。如果司法权同立法权合而为一，那将对公民的生命和自由施行专断的权力，因为法官就是立法者。如果司法权同行政权合而为一，法官将握有压迫者的力量。"它在美国宪法中成为一项具有可操作性的宪法原则和制度，后来就成为资本主义国家宪法文本中所确立的一项普遍的宪法原则。尽管由于具体情况的不同，各国宪法中所规定的政治制度是不同的，但是各国宪法中对于权力制衡原则都有一定的体现。

记忆提示

1. 人民主权原则
（1）权力来源——国家合法性；
（2）人大权力机关，各种途径管理。
2. 基本人权原则
（1）人之为人应享有，不得非法限制剥夺；
（2）突出公民权利义务，人权入宪，明确列举，并未穷尽。
3. 法治原则
（1）宪法优位：对应宪法形式特征中效力最高性部分即可。
（2）法律保留：专属事项，不得逾越；行政行为，须有授权。
（3）审判独立：法官不受干涉，只服宪法法律。
4. 权力制约与监督原则
（1）相互监督，互相制约，保障民权；
（2）私权 VS. 公权+公权 VS. 公权；
（3）人民监督人大，人大监督其他（常委会、行政、监察、审判、检察）。

[事例与思考]

水门事件与法治原则

"水门大厦"得名于其正门入口处的一个人工小型瀑布，该瀑布水流飞流直下，使整个建筑群有了"水门"的美称。在 1972 年的总统大选中，为了取得民主党内部竞选策略的情报，1972 年 6 月 17 日，以美国共和党尼克松竞选班子的首席安全问题顾问小詹姆斯·麦科德（James W. McCord，Jr）为首（20 多年后，专家考证，幕后策划是白宫律师迪安）的 5 人闯入位于华盛顿水门大厦的民主党全国委员会办公室，在安装窃听器并偷拍有关文件时，当场被捕。尼克松则在事发后信誓旦旦地向美国公众表示："白宫班子和本届政府中，没有一个现在受雇用的人卷入这一荒唐事件。""令人痛心的不在于发生了这类事，因为在竞选中一些过于热心的人总会做些错事。如果你企图把这类事掩盖起来，那才是令人痛心的。"接下来的大选之中，尼克松以压倒性优势击败了民主党候选人乔治·麦戈文，获得连任。民主党占优势的国会，成立特别调查委员会，对总统竞选活动进行彻底调查。在随后对这一案件的继续调查中，尼克松政府内多人被陆续揭发出来，并直接涉及尼克松本人，从而引发了严重的宪法危机。1974 年 8 月 8 日晚上，尼克松不得不向全国发表电视演说，宣布辞去总统职务，成为美国历史上第一位，也是迄今唯一一位因丑闻而中途下台的总统。

思考：水门事件中所凸显的宪法危机表现在哪些方面？体现的法治原则内涵都有什么？

真题链接

1. 我国宪法规定："人民依照法律规定，通过各种途径和形式，管理国家事务，管理经济和文化事业，管理社会事务。"这一规定体现的宪法基本原则是（　　）(2013/非法学/16-单)[1]

A. 法治　　　　　　　　　　　B. 权力制约

C. 人民主权　　　　　　　　　D. 人权保障

2. 将国家权力划分为立法权、行政权和对外联盟权的启蒙思想家是（　　）(2010/非法学/19-单)[2]

A. 孟德斯鸠　　　B. 洛克　　　C. 卢梭　　　D. 霍布斯

第四节　宪法规范

一、宪法规范的概念及特点

（一）宪法规范的概念

宪法规范是调整宪法关系的各种规范的总和，可以由宪法典中的一个或几个条文

---

[1]　C
[2]　B

构成。

宪法关系是经由宪法调整而以宪法上权利义务为内容的社会关系。

宪法所调整的社会关系主要包括以下几类：

1. 国家与公民之间的关系。

2. 国家与其他社会主体之间的关系。

3. 国家机关之间的关系。

4. 国家机关内部的关系。

（二）宪法规范的特点

1. 内容的政治性

内容的政治性是宪法规范与其他法律规范相比最为主要的特点。

（1）宪法产生的政治性：宪法就是为了保障人权而对国家权力的行使进行严格限制的一个崭新的法律部门，具有政治色彩；

（2）宪法内容的政治性：宪法内容主要是有关国家权力、政治过程、平衡各种政治利益的规则，规范国家与公民及各种政治力量之间的关系；

（3）受政治力量制约：宪法规范内容的实现和变化都要受到各种政治力量对比关系的决定性影响，这也体现了宪法规范的政治性。

记忆提示

（1）产生：限公保私，政治色彩；

（2）内容：国家、政治、利益、平衡；

（3）制约：政治力量对比图，制约实现和变化。

2. 效力的最高性

宪法规范具有最高的法律效力，这是由宪法规范的性质和内容决定的，也是由宪法的最高法律地位决定的。宪法规范是有关国家和社会生活的最根本的规则，是国家的根本法和总章程，因此，它在整个法律体系中居于最高的法律地位，具有最高的权威性，构成宪法的每一个规范自然就具有最高性的特点。

记忆提示 可直接参考宪法形式特征之二。

3. 立法的原则性

宪法是国家的根本法和总章程，要为社会政治调整和国家权力行使提供规范依据，这就决定了宪法规范在内容设计上要包括国家生活和社会生活的各个方面，任何的立法空白都会使社会活动的总体调整陷于无法可循的境地。如果宪法在立法上过于具体庞杂，必然会导致规范主次不分明和经常性修改，也不利于保护宪法的稳定性和权威性。所以，宪法的原则性是宪法的概括性、适应性和相对稳定性的基础和综合性体现。

记忆提示 概括适应，相对稳定。（过于具体，不稳不权威）

4. 实施的多层次性

这是宪法规范在实施方式上的特点。大部分的宪法规范只提供了调整社会关系的宏观性原则，宪法规范的实现不可能是直接地一次性地调整具体社会政治事项和个人间的权利义务关系，继而形成宪法秩序。宪法规范的调整和规范职能，要根据实际需要进行多层次的具体化，包括立法具体化和宪法解释，使其成为一种具有直接可操作性的行为规范，这样才能通过社会主体的自觉守宪行为和有权机关的合宪性审查行为而最终实现宪法秩序的建立。但是，有的宪法规范由于立法形式比较具体，其实现就可能是一次性的，或者较少具体化层次即可完成，特定的宪法主体和合宪性审查机关直接执行这些规范即可形成宪法相关秩序，实现宪法规范的职能。宪法立法中在对有关国家机关具体职权的规定进行宪法修改时所依据的具体的程序性规范就属此类。

记忆提示 立法具体化 & 宪法解释——成为可操作行为规范——社会主体遵守 & 机关合宪审查。

二、宪法规范的类型

1. **组织权限规范。**宪法条文中规定国家机关的组织、权限和职权行使的程序，或者至少规定其原则的规范。

《宪法》第58条　全国人民代表大会和全国人民代表大会常务委员会行使国家立法权。

2. **权利义务规范。**这类规范是宪法在调整公民基本权利和基本义务的过程中形成的，是公民行使权利、履行义务的宪法基础。

《宪法》第51条　中华人民共和国公民在行使自由和权利的时候，不得损害国家的、社会的、集体的利益和其他公民的合法的自由和权利。

3. **宪法委托规范。**这类规范和权利义务规范都属于实体规范，但只是规定了国家的义务，而没有赋予人民任何主观权利。广义的宪法委托规范包含宪法中所有的要求特定机关为具体行为的规定，一般仅限于狭义的对立法机关为立法委托。

《宪法》第124条　中华人民共和国设立国家监察委员会和地方各级监察委员会。监察委员会由下列人员组成：主任，副主任若干人，委员若干人。监察委员会主任每届任期同本级人民代表大会每届任期相同。国家监察委员会主任连续任职不得超过两届。监察委员会的组织和职权由法律规定。

4. **宪法指示规范。**宪法指示强制国家为一定行为，和宪法委托不同，原则上所有公权力机关直接或间接的都是其规范对象，行为也不以立法机关为限，公权力机关可以根据国家发展的实际情况决定履行宪法指示的具体方式和先后顺序。我国宪法中基本国策的条款多属于此类规范。

《宪法》第7条　国有经济，即社会主义全民所有制经济，是国民经济中的主导力量。国家保障国有经济的巩固和发展。

真题链接

1. 宪法关系，是指根据一定的宪法规范，在宪法主体之间产生的、以宪法中的权利和义务为基本内容的社会政治关系。下列关系不属于宪法调整对象的是（　　）(2017/非法学/19-单)[1]

A. 公民与公民之间的关系　　　　　B. 公民与国家机关之间的关系

C. 国家机构的内部关系　　　　　　D. 国家机关之间的关系

2. 下列关于宪法规范的表述，正确的是（　　）(2016/非法学/17-单)[2]

A. 宪法规范的效力高于法律、法规的效力

B. 宪法规范不调整国家和无国籍人之间的关系

C. 宪法规范因具有权威性而无需进行宪法解释

D. 宪法规范具有政治性，只能通过立法具体化

3. 关于宪法规范，下列说法正确的是（　　）(2015/非法学/16-单)[3]

A. 宪法规范比普通法律规范更具原则性、概括性

B. 宪法规范内容上的政治性决定了违宪主体不承担法律后果

C. 宪法规范主要调整国家与公民之间、公民与公民之间的关系

D. 宪法规范在我国的表现形式主要有宪法典、宪法相关法、宪法惯例和宪法判例

4. 下列选项中，属于我国宪法性法律的是（　　）(2011/非法学/16-单)[4]

A. 选举法　　　　　　　　　　　　B. 侵权责任法

C. 劳动法　　　　　　　　　　　　D. 婚姻法

5. 下列选项中，不属于我国宪法渊源的是（　　）(2011/非法学/17-单)[5]

A. 宪法典　　　　　　　　　　　　B. 宪法惯例

C. 宪法判例　　　　　　　　　　　D. 国际条约

---

[1] A

[2] A

[3] A

[4] A

[5] C

第二章 宪法的变迁

本章知识体系

宪法的变迁
- 宪法制定
  - 宪法制定概述
  - 中国宪法的制定
- 宪法解释
  - 宪法解释概述
  - 中国宪法的解释
- 宪法修改
  - 宪法修改概述
  - 中国宪法的修改
- 合宪性审查制度
  - 合宪性审查制度概述
  - 中国的宪法监督制度

第一节　宪法制定

一、宪法制定概述

1. 宪法制定，是指制宪主体行使制宪权的活动。

2. 制宪权，是指人民创制宪法的权利，但具体行使制宪权的是立宪机关，如制宪会议。最早系统提出宪法制定权概念及理论体系的学者是法国大革命时期的西耶斯（又译西哀耶士），他认为国民不受制于宪法，国民拥有制宪权。制宪权是一种原生性权力，在国家政权性质没有改变的情况下，无论宪法进行怎样的变化，无论是修改、解释还是其他的变迁形式，都不会导致制宪权的变化问题。

3. 修宪权，是依据制宪权而产生的一种派生性的权力，通常由宪法确定其行使的主体、程序和限制等方面的内容。

4. 宪法制定主体，在历史上，君主、少数组织、特定团体在一定条件下也可以成为制宪权主体。但按照西耶斯的观点，只有国民才可以构成制宪权主体。事实上，国民成为制宪权的主体是现代宪法的一个基本特点，是近代宪法发展的结果，为现代各国宪法所普遍确立。国民作为制宪权的主体，只是从抽象意义上来界定的，源自权力的享有主体，但在运行上并不意味着全体国民直接参与制宪活动、具体行使制宪权。真正直接参与制定宪法过程的只能是国民中的一部分人（代表），由他们代表国民行使制宪权。

5. 宪法制定机构，为了能够有效地行使制宪权，国家通常根据需要成立制宪机关，如制宪会议、国民大会、立宪会议等形式的机关。

6. 值得注意的是，在一般世界各国宪法文本之中，都不会规定制定宪法的机关及程序，制宪机关和起草机关等属于政治既成事实，而非法律规定或一般程序，我国也如是。

制宪机关和宪法起草机关的区别：

（1）制宪机关是行使宪法制定权的国家机关，宪法的起草机关是专门的工作机构，不能独立行使制宪权；

（2）制宪机关是一种常设的机构，而宪法的起草机关具有临时性，一旦宪法的起草任务完成就宣告解散；

（3）制宪机关有权批准和通过宪法，宪法的起草机关则没有此权；

（4）制宪机关的成员是经过选举产生，而宪法的起草机关的成员往往是通过任命的方法产生。

7. 宪法制定的程序一般包括（来源于对一般宪法制定流程的总结，而非宪法、法律的规定）：

（1）成立专门的制宪机构。

（2）提出宪法草案。

（3）宪法草案的通过。宪法草案成为宪法，一般要求代表机关以专门的、严格的程序予以通过。

（4）公布。宪法草案经过一定的程序通过后，一般由国家元首予以公布。

二、中国宪法的制定

中华人民共和国的成立标志着以中国共产党为代表的中国人民事实上成为宪法制定的主体。《共同纲领》在新中国成立初期起着临时宪法的作用。按照《共同纲领》的规定，人民政协行使一定范围的制宪权。

1953 年 1 月 13 日，中央人民政府委员会第二十次会议一致通过了关于召开全国人民代表大会和各级人民代表大会的决议以及关于制定宪法的决议，并决定成立以毛泽东为主席的宪法起草委员会（性质上属于宪法起草机构，但文本初稿是由中共中央首先提出的）。1954 年 6 月，经宪法起草委员会通过的宪法草案在中央人民政府委员会第三十次会议上通过。随后，在全国范围内征求人民的意见（据报道，1.5 亿人参与了这次宪法制定的讨论）。

1954 年 9 月 15 日，第一届全国人民代表大会第一次会议胜利召开，制定宪法是这次会议的重要任务。9 月 20 日，宪法草案在这次会议上通过。1954 年宪法的通过体现了制宪权的民主性。

[事例与思考]

斯大林的建议与五四宪法

1949 年 6 月至 8 月,刘少奇同志访问苏联期间,斯大林提到:"敌人可以用两种方式反对你们:一是说你们并非民选政府。二是说你们没有宪法,是靠武力控制了政权。《共同纲领》不是全民代表通过的,是你们一党提出,其他党派同意而已。"后来在 1950 年初,毛泽东同志第一次访问苏联,以及 1952 年 10 月刘少奇同志率领中国代表团参加苏共"十九大"期间,斯大林两次提出了"建议我国尽快召开全国人民代表大会以及尽快制定宪法"的建议。1952 年底,中共中央在认真考虑斯大林建议的情况下,作出决定:最晚于 1954 年制定出宪法,并尽快召开全国人民代表大会。

思考:斯大林的建议体现了宪法的何种作用和功能?

真题链接

下列关于制宪权的表述,正确的是(　　)(2012/非法学/18-单)[1]

A. 制宪权通常由人民直接行使

B. 最早系统提出制宪权理论的是英国思想家洛克

C. 制宪权、修宪权和立法权属于同一层级的权力形态

D. 国民成为制宪权的主体是现代宪法的特点之一,为现代各国宪法所普遍承认

第二节　宪法解释

一、宪法解释概述

(一) 宪法解释的概念

宪法解释,是指在宪法实施过程中,享有宪法解释权的国家机关依照法定的程序对宪法的含义、内容和界限所作的补充和说明。依据对宪法解释主体的不同,可以将宪法解释分为正式解释和非正式解释。

1. 正式解释,是指享有宪法解释权的机关对宪法作出的具有宪法效力的解释。

2. 非正式解释,是指有宪法解释权之外的机关或个人对宪法作出的解释。它反映了这些组织或个人对宪法的理解,虽然没有法律效力,但反映了一国的宪法意识。

[注意] 我国尚未实现宪法司法化,同时我国各级司法机关也均无权对宪法进行正式解释或援引宪法作为裁判依据,但是在案件判决的释法说理部分,则允许引用或解释

------

[1]　D

宪法，并不产生普遍的法律效力，显然属于非正式解释。

（二）宪法解释的方法

在宪法实施过程中，为了探求宪法规范的意涵，往往要采用相应的方法对宪法进行解释。宪法解释的方法有文义解释、目的解释、体系解释。

1. 文义解释：根据宪法规范所使用的文字的字面意思而进行解释的方法，又称字面解释。

《美国宪法》第 5 条修正案（1791）　……不给予公平赔偿，私有财产不得充作公用。

卡尔德诉布尔案宪法解释：公用意为"为公众所使用"，即在私用情形之下决不允许动用政府权力进行征收。

2. 目的解释：通过探寻制宪者的原意来解释宪法的方法。目的解释主要依据制宪过程中的历史资料，比如制宪会议的记录，制宪者对宪法的解读等。目的解释有时又被称为原意解释。（根据考试分析的表述，此处目的解释特指主观目的解释，也可以称之为立法者解释）

《美国宪法》第 1 条修正案（1791）　国会不得制定关于下列事项的法律：确立国教或禁止宗教活动自由；限制言论自由或出版自由；或剥夺人民和平集会和向政府请愿申冤的权利。

纽约时报诉沙利文案宪法解释：我们认为宪法第 1 条修正案的精义是保护人民对政府官员进行猛烈、尖锐，甚至有时可能是毫不留情的批评的权利。

3. 体系解释：根据宪法规范在宪法典中的位置及与其他规范的关联，从整体的角度来确定解释对象的含义与内容的解释方法。

《美国宪法》第 9 条修正案（1791）　本宪法对某些权利的列举，不得被解释为否定或忽视由人民保留的其他权利。

《美国宪法》第 14 条修正案（1868）第 1 款　……不经正当法律程序，不得剥夺任何人的生命、自由或财产；对于在其管辖下的任何人，亦不得拒绝给予平等法律保护。

罗伊诉韦德案宪法解释：妇女应当享有选择终止妊娠的权利；多数州反堕胎法案无效。

提示：结合法理学中法律解释的分类来理解，但应注意区别，不要混淆。

（三）宪法解释的体制

宪法解释的体制属于国家宪法体制的组成部分，因各国政治体制、历史传统和法律体系的不同而有一定的差异。综合起来主要有下列几种：

1. 立法机关解释体制。立法机关是制定宪法的机关，同时也是解释宪法的机关。我国宪法的解释权由国家权力机关行使。按照我国宪法的规定，全国人大常委会行使宪法的解释权。（主要是议会至上的英国和一些社会主义国家采取此模式，我国《宪法》第 67 条第 1 项规定，全国人大常委会享有解释宪法的权力）

2. 司法机关解释体制。司法机关行使宪法解释权（源自美国 1803 年的马伯里诉麦迪逊案，首席大法官约翰·马歇尔确认了联邦最高法院有宪法解释权，确认了阐释宪法和确定法律效力乃是法官天然职权）。目前世界上许多国家采用这一体制，如加拿大、日本、澳大利亚等。在这种体制条件下，司法机关按照司法程序对宪法进行解释，通常采取伴随具体案件的附带性审查，以不告不理的方式对宪法内容进行解释。而其他的国家机关或社会团体对宪法的解释属于非正式解释。

3. 专门机关解释体制。专门机关的种类很多，如宪法法院、宪法委员会等。这一制度源自奥地利（1920年在实证主义法学派代表人物汉斯·凯尔森等人推动下创立）。目前，奥地利、德国、意大利、俄罗斯和韩国等建立了宪法法院，法国等建立了宪法委员会（前身是1799年的法国护法元老院）。专门机关解释体制是依据宪法或其他宪法性法律的专门授权成立的机关行使宪法解释权的一种制度。这种宪法解释具有专门性和权威性的特点，在原理上能克服上述两种解释体制所存在的弊端，将宪法解释的司法性与专门性有效地结合在一起。

此外，在各国的实践中还有其他不成文的宪法解释，有的具有约束力，有的虽然不具有法律上的约束力，但却具有很大的影响。

二、中国宪法的解释

中国宪法的解释属于立法机关解释体制。1954年宪法和1975年宪法都没有对宪法解释权的归属作出规定。这种解释体制首先是由1978年宪法予以确认和建立的，1978年《宪法》第25条规定了全国人大常委会有"解释宪法和法律、制定法令"的职权。现行宪法再次以根本法的形式确认了宪法的解释机关是全国人大常委会，这与我国的宪法体制是相吻合的。这种解释体制存在的理由在于：

1. 全国人大是最高的国家权力机关，而全国人大常委会是全国人大的常设机关，赋予全国人大常委会以宪法解释权，使宪法解释工作有可能成为一种经常性的行为。

2. 从一定的意义上讲，全国人大常委会比其他的国家机关更了解宪法的原意和精神，因而，这种解释体制具有一定的合理性。

3. 我国宪法解释不需要诉讼或者宪法争议的产生（也即无需附带性审查或宪法控诉），全国人大常委会可以径行解释宪法。

4. 《宪法》《立法法》《各级人民代表大会常务委员会监督法》及其他任何议事规则类的法律均未规定宪法解释的程序，学理上推定应当和法律解释的提出程序相同（军国法检专+省常提要求，一般主体提建议），但并未具体实践，有待进一步完善程序机制。我国的宪法解释在实践中存在的问题，突出表现为缺乏具体的规范化程序，还应当建立和完善一些具体的解释程序，将宪法解释进一步规范化。解释宪法是一个重大理论和实践问题。宪法明确规定了全国人大常委会的宪法解释权。但到目前为止，在我国宪法解释并没有真正适用过。（历史上，1983年，全国人大常委会曾作出关于国家安全机关行使公安机关的侦查、拘留、预审和执行逮捕的职权的决定。决定指出，"第六届全国人民代表大会第一次会议决定设立的国家安全机关，承担原由公安机关主管的间谍、特务案件的侦查工作，是国家公安机关的性质，因而国家安全机关可以行使宪法和法律规定的公安机关的侦查、拘留、预审和执行逮捕的职权。"这被视为准宪法解释，并不是真正意义上的宪法解释）。

根据《立法法》第 46 条的规定："国务院、中央军事委员会、最高人民法院、最高人民检察院和全国人民代表大会各专门委员会以及省、自治区、直辖市的人民代表大会常务委员会可以向全国人民代表大会常务委员会提出法律解释要求。"所以，学理上认为可以推知军、国、法、检、专+省级人常是提出法律解释要求的主体，同时也是提出宪法解释要求的主体。

真题链接

1. 下列国家中，其宪法解释采用专门机关解释体制的是（   ）（2020/非法学/21-单）[1]

A. 法国　　　　　　　　　　　　B. 中国

C. 美国　　　　　　　　　　　　D. 日本

2. 关于我国宪法的修改，下列表述正确的是（   ）（2020/非法学/24-单）[2]

A. 现行宪法规定了不得进行修改的内容

B. 全国人大常委会有权对宪法作部分修改

C. 1/5 以上的全国人大代表有权提议宪法修改

D. 宪法修改须由全国人大以出席代表的 2/3 以上多数通过

3. 目前世界各国设立的专门的宪法解释机关主要有下列哪个机构（   ）（2017/非法学/25-单）[3]

A. 中国的全国人大常委会　　　　B. 法国的宪法委员会

C. 英国的议会　　　　　　　　　D. 美国的联邦最高法院

4. 下列关于我国宪法解释机制的表述，不正确的是（   ）（2015/法学/14-单）[4]

A. 我国的宪法解释属于立法机关解释

B. 地方各级人民代表大会享有宪法解释权

C. 我国的宪法解释机制在程序方面需要进一步完善

D. 宪法解释机制的目的在于激活宪法，保障宪法的最高效力

5. 下列关于宪法解释体制的表述，正确的是（   ）（2014/非法学/21-单；2014/法学/11-单）[5]

---

〔1〕　A

〔2〕　C

〔3〕　B

〔4〕　B

〔5〕　A

A. 社会主义国家一般由最高国家权力机关解释宪法

B. 德国创设了由立法机关解释宪法的体制

C. 日本是最早采用宪法法院进行宪法解释的国家

D. 美国经由马伯里诉麦迪逊案确立了专门机关解释宪法的体制

6. 下列对特定国家宪法解释体制的表述，正确的是（　　　）（2010/非法学/21-单)[1]

A. 法国采用国家元首解释体制

B. 俄罗斯采用立法机关解释体制

C. 美国采用司法机关解释体制

D. 德国采用公民团体解释体制

第三节　宪法修改

一、宪法修改概述

（一）宪法修改的概念

宪法修改，是指有权修改宪法的机关依据法定的程序对宪法规范予以补充、调整、删除的行为，以保证宪法的内容与社会的发展相适应。世界上实行宪制的国家都在宪法文本中确立了宪法修改的制度，并为此规定了严格和特别的程序，其目的在于一方面强调宪法的稳定性，另一方面也注重宪法的发展性。

宪法修改条款本身也受到限制，这在第二次世界大战之后表现得十分明显。一些国家在其宪法中规定，政体、基本权利等方面的内容不得成为宪法修改的对象。例如，《法国第五共和国宪法》规定："当宪法的修改有损领土完整时，任何修改程序都不得着手进行或继续进行。政府的共和体制不得成为修改的对象。"（除此以外，很多国家还有一些诸如"5年内不得两次修改宪法"以及"戒严期间不得修改宪法"等内容的形式限制）

（二）宪法修改的形式

全面修改	全面修改是对宪法的重新制定，即以新的宪法取代旧的宪法，如法国1958年宪法、日本1946年宪法。我国从1954年制定第一部宪法以来，此后的1975年宪法、1978年宪法和1982年宪法都是对前一部宪法的全面修改。全面修改并不意味着对旧的宪法全部否定。从主要形式上来看，旧宪法中的许多内容仍然可以保留。一般是当国家出现某种特殊情况，旧宪法无法从总体上解决一些重大问题时，才对宪法进行全面修改。全面修改在宪制实践中不宜经常运用（经常会有一个概念性的分界问题，我国到底有几部宪法？从制宪角度：1部；从修宪角度：4部）。

---

[1]　C

续表

部分修改	部分修改是对宪法的部分条款加以改变，或者增加一些新的条款，而不改动其他条款的一种修改方式。部分修改是一种比较灵活的宪法修改方式，既能够及时地反映国家政治、经济、文化等各方面的发展变化情况，又能保持宪法的稳定性，在宪制实践中具有明显的优越性。美国自 1787 年宪法制定以来，一直采用部分修改的方式，用宪法修正案来完善宪法中的某些不足。我国目前也采用部分修改的方式，改变或增加一些条款，使宪法能够适应转型时期社会发展的需要。

（三）宪法修改的程序

宪法修改的程序是修改宪法的方式、方法和步骤。从各国的宪法和宪制实践来看，宪法修改程序有简单和复杂之分，但无论其在难易程度上有多大的差别，一般都要经过这样的几个步骤：

提 案	修宪提案是宪法修改的第一步。各国宪法大多对宪法修改提案的主体和程序作了规定。如美国宪法规定，国会在两院 2/3 的议员认为必要时，应提出宪法的修正案，或者根据 2/3 的州议会的请求召开制宪会议，提出修正案。我国《宪法》第 64 条规定，宪法的修改，由全国人大常委会或者 1/5 以上的全国人大代表提议，并由全国人大以全体代表的 2/3 以上多数通过。
审议和表决	审议和表决是宪法修改的必经程序，各国通常要求由代表机关来完成，并经过多数通过方能有效。如意大利宪法规定，议会在审议宪法修改草案时必须经过 2 次审议方能通过，而且 2 次审议应间隔一定的时间。表决是宪法修改草案经审议后通过投票等方式决定是否通过的程序。各国宪法规定的具体标准虽然不同，但要求绝对多数通过是基本做法。有的国家要求宪法修正案通过后，还应当实行全民公决。

二、中国宪法的修改

新中国成立至今，我国一共制定了四部宪法，前面几部宪法采用全面修改的方式，1982 年宪法生效以后，采用部分修改的方式。现行宪法经过了 5 次修改，通过了 52 条宪法修正案。

我国的宪法修改制度主要包括三个方面的内容：

1. 规定了宪法修改的机关是全国人大。

2. 规定了宪法修改的提案主体，即宪法修改须由全国人大常委会或者 1/5 以上的全国人大代表的提议。

3. 规定了宪法修改的通过程序，即宪法修改须由全国人大以全体代表的 2/3 以上多数通过。从现行宪法的修改来看，中国共产党中央委员会的宪法修改建议对我国的宪法修改制度和宪法修改实践具有重要的意义。

4. 注意：在我国各部宪法中，均规定了全国人大为修改宪法的机关，但是只有五四宪法和八二宪法规定了 2/3 通过条款，仅有八二宪法规定了提出主体。

真题链接

一、单项选择题

1. 通过宪法修正案对宪法部分内容修改和完善，是宪法修改的一种方式，我国采用这一方式开始于（　　）（2018/非法学/22）[1]

A. 1979 年 　　　　　　　　　　B. 1982 年

C. 1988 年 　　　　　　　　　　D. 2004 年

2. 下列关于宪法修改的表述，正确的是（　　）（2016/非法学/20）[2]

A. 宪法的修改机关和宪法的制定机关相同

B. 由公民提议修宪是现代法治国家的通例

C. 宪法修正案一般需要由议会过半数通过

D. 我国宪法修改权由全国人民代表大会行使

3. 根据我国宪法，有权提议进行宪法修改的主体是（　　）（2014/非法学/31）[3]

A. 最高人民法院 　　　　　　　　B. 中央军事委员会

C. 省级人民代表大会 　　　　　　D. 1/5 以上全国人民代表大会代表

4. 下列关于我国宪法修改的表述，正确的是（　　）（2013/非法学/24）[4]

A. 可以由全国人大主席团提议

B. 须由 1/3 以上全国人大代表提议

C. 须由全国人大以全体代表的 2/3 以上的多数通过

D. 须由全国人大出席会议代表的 2/3 以上的多数通过

5. 下列关于宪法修改的表述，正确的是（　　）（2019/非法学/15；2019/法学/10）[5]

A. 宪法修改权的主体是修宪机关

B. 我国宪法修改的程序和普通法律相同

C. 我国宪法修改的机关是全国人大常委会

D. 宪法修改有全面修改和部分修改两种形式

二、多项选择题

6. 依据我国宪法规定，有权提议修改宪法的主体有（　　）（2012/法学/28）[6]

A. 全国人民代表大会主席团

---

[1]　C
[2]　D
[3]　D
[4]　C
[5]　D
[6]　BD

B. 全国人民代表大会常务委员会

C. 全国人民代表大会的一个代表团

D. 1/5 以上的全国人民代表大会代表

第四节　合宪性审查制度

一、合宪性审查制度概述

（一）合宪性审查的概念

合宪性审查制度，是指由特定的机关依据宪法对立法行为以及其他行为是否合乎宪法进行审查并处理的制度。这里的立法行为不仅包括制定法律的行为，还应该包括制定法规和其他规范性文件的行为。在原理上，合宪性审查制度是基于宪法作为高级法而产生的。宪法不仅为制定其他法律提供依据，同时也作为一切行为的最高准则，其他法律不得同宪法相抵触。对法律、法规和其他法律文件的审查实际上就是对立法行为的一种审查，除了立法行为可以作为合宪性审查的对象外，还应该包括对其他行为的审查，比如行政行为。

（二）合宪性审查的模式

合宪性审查的模式取决于一个国家的政治、经济、文化条件和历史背景，不同的国家在模式的选择上会有一定的差异，大体上可以归纳为下列几种：

1. 普通法院模式

代表国家：美国、日本、加拿大、澳大利亚、墨西哥、阿根廷等。

最早由普通法院行使合宪性审查权的国家是美国，虽然美国宪法没有规定普通法院有这项权力，但联邦最高法院在 1803 年的马伯里诉麦迪逊一案中创立了合宪性审查制。美国的合宪性审查制度对世界上其他的国家产生了重大的影响。

2. 专门机关模式

设立宪法法院的代表国家有：奥地利（最早）、德国、波兰、西班牙等；设立宪法委员会的国家有：法国。

如欧洲大陆国家的宪法法院和法国的宪法委员会。早在 1920 年，奥地利就设立了宪法法院，其后许多欧洲国家纷纷效仿，如德国、波兰、西班牙等。法国设立宪法委员会，由于其性质与宪法法院类似，可以将其放在这种模式中。宪法法院是一种专门机关，体现了司法性与专门性相结合的特点，主要处理合宪性审查问题，但也不完全局限于这一方面。

例如，德国宪法法院，其权限主要有：裁判有关宪法问题的案件；审理和裁决因联邦总统故意违反联邦基本法或其他法律的行为而被提起的弹劾案以及联邦议员的申诉案；具有对法律、法规抽象的审查权；在特殊情况下，可以裁决州宪法法院对基本法的解释；对联邦或州的某项法律侵犯《联邦基本法》第 38 条所规定的地方自治权的诉讼案具有裁决权；宣告基本权利的丧失或丧失程度的案件；裁决由公民个人提出的公权力机关侵犯其《联邦基本法》某一条款规定的某项基本权利的宪法诉愿案件。

综合来看，宪法法院模式体现了合宪性审查制度的发展趋势，相对而言，是一种较合理的制度设计。

3. 立法机关模式

代表国家：英国、中国。

立法机关模式的形成在理论上可以追溯至人民主权学说。按照人民主权学说，立法权是一种最高的权力，执行权和其他权力必须处于从属的地位，由此可以推出立法机关具有最高地位。因为立法行为是人民意志的体现，所以，对立法机关制定的法律，其他的机关无权进行审查，立法机关制定的法律是否违反宪法，只能由立法机关自己来审查。立法机关模式在实践中虽然也发挥了一定的作用，但其局限性也相当明显，最突出的表现是不能体现合宪性审查机构的专门性和裁判过程的司法性，特别是无法解决自身监督自身立法的问题。

（三）合宪性审查的方式

从不同的角度来看，合宪性审查的方式可以作不同划分，如一般审查与个别审查，抽象审查与具体审查，事先审查与事后审查等。不同国家的合宪性审查的方式有一定的差异。

事先审查	事先审查是一种预防性审查，是指法律、法规或其他的法律文件在发生效力前，或行为还没有实施前，由特定的机关所作的一般性审查。这种审查往往带有一种抽象性和非针对性，而且并不是为了维护具体利益。在我国主要是法律文件的批准。
事后审查	事后审查，是指法律、法规或其他的法律文件在发生效力后，或者行为已经实施后，由特定的机关所作的具体审查。这种审查具有针对性，维护的是具体的利益，在社会生活中影响比较大。在我国主要是法律文件的备案。

[事例与思考]

马伯里诉麦迪逊案

1800 年大选结果揭晓，时任总统，联邦党人亚当斯落选，民主党人托马斯·杰斐逊当选新总统。亚当斯为使联邦党人能够继续控制联邦政府，于 1801 年 3 月 4 日杰斐逊正式就职前采取了一系列紧急措施：任命其国务卿为联邦最高法院首席法官，借巡回法院法案通过，成倍增加联邦法官数量，并通过了构成法，授权在哥伦比亚地区任命了 42 名治安法官。以上人选于 3 月 3 日深夜前完成了所有法律程序，但有一些委任状还未送达，就已经到了杰斐逊总统就职的 3 月 4 日。杰斐逊总统就职后，立即命令其国务卿麦迪逊扣发所有在途委任状。马伯里便是被扣发委任状的新治安法官之一。几个月后，马伯里依据 1789 年国会制定的《司法条例》中"联邦司法机关有权责成行政部门颁发执行命令"的规定，将新政府告到了联邦最高法院。在联邦最高法院关于本案的判决中，有两个改变世界宪制历程的伟大创见：第一，法院不适用任何违背宪法的法律；第二，法院享有解释宪法的权力。

思考：美国合宪性审查制度的建立及其方式对我国有何启示？

二、中国的宪法监督制度

（一）中国宪法监督制度的内容

宪法监督制度是由特定机关对公权力行为进行合宪性审查并作出处理的制度。我国的宪法监督制度具有自己的特点，反映了我国的宪法理念。按照宪法的规定，其主要内容表现在下列方面：

1. 合宪性审查的依据

宪法是最高法，在整个法律体系中具有最高的效力。《宪法》序言庄严地宣告了宪法是我国的根本法，具有最高的法律效力。宪法规定全国各族人民、一切国家机关和武装力量、各政党和各社会团体、各企业事业组织，都必须以宪法为根本的活动准则，并且负有维护宪法的尊严、保证宪法实施的职责。《宪法》第 5 条规定，一切法律、行政法规和地方性法规都不得同宪法相抵触；任何组织或者个人都不能有超越宪法和法律的特权。

2. 合宪性审查的机关

《宪法》第 62 条规定，全国人大行使监督宪法实施的职权。这是沿用了 1954 年宪法和 1978 年宪法的做法。同时，《宪法》第 67 条又规定，全国人大常委会解释宪法，监督宪法的实施。这一规定为保证合宪性审查工作的经常开展提供了依据。

3. 合宪性审查的程序

（1）被动审查

❶要求审查：国务院、中央军委、最高人民法院、最高人民检察院和省级人大常委会认为行政法规、地方性法规、自治条例和单行条例同宪法或法律相抵触的，可以向全国人大常委会书面提出审查要求，由常委会工作机构分送全国人大各专门委员会进行审查，提出意见。（司法解释依据《各级人民代表大会常务委员会监督法》规定，也在审查范围内）

一般审查要求的提出主体及程序：

《立法》第 99 条第 1 款　国务院、中央军事委员会、最高人民法院、最高人民检察院和各省、自治区、直辖市的人民代表大会常务委员会认为行政法规、地方性法规、自治条例和单行条例同宪法或者法律相抵触的，可以向全国人民代表大会常务委员会书面提出进行审查的要求，由常务委员会工作机构分送有关的专门委员会进行审查、提出意见。

《法规、司法解释备案审查工作办法》第21条 国家机关依照法律规定向全国人大常委会书面提出的对法规、司法解释的审查要求，由常委会办公厅接收、登记，报秘书长批转有关专门委员会会同法制工作委员会进行审查。

司法解释审查要求的提出主体和程序：

《各级人民代表大会常务委员会监督法》第32条 国务院、中央军事委员会和省、自治区、直辖市的人民代表大会常务委员会认为最高人民法院、最高人民检察院作出的具体应用法律的解释同法律规定相抵触的，最高人民法院、最高人民检察院之间认为对方作出的具体应用法律的解释同法律规定相抵触的，可以向全国人民代表大会常务委员会书面提出进行审查的要求，由常务委员会工作机构送有关专门委员会进行审查、提出意见。

前款规定以外的其他国家机关和社会团体、企业事业组织以及公民认为最高人民法院、最高人民检察院作出的具体应用法律的解释同法律规定相抵触的，可以向全国人民代表大会常务委员会书面提出进行审查的建议，由常务委员会工作机构进行研究，必要时，送有关专门委员会进行审查、提出意见。

[注意] 司法解释全国人大常委会仅审查和提出建议，并不撤销。

全国人大各专门委员会及全国人大常委工作机构规定：

《全国人民代表大会组织法》

第34条第1款 全国人民代表大会设立民族委员会、宪法和法律委员会、监察和司法委员会、财政经济委员会、教育科学文化卫生委员会、外事委员会、华侨委员会、环境与资源保护委员会、农业与农村委员会、社会建设委员会和全国人民代表大会认为需要设立的其他专门委员会。各专门委员会受全国人民代表大会领导；在全国人民代表大会闭会期间，受全国人民代表大会常务委员会领导。

第37条 各专门委员会的工作如下：①审议全国人民代表大会主席团或者全国人民代表大会常务委员会交付的议案；②向全国人民代表大会主席团或者全国人民代表大会常务委员会提出属于全国人民代表大会或者全国人民代表大会常务委员会职权范围内同本委员会有关的议案，组织起草法律草案和其他议案草案；③承担全国人民代表大会常务委员会听取和审议专项工作报告有关具体工作；④承担全国人民代表大会常务委员会执法检查的具体组织实施工作；⑤承担全国人民代表大会常务委员会专题询问有关具体工作；⑥按照全国人民代表大会常务委员会工作安排，听取国务院有关部门和国家监察委员会、最高人民法院、最高人民检察院的专题汇报，提出建议；⑦对属于全国人民代表大会或者全国人民代表大会常务委员会职权范围内同本委员会有关的问题，进行调查研究，提出建议；⑧审议全国人民代表大会常务委员会交付的被认为同宪法、法律相抵触的国务院的行政法规、决定和命令，国务院各部门的命令、指示和规章，国家监察委员会的监察法规，省、自治区、直辖市和设区的市、自治州的人民代表大会及其常务委员会的地方性法规和决定、决议，省、自治区、直辖市和设区的市、自治州的人民政府的决定、命令和规章，民族自治地方的自治条例和单行条例，经济特区法规，以及最高人民法院、最高人民检察院具体应用法律问题的解释，提出意见；⑨审议全国人民代表大会主席团或者全国人民代表大会常务委员会交付的质询案，听取受质询机关对质询案的答复，必要的时候向全国人民代表大会主席团或者全国人民代表大会常务委员会提出报告；⑩研究办理代表建议、批评和意见，负责有关建议、批评和意见的督促办理工作；⑪按照全国人民代表大会常务委员会的安排开展对外交往；⑫全国人民代表大会及其常务委员会交办的其他工作。

第27条 常务委员会设立办公厅，在秘书长领导下工作。

常务委员会设副秘书长若干人，由委员长提请常务委员会任免。

第28条 常务委员会设立法制工作委员会、预算工作委员会和其他需要设立的工作委员会。

工作委员会的主任、副主任和委员由委员长提请常务委员会任免。

香港特别行政区基本法委员会、澳门特别行政区基本法委员会的设立、职责和组成人员任免，依照有关法律和全国人民代表大会有关决定的规定。

❷建议审查：上述五大机构之外的其他国家机关、社会团体、企事业组织以及公民认为行政法规、地方性法规、自治条例和单行条例同宪法或法律相抵触的，可以向全国人大常委会书面提出审查建议，由常委会工作机构进行研究，必要时，送有关的专门委员会进行审查、提出意见。

《立法法》第99条第2款 前款规定以外的其他国家机关和社会团体、企业事业组织以及公民认为行政法规、地方性法规、自治条例和单行条例同宪法或者法律相抵触的，可以向全国人民代表大会常务委员会书面提出进行审查的建议，由常务委员会工作机构进行研究，必要时，送有关的专门委员会进行审查、提出意见。

《法规、司法解释备案审查工作办法》第22条 国家机关、社会团体、企业事业组织以及公民依照法律规定向全国人大常委会书面提出的对法规、司法解释的审查建议，由法制工作委员会接收、登记。

法制工作委员会对依照前款规定接收的审查建议，依法进行审查研究。必要时，送有关专门委员会进行审查、提出意见。

（2）主动审查

有关的专门委员会和常委会工作机构可以对报送备案的规范性文件进行主动审查。

《立法法》第100条 全国人民代表大会专门委员会、常务委员会工作机构在审查、研究中认为行政法规、地方性法规、自治条例和单行条例同宪法或者法律相抵触的，可以向制定机关提出书面审查意见、研究意见；也可以由法律委员会与有关的专门委员会、常务委员会工作机构召开联合审查会议，要求制定机关到会说明情况，再向制定机关提出书面审查意见。制定机关应当在2个月内研究提出是否修改的意见，并向全国人民代表大会法律委员会和有关的专门委员会或者常务委员会工作机构反馈。

全国人民代表大会法律委员会、有关的专门委员会、常务委员会工作机构根据前款规定，向制定机关提出审查意见、研究意见，制定机关按照所提意见对行政法规、地方性法规、自治条例和单行条例进行修改或者废止的，审查终止。

全国人民代表大会法律委员会、有关的专门委员会、常务委员会工作机构经审查、研究认为行政法规、地方性法规、自治条例和单行条例同宪法或者法律相抵触而制定机关不予修改的，应当向委员长会议提出予以撤销的议案、建议，由委员长会议决定提请常务委员会会议审议决定。

2018年6月，全国人大常委会通过决议，明确了宪法和法律委员会的职责。宪法和法律委员会在继续承担统一审议法律草案等工作的基础上，增加推动宪法实施、开展宪法解释、推进合宪性审查、加强宪法监督、配合宪法宣传等工作职责。

由各专门委员会分别审查相关领域的法律文件的合宪性，这无疑进一步强化了我国的宪法监督制度。

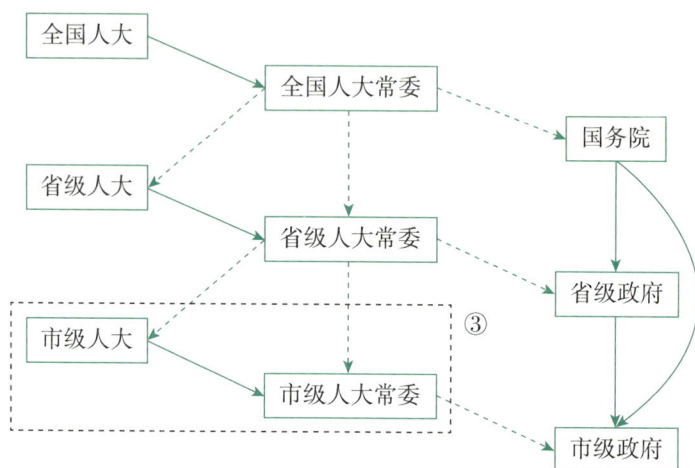

①——▶：领导关系
②----▶：监督关系
③市级人大人大常立法均需报省级人常批准，进而在审查问题上可视为
  省级人常自己的立法。

合宪性审查主体关系图

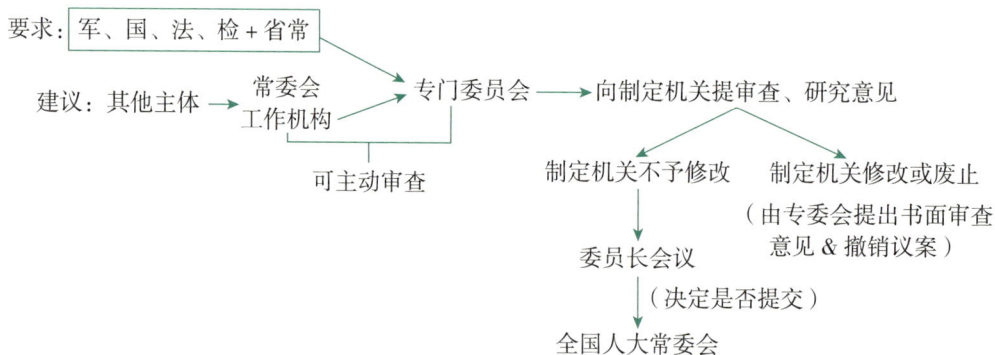

我国合宪性审查流程

宪 法			变通

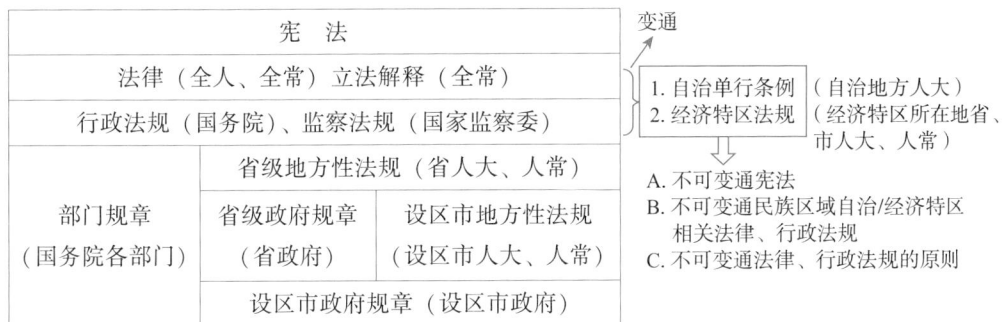

我国规范性法律文件的效力等级示意图（文字表格内容如下）

宪 法

法律（全人、全常）立法解释（全常）

行政法规（国务院）、监察法规（国家监察委）

省级地方性法规（省人大、人常）

部门规章（国务院各部门） / 省级政府规章（省政府） / 设区市地方性法规（设区市人大、人常）

设区市政府规章（设区市政府）

变通：
1. 自治单行条例（自治地方人大）
2. 经济特区法规（经济特区所在地省、市人大、人常）

A. 不可变通宪法
B. 不可变通民族区域自治/经济特区相关法律、行政法规
C. 不可变通法律、行政法规的原则

我国规范性法律文件的效力等级示意图

4. 规范性法律文件的备案

《立法法》

第98条 行政法规、地方性法规、自治条例和单行条例、规章应当在公布后的30日内依照下列规定报有关机关备案：

（一）行政法规报全国人民代表大会常务委员会备案。

（二）省、自治区、直辖市的人民代表大会及其常务委员会制定的地方性法规，报全国人民代表大会常务委员会和国务院备案；设区的市、自治州的人民代表大会及其常务委员会制定的地方性法规，由省、自治区的人民代表大会常务委员会报全国人民代表大会常务委员会和国务院备案。

（三）自治州、自治县的人民代表大会制定的自治条例和单行条例，由省、自治区、直辖市的人民代表大会常务委员会报全国人民代表大会常务委员会和国务院备案；自治条例、单行条例报送备案时，应当说明对法律、行政法规、地方性法规作出变通的情况。

（四）部门规章和地方政府规章报国务院备案；地方政府规章应当同时报本级人民代表大会常务委员会备案；设区的市、自治州的人民政府制定的规章应当同时报省、自治区的人民代表大会常务委员会和人民政府备案。

（五）根据授权制定的法规应当报授权决定规定的机关备案；经济特区法规报送备案时，应当说明对法律、行政法规、地方性法规作出变通的情况。

第104条第2款 最高人民法院、最高人民检察院作出的属于审判、检察工作中具体应用法律的解释，应当自公布之日起30日内报全国人民代表大会常务委员会备案。

《全国人民代表大会常务委员会关于国家监察委员会制定监察法规的决定》规定：监察法规应当在公布后的30日内报全国人民代表大会常务委员会备案。

5. 合宪性审查的结果

《立法法》

第96条 法律、行政法规、地方性法规、自治条例和单行条例、规章有下列情形之一的，由有关机关依照本法第97条规定的权限予以改变或者撤销：

（一）超越权限的；

（二）下位法违反上位法规定的；

（三）规章之间对同一事项的规定不一致，经裁决应当改变或者撤销一方的规定的；

（四）规章的规定被认为不适当，应当予以改变或者撤销的；

（五）违背法定程序的。

第97条 改变或者撤销法律、行政法规、地方性法规、自治条例和单行条例、规章的权限是：

（一）全国人民代表大会有权改变或者撤销它的常务委员会制定的不适当的法律，有权撤销全国人民代表大会常务委员会批准的违背宪法和本法第75条第2款规定的自治条例和单行条例；

（二）全国人民代表大会常务委员会有权撤销同宪法和法律相抵触的行政法规，有权撤销同宪法、法律和行政法规相抵触的地方性法规，有权撤销省、自治区、直辖市的人民代表大会常务委员会批准的违背宪法和本法第75条第2款规定的自治条例和单行条例；

（三）国务院有权改变或者撤销不适当的部门规章和地方政府规章；

（四）省、自治区、直辖市的人民代表大会有权改变或者撤销它的常务委员会制定的和批准的不适当的地方性法规；

（五）地方人民代表大会常务委员会有权撤销本级人民政府制定的不适当的规章；

（六）省、自治区的人民政府有权改变或者撤销下一级人民政府制定的不适当的规章；

（七）授权机关有权撤销被授权机关制定的超越授权范围或者违背授权目的的法规，必要时可以撤销授权。

《全国人民代表大会常务委员会关于国家监察委员会制定监察法规的决定》规定：全国人民代表大会常务委员会有权撤销同宪法和法律相抵触的监察法规。

名　称	制定主体	批　准	备　案	审查主体和手段	内　容
法　律	全国人大或常委会	/	/	全国人大（改变、撤销）	不适当
行政法规	国务院	/	全国人大常委会	全国人大常委会（撤销）	不合法
省级地方性法规	省级人大或常委会	/	全国人大常委会 国务院	全国人大常委会（撤销） 省级人大（改变、撤销）	不合法 不适当
设区的市地方性法规	设区的市的人大或常委会	省级人大常委会	全国人大常委会 国务院	全国人大常委会（撤销） 省级人大（改变、撤销）	不合法 不适当
自治区自治条例和单行条例	自治区人大	全国人大常委会	/	全国人大（撤销）	不合法
自治州、自治县自治条例和单行条例	自治州、自治县人大	省级人大常委会	全国人大常委会 国务院	全国人大常委会（撤销） 省级人大（撤销）	不合法

续表

名　　称	制定主体	批　准	备　　案	审查主体和手段	内　容
部门规章	国务院各部委	/	国务院	国务院（改变、撤销）	不适当
省级政府规章	省级政府	/	国务院 本级人大常委会	国务院（改变、撤销） 本级人大常委会（撤销）	不适当
设区的市的规章	市级政府	/	国务院 省级人大常委会 省级政府 本级人大常委会	国务院（改变、撤销） 省级政府（改变、撤销） 本级人大常委会（撤销）	不适当
司法解释	最高法、最高检	/	全国人大常委会	全国人大常委会（撤销）	不合法
经济特区法规	经济特区所在省或市人大、人常（全国人大授权）	/	全国人大常委会	全国人大（撤销）	不合法 不适当
监察法规	国家监察委员会	/	全国人大常委会	全国人大常委会（撤销）	不合法
军事法规	中央军委	/	/	/	/

[归纳总结] 规范性文件的备案、审查及效力冲突问题

1. 备案记忆规律：

（1）备案找上级；

（2）人大不备案；

（3）批准当备案；

（4）规章不找全人常；

（5）授权只找全人常。

2. 涉及批准的立法

批准主体	相应立法
全国人大常委会	自治区的自治条例和单行条例
省级人大常委会	自治州、自治县的自治条例和单行条例
	设区市的地方性法规

3. 改变、撤销记忆规律

（1）领导关系"改+撤"（不适当）；

(2) 监督关系"只能撤"（地方机关间不适当）；

(3) 自治单行"只能撤"（不了解，没法改）；

(4) 批准机关被审查（谁批准就当作是谁制定）；

(5) 人大只管自人常（下级权力机关和本级其他机关交由本级人常去监督）。

（二）中国宪法监督制度的发展

2004 年 5 月，全国人大常委会成立了法规审查备案室，隶属于全国人大常委会法制工作委员会。法规审查备案室不仅负责法规备案，更重要的是审查下位法和上位法尤其是宪法的冲突和抵触。一般认为，设立这一专门机构对于审查法规是否违法合宪性具有重要意义。法规审查备案室的首要职责是对公民审查建议进行先期研究，确定是否需要启动审查程序，提交各专门委员会。这意味着宪法监督能够成为一种可能，使合宪性审查进入规范化、可操作化渠道。

2005 年全国人大常委会修订了《行政法规、地方性法规、自治条例和单行条例、经济特区法规备案审查工作程序》（现已失效），并制定了《司法解释备案审查工作程序》。据此，合宪性审查的对象从《立法法》所规定的行政法规、地方性法规、自治条例和单行条例扩大到行政法规、地方性法规、自治条例和单行条例、经济特区法规、最高人民法院和最高人民检察院的司法解释。而且，《行政法规、地方性法规、自治条例和单行条例、经济特区法规备案审查工作程序》还规定了主动审查的程序。主动审查的程序已经被 2015 年《立法法》的修改所吸收。专门委员会认为备案的法规同宪法或法律相抵触的，主动进行审查，会同法制工作委员会提出书面审查意见；法制工作委员会认为备案的法规同宪法或法律相抵触，需要主动进行审查的，可以书面提出建议，报秘书长同意后，送有关专门委员会审查。

2019 年 12 月，第十三届全国人大常委会第四十四次委员长会议通过了《法规、司法解释备案审查工作办法》，进一步完善了备案审查工作的对象、原则、备案程序、审查职责、审查程序、审查标准以及反馈机制。这是我国宪法监督制度的重大发展和推进。

《法规、司法解释备案审查工作办法》

第 10 条 法规、司法解释的纸质文本由下列机关负责报送备案：

（一）行政法规由国务院办公厅报送。

（二）监察法规由国家监察委员会办公厅报送。

（三）地方性法规、自治州和自治县制定的自治条例和单行条例由各省、自治区、直辖市人大常委会办公厅报送。

（四）经济特区法规由制定法规的省、市人大常委会办公厅（室）报送。

（五）司法解释分别由最高人民法院办公厅、最高人民检察院办公厅报送；最高人民法院、最高人民检察院共同制定的司法解释，由主要起草单位办公厅报送。

第 26 条 对不属于全国人大常委会备案审查范围的规范性文件提出的审查建议，法制工作委员会可以按照下列情况移送其他有关机关处理：

（一）对党的组织制定的党内法规和规范性文件提出的审查建议，移送中央办公厅法规局。

（二）对国务院各部门制定的规章和其他规范性文件提出的审查建议，移送司法部；对地方政府制定的规章和其他规范性文件提出的审查建议，移送制定机关所在地的省级人大常委会，并可同时移送司法部。

（三）对军事规章和军事规范性文件提出的审查建议，移送中央军委办公厅法制局。

（四）对地方监察委员会制定的规范性文件提出的审查建议，移送制定机关所在地的省级人大常委会，并可同时移送国家监察委员会。

（五）对地方人民法院、人民检察院制定的属于审判、检察工作范围的规范性文件提出的审查建议，移送制定机关所在地的省级人大常委会，并可同时移送最高人民法院、最高人民检察院。

法制工作委员会在移送上述审查建议时，可以向有关机关提出研究处理的意见建议。

第38条 对法规、司法解释进行审查研究，发现法规、司法解释违背法律规定，有下列情形之一的，应当提出意见：

（一）违反立法法第8条，对只能制定法律的事项作出规定；

（二）超越权限，违法设定公民、法人和其他组织的权利与义务，或者违法设定国家机关的权力与责任；

（三）违法设定行政许可、行政处罚、行政强制，或者对法律设定的行政许可、行政处罚、行政强制违法作出调整和改变；

（四）与法律规定明显不一致，或者与法律的立法目的、原则明显相违背，旨在抵消、改变或者规避法律规定；

（五）违反授权决定，超出授权范围；

（六）对依法不能变通的事项作出变通，或者变通规定违背法律的基本原则；

（七）违背法定程序；

（八）其他违背法律规定的情形。

（三）中国宪法监督制度的完善

我国的宪法监督制度在具体的运作中还存在着一些问题，完善该项制度是社会主义法治建设的需要。

1. 《全国人民代表大会组织法》《立法法》规定了全国人大各专门委员会具体审查相关立法的合宪性的职责。但全国人大设有10个专门委员会，这导致合宪性审查权的行使过于分散。

2. 就合宪性审查的对象来看，主要是对行政法规、地方性法规、自治条例和单行条例等进行合宪性审查，而对法律、规章等如何进行合宪性审查缺乏明确的规定。

《规章制定程序条例》第35条 国家机关、社会团体、企业事业组织、公民认为规章同法律、行政法规相抵触的，可以向国务院书面提出审查的建议，由国务院法制机构研究并提出处理意见，按照规定程序处理。

国家机关、社会团体、企业事业组织、公民认为设区的市、自治州的人民政府规章同法律、行政法规相抵触或者违反其他上位法的规定的，也可以向本省、自治区人民政府书面提出审查的建议，由省、自治区人民政府法制机构研究并提出处理意见，按照规定程序处理。

3. 关于合宪性审查的启动程序、审理程序和审理结果方面的规定相对比较抽象。

各界在这个问题上取得了一定的共识，那就是要建立能够真正维护国家法制统一、约束政府权力、保障公民自由的宪法监督机制。

（四）我国的宪法宣誓制度

1. 概述

2015年7月1日，第十二届全国人大常委会第十五次会议表决通过全国人大常委会《关于实行宪法宣誓制度的决定》，确定了70个字的宣誓誓词，于2016年1月1日起实行。根据该决定，全国人大及其常务委员会、国务院、中央军委、国家监察委员会、最高人民法院、最高人民检察院等中央国家机构和县级以上人大及其常委会、人民政府、监察委员会、人民法院、人民检察院等县级以上地方国家机构选出或任命的国家工作人员在就任时应当公开对宪法宣誓。

2. 宪法宣誓的誓词

2018年2月24日第十二届全国人民代表大会常务委员会第三十三次会议通过了对誓词的修改。修改后的誓词为："我宣誓：忠于中华人民共和国宪法，维护宪法权威，履行法定职责，忠于祖国、忠于人民，恪尽职守、廉洁奉公，接受人民监督，为建设富强民主文明和谐美丽的社会主义现代化强国努力奋斗！"《宪法》第27条第3款规定："国家工作人员就职时应当依照法律规定公开进行宪法宣誓。"

3. 宪法宣誓制度的意义

宪法宣誓制度的建立有利于维护宪法的最高法律地位、法律权威和法律效力，有利于激励和教育国家工作人员忠于宪法、遵守宪法、维护宪法，是我国宪法实施制度的完善和最新发展。

[事例与思考]

警察预备队合宪性诉讼

本案是曾经作为日本社会党代表的铃木茂三郎，为请求确认自卫队前身的警察预备队合宪性无效，以日本最高法院为一审法院而提出诉讼的案件。最高法院作出判决："日本法院在现行制度之下，仅被赋予司法之权限，而为了发动司法权，具体诉讼案件的提起，实为必要前提。在没有具体案件提出，却预想未来，而对宪法及其他法律、命令之解释所存有关疑义争论事项，作抽象性之判断，这超出了现有法院之权限。"从而据此驳回诉讼请求。(日本最高法院大法庭 1952 年 10 月 8 日判决，民集 6 卷 9 号 783 页)[1]

思考：以上事例显示日本属于何种合宪性审查方式？对我国合宪性审查制度的改善有何启示？

真题链接

1. 根据现行宪法和立法法，下列关于宪法监督的表述，正确的是（　　）(2017/非法学/30-单)[2]

A. 全国人大及其常委会均有权监督宪法的实施

B. 全国人大法律委员会认为司法解释同宪法相抵触，可予以撤销

C. 公民认为地方性法规同宪法相抵触，可向全国人大书面提出审查要求

D. 全国人大常委会有权改变或撤销国务院制定的同宪法相抵触的行政法规

2. 下列国家中，采用专门机关模式进行违宪审查的是（　　）(2016/非法学/26-单)[3]

A. 美国

B. 德国

C. 英国

D. 日本

3. 根据我国宪法和法律，下列关于宪法监督制度的表述，正确的是（　　）(2016/法学/9-单)[4]

A. 我国的宪法监督制度是一种附带性审查制度

B. 全国人大常委会在对法规进行备案时有权审查其合宪性

C. 由法院审查法律是否合宪符合人民代表大会制度的要求

D. 公民和社会组织有权向全国人大常委会提出违宪审查的要求

4. 全国人大常委会对自治区报请批准的自治条例进行合宪性审查。根据宪法监督方式的分类，该宪法监督是（　　）(2015/法学/13-单)[5]

A. 附带性审查

B. 宪法诉讼

C. 事先审查

D. 事后审查

5. 美国 1803 年马伯里诉麦迪逊案（Marbury v. Madison）所确立的制度是（　　）(2015/非法学/15-单)[6]

〔1〕 汇编自 [日] 芦部信喜著，[日] 高桥和之增订，林来梵等译：《宪法》（第 3 版），北京大学出版社 2006 年版。

〔2〕 A

〔3〕 B

〔4〕 B

〔5〕 C

〔6〕 D

A. 联邦制   B. 司法独立

C. 议会至上   D. 司法审查

6. 世界上最早确立以宪法法院模式实施宪法监督的国家是（   ）（2013/法学/11-单）[1]

A. 美国   B. 法国

C. 德国   D. 奥地利

7. 关于我国的宪法监督，下列说法正确的是（   ）（2013/非法学/17-单）[2]

A. 全国人大有权撤销省级人大及其常委会制定的地方性法规

B. 全国人大常委会有权改变国务院制定的不适当的行政法规

C. 国务院有权改变或者撤销地方人民政府工作部门的不适当的决定和命令

D. 县级以上地方各级人大常委会有权撤销本级人民政府不适当的决定和命令

8. 在宪法理论上，宪法监督是宪法保障的核心内容，其具体监督方式是（   ）（2011/非法学/19-单）[3]

A. 违宪审查   B. 宪法遵守

C. 宪法制定   D. 宪法修改

9. 近期，几位法学教授撰文指出《城市房屋拆迁管理条例》的部分内容与我国现行宪法相抵触。依据我国宪法和法律关于宪法监督的规定，他们可以（   ）（2010/非法学/27-单）[4]

A. 向国务院书面提出进行审查的建议

B. 向最高人民法院书面提出进行审查的建议

C. 向全国人民代表大会书面提出进行审查的建议

D. 向全国人民代表大会常务委员会书面提出进行审查的建议

---

[1] D

[2] D

[3] A

[4] D

国家基本制度 第三章 III

本章知识体系

国家基本制度
├─ 国家性质
│   ├─ 国家性质概述
│   ├─ 中国的国家性质
│   ├─ 经济制度
│   └─ 物质文明、政治文明、精神文明、社会文明和生态文明的协调发展
├─ 政权组织形式
│   ├─ 政权组织形式概述
│   └─ 中国的政权组织形式
├─ 选举制度
│   ├─ 选举制度概述
│   ├─ 中国选举制度的基本原则
│   └─ 中国选举的组织和程序
├─ 政党制度
│   ├─ 政党制度概述
│   └─ 中国的政党制度
└─ 国家结构形式
    ├─ 国家结构形式概述
    ├─ 中国的国家结构形式
    ├─ 民族区域自治制度
    ├─ 特别行政区制度
    └─ 基层群众自治制度

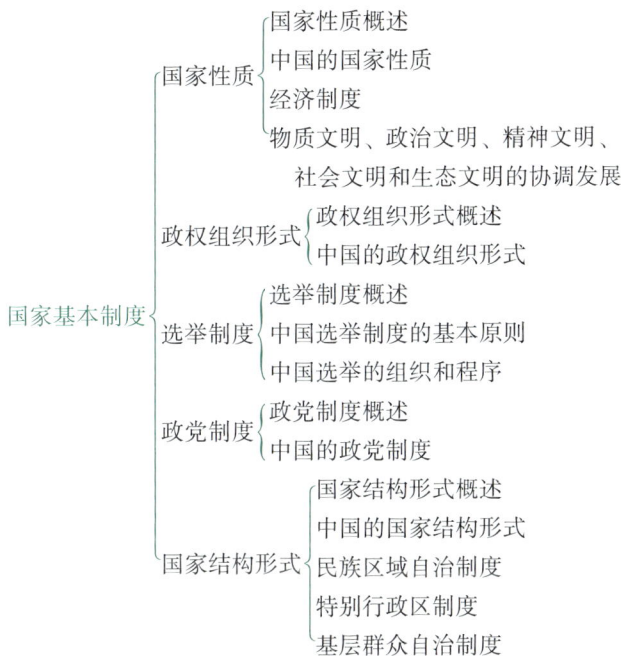

第一节　国家性质

一、国家性质概述

（一）国家性质的概念

国家性质，也称国体，或者说国家的阶级本质，是指各个阶级在国家中的地位，具体来讲就是哪个阶级是统治阶级，哪个阶级是被统治阶级，哪个阶级是联盟的对象。

（二）国家性质在国家制度中的地位

国家性质是国家制度的核心，其他的一些制度在一定程度上就是国家性质的一种反映。国家性质与国家制度之间的关系是内容与形式之间的关系，国家性质反映的是质的方面的内容，而其他的制度，如政权组织形式、国家结构形式则是本质的外在反映。

二、中国的国家性质

（一）人民民主专政的概念及其阶级结构

社会主义制度是中华人民共和国根本制度，中国共产党领导是中国特色社会主义最本质的特征。

概　念	人民民主专政是我国的国家性质。我国《宪法》规定："中华人民共和国是工人阶级领导的、以工农联盟为基础的人民民主专政的社会主义国家。"人民民主专政实质上与无产阶级专政是一致的。原因在于： （1）工人阶级掌握领导权、成为领导力量是无产阶级专政和人民民主专政的根本标志； （2）无产阶级专政与人民民主专政都以工农联盟为阶级基础； （3）无产阶级专政与人民民主专政的历史使命是一样的； （4）无产阶级专政与人民民主专政都承担相同的国家职能。
结　构	（1）以工人阶级为领导。工人阶级是最先进生产力的代表，具有严格的组织纪律性和革命性，在革命的过程中应该成为领导阶级。 （2）工农联盟是阶级基础。工人阶级要夺取国家政权、建设国家政权，必须依靠农民阶级，没有农民阶级的支持，一切革命都是难以获得成功的。 （3）知识分子是依靠力量。知识分子与工人、农民的主要区别在于劳动方式的不同，而没有其他的差别。从阶级属性上讲，知识分子不是一个独立的阶级，而是一个特殊的阶层，现阶段知识分子是工人阶级的一个组成部分。 《宪法》第23条　国家培养为社会主义服务的各种专业人才，扩大知识分子的队伍，创造条件，充分发挥他们在社会主义现代化建设中的作用。 （4）统一战线是人民民主专政的重要特色。人民民主专政不同于无产阶级专政的重要特点就在于人民民主专政有一个广泛的统一战线作为它的政治基础。中国革命和建设的特点决定了中国的工人阶级必须在不同的革命和建设时期根据革命和建设的任务同其他阶级、阶层结成广泛的统一战线，才能够赢得革命和建设的成功。 （5）中国共产党领导是中国特色社会主义最本质的特征。《宪法》第1条规定社会主义制度是我国的根本制度，中国共产党领导是中国特色社会主义最本质的特征。这一规定把党的领导和社会主义制度内在统一起来，把党的执政规律和中国特色社会主义建设规律内在统一起来。我国宪法以根本法的形式反映了党带领人民进行革命、建设、改革取得的成果，反映了在历史和人民选择中形成的党的领导地位。

（二）爱国统一战线

统一战线是我国新民主主义革命和社会主义革命时期，中国共产党为取得革命和建设胜利而与各革命阶级组成的政治联盟，是我国人民民主专政的优势和特色，曾被毛泽东主席誉为中国革命胜利的"三大法宝"之一。中国革命、建设和改革的特点决定了中国的工人阶级必须在不同的革命、建设和改革时期根据革命和建设的任务同其他阶级、阶层结成广泛的统一战线，才能够赢得革命、建设和改革的成功。

现阶段我国的统一战线称为爱国统一战线。它是由中国共产党领导的，有各民主党派和各人民团体参加的，包括全体社会主义劳动者、社会主义事业的建设者（2004年入宪）、拥护社会主义的爱国者、拥护祖国统一和致力于中华民族伟大复兴（2018年入宪）的爱国者的广泛的爱国统一战线。这一新时期统一战线有如下特点：

1. 以中国共产党的领导为最高原则。

2. 以政治协商为主要工作方式。

3. 以爱国主义为政治基础和界限范围。

4. 以"三大任务"为奋斗目标。

5. 以中国人民政治协商会议为组织形式。中国人民政治协商会议，简称"政协"，是我国爱国统一战线的组织形式，在我国民主参政体系中居于重要地位，已经成为我国的政治特色，在国家政治运转中发挥着不可替代的作用。

《宪法》序言第十自然段：

社会主义的建设事业必须依靠工人、农民和知识分子，团结一切可以团结的力量。在长期的革命、建设、改革过程中，已经结成由中国共产党领导的，有各民主党派和各人民团体参加的，包括全体社会主义劳动者、社会主义事业的建设者（2004）、拥护社会主义的爱国者、拥护祖国统一和致力于中华民族伟大复兴的爱国者（2018）的广泛的爱国统一战线，这个统一战线将继续巩固和发展（**劳动建设两爱国**）。中国人民政治协商会议是有广泛代表性的统一战线组织，过去发挥了重要的历史作用，今后在国家政治生活、社会生活和对外友好活动中，在进行社会主义现代化建设、维护国家的统一和团结的斗争中，将进一步发挥它的重要作用。中国共产党领导的多党合作和政治协商制度将长期存在和发展。

三、经济制度

（一）经济制度的概念

经济制度，是指一个国家通过宪法和法律调整而形成的、以生产资料所有制和各种基本经济关系为内容的规则和政策的总称。经济关系通过宪法来加以确认，从而成为宪法规范中的重要组成部分，并转化为上层建筑。国家经济制度和经济政策体现国家政治统治的要求，但也必须符合经济发展的客观规律和需要。

（二）所有制形式及国家政策

公有制经济	国家所有（即全民所有）	（1）矿藏、水流； （2）森林、山岭、草原、荒地、滩涂等自然资源（法定归集体所有的森林、山岭、草原、荒地、滩涂除外）； （3）城市的土地； （4）法定归国家所有的农村和城市郊区的土地。	国有经济控制着我国的经济命脉，对经济的发展起着主导作用；国家保障国有经济的巩固和发展。

	集体所有	（1）法定归集体所有的森林、山岭、草原、荒地、滩涂； （2）农村和城市郊区的土地（法定归国家所有的除外）； （3）宅基地和自留地、自留山。	国家保护城乡集体经济组织的合法的权利和利益，鼓励、指导和帮助集体经济的发展。
公有制经济	《宪法》 **第7条** 国有经济，即社会主义全民所有制经济，是国民经济中的主导力量。国家保障国有经济的巩固和发展。 **第8条** 农村集体经济组织实行家庭承包经营为基础、统分结合的双层经营体制。农村中的生产、供销、信用、消费等各种形式的合作经济，是社会主义劳动群众集体所有制经济。参加农村集体经济组织的劳动者，有权在法律规定的范围内经营自留地、自留山、家庭副业和饲养自留畜。 　　城镇中的手工业、工业、建筑业、运输业、商业、服务业等行业的各种形式的合作经济，都是社会主义劳动群众集体所有制经济。 　　国家保护城乡集体经济组织的合法的权利和利益，鼓励、指导和帮助集体经济的发展。 **第9条** 矿藏、水流、森林、山岭、草原、荒地、滩涂等自然资源，都属于国家所有，即全民所有；由法律规定属于集体所有的森林和山岭、草原、荒地、滩涂除外。 　　国家保障自然资源的合理利用，保护珍贵的动物和植物。禁止任何组织或者个人用任何手段侵占或者破坏自然资源。 **第10条** 城市的土地属于国家所有。 　　农村和城市郊区的土地，除由法律规定属于国家所有的以外，属于集体所有；宅基地和自留地、自留山，也属于集体所有。 　　国家为了公共利益的需要，可以依照法律规定对土地实行征收或者征用并给予补偿。 　　任何组织或者个人不得侵占、买卖或者以其他形式非法转让土地。土地的使用权可以依照法律的规定转让。 　　一切使用土地的组织和个人必须合理地利用土地。		
非公有制经济	个体经济	城乡个体劳动者占有少量的生产资料，以自己从事生产劳动为基础的一种经济形式。	非公有制经济是我国市场经济的重要组成部分。国家保护个体经济、私营经济等非公有制经济的合法权利和利益。 　　国家鼓励、支持和引导非公有制经济的发展，并对非公有制经济依法实行监督和管理。
	私营经济	生产资料归私人所有，存在着雇佣劳动关系的一种经济形式。	
	三资经济（外商独资、中外合资、中外合作）	外国的企业、经济组织和个人依据我国的法律规定，在我国投资或与我国的企业、经济组织进行经济合作而形成的涉外经济形式。	

续表

非公有制经济	**《宪法》** **第11条** 在法律规定范围内的个体经济、私营经济等非公有制经济，是社会主义市场经济的重要组成部分。 　　国家保护个体经济、私营经济等非公有制经济的合法的权利和利益。国家鼓励、支持和引导非公有制经济的发展，并对非公有制经济依法实行监督和管理。 **第18条** 中华人民共和国允许外国的企业和其他经济组织或者个人依照中华人民共和国法律的规定在中国投资，同中国的企业或者其他经济组织进行各种形式的经济合作。 　　在中国境内的外国企业和其他外国经济组织以及中外合资经营的企业，都必须遵守中华人民共和国的法律。它们的合法的权利和利益受中华人民共和国法律的保护。

记忆提示

（1）公有制经济：矿水林山草荒滩，城市土地国家占。农村城郊半集体，宅基自留地和山。

（2）国有经济：命脉主导作用，保障巩固发展。

（3）集体经济：保护城乡集体，鼓励指导帮助。

（4）非公有制经济：个体、私营、三资；重要组成，保护权益，鼓支引监管。

（三）分配原则

1999年的《宪法修正案》第14条规定："社会主义公有制消灭人剥削人的制度，实行各尽所能，按劳分配的原则。"后改为"国家在社会主义初级阶段，坚持公有制为主体、多种所有制经济共同发展的基本经济制度，坚持按劳分配为主体、多种分配方式并存的分配制度。"这表明，按劳分配原则是我国社会主义分配制度的基础。我国实行各尽所能、按劳分配的原则，是由生产资料的社会主义公有制决定的，是社会主义公有制的具体体现，同时，在按劳分配为主体的情况下又允许多种分配方式并存，这又是我国社会主义初级阶段生产力发展水平和多种生产方式并存的实际状况所决定的。

（四）社会主义市场经济

在中华人民共和国成立后的相当长的时间内，我国一直实行计划经济。随着我国经济的发展，人们认识到在社会主义初级阶段，市场经济是一个不可逾越的过程，公有制并不只是通过计划经济的方式才能实现，市场经济也可以实现社会主义公有制。市场经济并不是资本主义独有的现象，在社会主义阶段，也可以推行市场经济，建立市场经济体制是我国商品经济发展的必然要求。

1993年的《宪法修正案》中明确规定"国家实行社会主义市场经济"。我国的市场经济与传统意义上的资本主义市场经济还是有一定的区别，即我国是以公有制为主体的市场经济。市场经济在宪法中的确立并不意味着一种全新的体制的完全建成，而只是对一种新的体制的确认。因而，在市场经济发展的过程中，需要进一步推进政府职能的转换、国有企业和集体经济组织的改革，用市场的方法重新构造新的运行机制。为此，宪法修正案规定了："国有企业在法律规定的范围内有权自主经营。""集体经济组织在遵守有关法律的前提下，有独立进行经济活动的自主权。"这些规定为国有企业和集体经济组织的改革，使之成为市场经济中的独立主体提供了最高的法律依据。

[事例与思考]

新疆"狗头金"事件

2015年，新疆青河县牧民别热克·萨吾特捡到重约7.85公斤"狗头金"，消息不胫而走。随之而来的是，"狗头金"的归属引发网络热议。有观点称其应属国家所有，有观点则称，"狗头金"应属民法领域的无主物，先占先得，应归拾得人所有。当地相关部门官员在接受记者采访时表示："没有让牧民上交的意思，如果他愿意卖，我们政府可以按照市场同等价格把这块金收购了，放在我们县博物馆，若不想卖，那他就自己保管着。"这位官员还说："因为矿产指的是地下物，这个是散落在表面的，应该不属于矿产，再说也不是偷盗来的，不属于乱采乱挖来的。关于网络上讨论的归属问题，我们也在研究。"

思考：依照我国宪法的经济制度规定，应当如何判定狗头金归属问题？

四、物质文明、政治文明、精神文明、社会文明和生态文明的协调发展

（一）物质文明

物质文明是人类改造自然界的物质成果，表现为物质生产的进步和人们物质生活的改善及不断丰富，目前，我国的物质文明达到前所未有的程度。生产力持续发展，社会主义市场经济体制初步建立，经济保持平稳较快增长，经济结构加速调整，农业和农村经济发展进入新阶段，城镇化加快发展。科学事业不断发展，科学技术作为第一生产力在经济社会发展中的作用越来越大，同时许多重要领域的核心技术和关键产品的自主创新能力持续提高。我国人民生活总体上达到小康水平，区域、城乡经济社会的协调发展取得显著成绩，但发展不平衡现象依然存在，缩小地区发展差距和促进经济社会协调发展任务艰巨。

（二）政治文明

社会主义的政治文明在本质上是人民民主的政治文明。社会主义民主取代了资本主义民主，标志着政治文明在人类历史上的飞跃。社会主义政治文明是一种新型的、为绝大多数人所享有的民主的政治文明，同历史上其他社会形态中存在的政治文明相比较，有着本质的区别，具有优越性和时代特点。

中国共产党的领导是社会主义政治文明建设的保障	中国共产党是我国的执政党，始终代表着中国先进生产力的前进要求，代表中国先进文化的发展方向，代表最广大人民的根本利益。中国共产党领导人民建立国家政权就是要实现人民当家作主。社会主义民主政治和政治文明的各个方面都与党的领导制度及执政方式相联系，改革和完善党的领导制度与执政方式对于推进民主政治建设具有全局性作用。在新的历史时期，发展党内民主对于带动人民民主和政治文明建设具有特别重要的意义。
人民当家作主是社会主义政治文明建设的本质特点	党的十六大报告指出，共产党执政就是领导和支持人民当家作主。建设社会主义政治文明，就是要把人民当家作主作为出发点和归宿。社会主义政治文明建设包含着丰富的内容，其核心就是人民民主。没有人民民主的政治制度，人民的各种权利就没有制度保障，各种义务就无法履行，社会主义现代化建设就无法顺利进行。发扬人民民主是社会主义政治文明建设的基本内容，也是推动政治文明不断发展的根本动力。
坚持依宪治国是社会主义政治文明建设的根本途径	政治文明在法律的层面上就是宪制文明，宪制是宪法在现实生活中的状态，是一种良好的秩序。国家实行依法治国在一定程度上就是依宪治国。宪法规范了国家权力与公民权利的关系，确立国家权力运行的规则和保障公民权利价值取向，只有严格依据宪法办事，方能够实现政治文明的各项任务。

（三）精神文明

精神文明的含义	精神文明是伴随着物质文明的产生而产生的，是社会生产实践中的精神产品。	
精神文明建设的内容	（1）文化教育建设。文化教育建设是社会主义精神文明建设的一个重要方面。它既是物质文明建设、政治文明建设的重要条件，又是提高整个中华民族思想道德素质和科学文化素质的基础。文化教育发展水平是反映中华民族文明水平的重要标志。	①发展社会主义教育事业； ②发展社会主义科学事业； ③发展社会主义卫生、体育事业。
	《宪法》 第19条 国家发展社会主义的教育事业，提高全国人民的科学文化水平。 　国家举办各种学校，普及初等义务教育，发展中等教育、职业教育和高等教育，并且发展学前教育。 　国家发展各种教育设施，扫除文盲，对工人、农民、国家工作人员和其他劳动者进行政治、文化、科学、技术、业务的教育，鼓励自学成才。 　国家鼓励集体经济组织、国家企业事业组织和其他社会力量依照法律规定举办各种教育事业。 　国家推广全国通用的普通话。 第20条 国家发展自然科学和社会科学事业，普及科学和技术知识，奖励科学研究成果和技术发明创造。	

续表

精神文明建设的内容	第21条 国家发展医疗卫生事业，发展现代医药和我国传统医药，鼓励和支持农村集体经济组织、国家企业事业组织和街道组织举办各种医疗卫生设施，开展群众性的卫生活动，保护人民健康。 国家发展体育事业，开展群众性的体育活动，增强人民体质。 第22条 国家发展为人民服务、为社会主义服务的文学艺术事业、新闻广播电视事业、出版发行事业、图书馆博物馆文化馆和其他文化事业，开展群众性的文化活动。 国家保护名胜古迹、珍贵文物和其他重要历史文化遗产。	
	(2) 思想道德建设。思想道德建设是国家对公民进行思想政治和品德教育的重要任务，决定我国精神文明的社会主义性质和方向。	①普及理想、道德、文化、纪律和法制教育； ②进行爱国主义、集体主义和国际主义、共产主义的教育。
	《宪法》第24条 国家通过普及理想教育、道德教育、文化教育、纪律和法制教育，通过在城乡不同范围的群众中制定和执行各种守则、公约，加强社会主义精神文明的建设。 国家倡导社会主义核心价值观，提倡爱祖国、爱人民、爱劳动、爱科学、爱社会主义的公德，在人民中进行爱国主义、集体主义和国际主义、共产主义的教育，进行辩证唯物主义和历史唯物主义的教育，反对资本主义的、封建主义的和其他的腐朽思想。	

（四）社会文明

社会文明是社会领域的进步程度和社会建设的积极成果，包括社会主体文明、社会关系文明、社会观念文明、社会制度文明、社会行为文明等方面。社会主体文明是社会主义社会文明的主体方面和基础条件，包括个人发展、家庭幸福、邻里和谐、社会和谐等方面；社会关系文明是社会主义社会文明的结构要求和核心内容，包括人际关系、家庭关系、邻里关系、社团关系、群体关系等方面；社会主义的社会观念文明是社会主义社会文明的精神状态和前提条件，包括社会理论、社会心理、社会风尚、社会道德等方面；社会制度文明是社会主义社会文明的规范要求和基本保证，包括社会制度、社会体制、社会政策、社会法律等方面；社会行为文明是社会主义社会文明的外在表现和关键所在，它包括社会活动、社会工作、社会管理等方面。社会文明的本质是全体人民各尽所能、各得其所而又和谐相处。

加强社会文明建设，要求现代国民教育体系更加完善，终身教育体系基本形成，全民受教育程度和创新人才培养水平明显提高。社会就业更加充分。覆盖城乡居民的社会保障体系基本建立，人人享有基本生活保障。合理有序的收入分配格局基本形成，中等收入者占多数，绝对贫困现象基本消除。人人享有基本医疗卫生服务。社会管理体系更加健全，这些为社会文明建设指明了方向。

（五）生态文明

生态文明是人类遵循人、自然、社会和谐发展这一客观规律而取得的物质与精神成果的总和；生态文明是以人与自然、人与人、人与社会和谐共生、良性循环、全面发展、持续繁荣为基本宗旨的社会形态。建设生态文明是关系人民福祉、关系民族未来的大计。小康全面不全面，生态环境质量是关键。良好生态环境是最公平的公共产品，是最普惠的民生福祉。我国明确把生态环境保护摆在突出的位置，既要绿水青山，又要金山银山，决不以牺牲环境为代价去换取一时的经济增长。国家强调要基本形成节约能源资源和保护生态环境的产业结构、增长方式、消费方式。为此要做到：循环经济形成较大规模，可再生能源比重显著上升。主要污染物排放得到有效控制，生态环境质量明显改善，生态文明观念在全社会牢固树立，这些都是生态文明建设应采取的措施。

（六）"五个文明"的协调发展

我国的社会主义现代化建设是一个巨大的系统工程，具体来讲就是"五个文明"的协调发展。"五个文明"协调发展是中国共产党统筹推进经济建设、政治建设、文化建设、社会建设、生态建设的"五位一体"总体布局的宪法化表达。社会主义社会应该是物质文明、政治文明、精神文明、社会文明和生态文明全面发展的社会，实现现代化的过程是包括经济、政治、文化、社会和生态发展在内的全面进步的过程。在这个过程中，生态文明是"五个文明"系统中的前提，物质文明是"五个文明"系统中的基础，政治文明是"五个文明"系统中的保障，精神文明是"五个文明"系统中的灵魂，社会文明是"五个文明"系统中的目的。强调"五个文明"共同发展、协调发展，是对人类社会发展趋势的正确回应，"五个文明"共同构成文明系统整体，协调发展，相互影响，相互制约，最终实现宪法确立的国家根本任务。

真题链接

一、单项选择题

1. 下列有关我国土地制度的表述，正确的是（　　）（2020/非法学/14）[1]

A. 荒地属于国家所有

B. 宅基地和自留地、自留山属于集体所有

C. 为提高土地利用效率，土地所有权可以转让

D. 城市郊区的土地除由法律规定属于集体所有的以外，属于国家所有

2. 东风地质队在白兔村勘探时，发现高某承包的竹园地下有丰富的钨矿，此钨矿

---

[1]　B

的所有权属于（　　）(2016/非法学/22; 2016/法学/13)[1]

 A. 国家   B. 白兔村

 C. 高某   D. 东风地质队

3. 根据我国宪法，下列关于非公有制经济的表述，不正确的是（　　）(2015/非法学/17)[2]

 A. 国家保护非公有制经济的合法的权利和利益

 B. 非公有制经济是我国国民经济中的主导力量

 C. 非公有制经济是社会主义市场经济的重要组成部分

 D. 国家鼓励、支持和引导非公有制经济的发展，并对非公有制经济依法实行监督和管理

4. 根据现行宪法，下列关于我国在社会主义初级阶段实行的分配制度的表述，正确的是（　　）(2014/非法学/22)[3]

 A. 不劳动者不得食

 B. 各尽所能，按需分配

 C. 按劳分配和按需分配相结合

 D. 按劳分配为主体、多种分配方式并存

5. 根据我国宪法规定，下列资源中，只能属于国家所有的是（　　）(2014/非法学/29)[4]

 A. 森林   B. 城市的土地

 C. 滩涂   D. 草原

6. 根据宪法规定，城镇中手工业、工业、建筑业、运输业、商业、服务业等行业的各种形式的合作经济是（　　）(2014/非法学/27)[5]

 A. 个体经济   B. 私营经济

 C. 国有经济   D. 劳动群众集体所有制经济

7. 根据我国现行宪法，国民经济的主导力量是（　　）(2014/法学/12)[6]

 A. 个体经济   B. 私营经济

 C. 国有经济   D. 劳动群众集体所有制经济

8. 下列关于我国爱国统一战线的表述，不正确的是（　　）(2013/非法学/18)[7]

 A. 以民主集中制为主要工作方式

 B. 以爱国主义为政治基础和界限范围

---

[1] A

[2] B

[3] D

[4] B

[5] D

[6] C

[7] A

C. 中国人民政治协商会议是其组织形式

D. 坚持中国共产党的领导是其最高原则

9. 根据我国宪法，下列关于土地制度的表述，正确的是（ ）（2012/非法学/16)[1]

A. 城市和城市郊区的土地属于国家所有

B. 宅基地和自留地、自留山属于村民所有

C. 任何组织或者个人不得侵占、买卖、出租或者以其他形式转让土地

D. 国家为了公共利益的需要，可以依照法律对土地实行征收或征用并给予补偿

10. 根据我国宪法规定，下列自然资源中，只能属于国家所有的是（ ）（2012/非法学/30)[2]

A. 山岭   B. 矿藏

C. 森林   D. 草原

11. 稻香河流经甲村，邻近的乙村村民为生产和生活需要一直从稻香河取水。为了争夺水源，两村经常发生争执，甚至械斗。该河流的所有权属于（ ）（2010/法学/14)[3]

A. 甲村和乙村   B. 甲村

C. 乙村   D. 国家

12. 下列关于我国社会主义公有制的表述，正确的是（ ）（2019/非法学/14；2019/法学/9)[4]

A. 国有经济是国民经济的重要组成部分

B. 集体所有制经济是公有制经济的主导力量

C. 农村实行集体所有制，城镇实行全民所有制

D. 社会主义公有制包括全民所有制和劳动群众集体所有制

13. 根据我国宪法，下列自然资源专属国家所有的是（ ）（2019/非法学/25)[5]

A. 农村的土地   B. 荒地、滩涂

C. 矿藏、水流   D. 森林、山岭

二、多项选择题

14. 根据现行宪法，下列关于土地所有权、使用权的表述，正确的有（ ）（2017/非法学/53)[6]

---

[1] D
[2] B
[3] D
[4] D
[5] C
[6] AB

A. 城市土地属于国家所有

B. 宅基地和自留地、自留山属于集体所有

C. 土地所有权可以依照法律规定转让

D. 国家可以依照法律或者法规对土地实行征收或者征用并给予赔偿

15. 根据我国宪法，下列关于非公有制经济的表述，正确的是（　　）（2016/非法学/54)[1]

A. 非公有制经济包括个体经济，私营经济和集体所有制经济

B. 非公有制经济是社会主义市场经济的重要组成部分

C. 国家对非公有制经济依法实行监督和管理

D. 国家保障非公有制经济的巩固和发展

16. 根据我国宪法，下列自然资源既可属于国家所有，也可属于集体所有的有（　　）（2015/非法学/54)[2]

A. 矿藏 　　　　　　　　　　B. 水流

C. 森林 　　　　　　　　　　D. 草原

17. 国务院制定的《个体工商户条例》第1条规定："为了保护个体工商户的合法权益，鼓励、支持和引导个体工商户健康发展，加强对个体工商户的监督、管理，发挥其在经济社会发展和扩大就业中的重要作用，制定本条例。"该规定的宪法依据包括（　　）（2013/非法学/54)[3]

A. 国家鼓励、指导和帮助非公有制经济的发展

B. 国家保护非公有制经济的合法的权利和利益

C. 国家鼓励、支持和引导非公有制经济的发展

D. 国家对非公有制经济依法实行监督和管理

18. 根据我国现行宪法的规定，下列关于我国经济制度的表述，正确的是（　　）（2011/非法学/56)[4]

A. 社会主义经济制度的基础是生产资料的社会主义公有制

B. 社会主义公有制包括全民所有制和劳动群众集体所有制

C. 国有经济是国民经济的主导力量

D. 个体经济和私营经济是社会主义市场经济的重要补充

---

[1]　BC

[2]　CD

[3]　BCD

[4]　ABC

第二节 政权组织形式

一、政权组织形式概述

概　　念	政权组织形式主要是指特定社会的统治阶级采用一定的原则和方式组织实现国家权力的机关体系，确定各机关之间的相互关系。	
类　　型	共和制	（1）总统制：美国；总统为国家元首+政府首脑，选民直接或间接选举产生，权力较大，无需对议会负责。 （2）议会制：德国；总统不掌握实际权力，仅为虚位国家元首。政府由议会多数组成，政府与议会协同行使国家权力。 （3）半总统制：法国（第五共和国）；总统和议会均为选民选举产生，总统为国家元首，总理为政府首脑，总理向总统负责。 （4）人民代表制：社会主义国家。
	君主制	（1）议会君主制：英国。 [注意] 学理意义上的君主立宪制和议会君主制是有所区别的，当代君主制国家一般采用议会君主制。也即君主仅为国家象征，权力主要集中在议会。 （2）二元君主制[*]。
政权组织形式在国家制度中的地位	政权组织形式只是一种形式，由国家性质决定；同时，政权组织形式对国家性质也具有反作用。	
	任何国家性质都要借助于特定的政权组织形式来反映，具体来说就是将统治阶级的意志通过一个正当程序转化为国家意志。没有适当的政权组织形式，统治阶级是无法对国家进行统治的。	

二、中国的政权组织形式

（一）中国政权组织形式的概念及特征

概　　念	人民代表大会制度是马克思主义关于政权组织形式的基本理论同中国具体实际情况相结合的产物，是人民通过选举的方式，选举代表组成各级国家权力机关，由各级国家权力机关产生其他的国家机关，其他国家机关对权力机关负责，权力机关对人民负责的一种制度。
	人民代表大会制度是我国根本的政治制度。

---

　　* 所谓二元君主制和议会君主制的区别主要在于责任内阁的建立，在议会君主制国家，政府只需要向议会负责，而二元君主制国家，政府则既要向议会负责，也要向君主负责。但二元君主制和之前封建时期的绝对君主制还是有明显的区别的。

续表

概　念	**[注意]** (1) 根本制度：社会主义制度。 (2) 根本政治制度：人民代表大会制度。 (3) 基本政治制度：基层群众自治制度、民族区域自治制度、中国共产党领导的多党合作和政治协商制度。 **记忆提示** (1) 人民、代表——权力机关——其他机关； (2) 我国根本政治制度：人民代表大会制度。
特　征	(1) 人民代表大会制度的目标是规范国家权力和保障公民权利； (2) 人民代表大会在国家机关体系中居最高的地位，其他机关由它产生、对它负责、受它监督； (3) 人民代表大会实行的是一院制； (4) 人大代表是兼职代表； (5) 在人民代表大会中设立常务委员会作为常设机关。 **记忆提示** 一院常设兼代表，限公保私地位高。

（二）人民代表大会制度作为我国根本政治制度的原因

人民代表大会制度直接全面地反映了我国的阶级本质。我国是工人阶级领导的，以工农联盟为基础的人民民主专政的社会主义国家。人民代表大会制度在人民代表大会的组成、人民代表大会同其他国家机关的关系以及人民代表大会在行使和实现国家权力等方面都直接地反映了我国的阶级本质。

人民代表大会制度产生于我国的革命斗争中，是其他制度赖以建立的基础。我国的人民代表大会制度是马克思主义国家学说同我国革命实践相结合的产物。在革命发展的过程中，人民代表大会制度不以其他的任何制度作为产生的依据，不依赖其他制度而产生。人民代表大会制度产生后，就成为其他制度形成的基础。

人民代表大会制度反映了我国政治生活的全貌，是人民实现民主管理的最好方式。

记忆提示
(1) 反映阶级本质：(人大组成、机关地位、权力行使)——体现人民民主专政；
(2) 其他制度基础：革命历程中，人大先产生；
(3) 民主最好方式：政治生活全貌，人民民主管理。

（三）人民代表大会制度的组织原则

民主集中制	人民代表大会制度的形成以民主集中制为原则，同时民主集中制也成为人民代表大会的组织活动原则。《宪法》规定："中华人民共和国的国家机构实行民主集中制的原则。"民主集中制，是指在民主基础上的集中和在法治规范下的民主的有机结合。

续表

表现	（1）各级国家权力机关由民主选举产生，对人民负责，受人民监督； （2）其他国家机关由人民代表大会产生，对人民代表大会负责，受人民代表大会监督； （3）在中央与地方的关系上，遵循在中央的统一领导下，充分发挥地方的主动性和积极性的原则。

（四）人民代表大会制度的优越性及其完善

优越性	（1）人民代表大会制度便于人民参加国家管理； （2）人民代表大会制度便于集中统一行使国家权力； （3）人民代表大会制度能保证中央统一领导下充分发挥地方的主动性和积极性。 记忆提示 便于人民参管理，集中统一行权力。中央统一领导下，地方主动又积极。
完善	（1）进一步理顺党与人大的关系，改善党对人大的领导。理顺党与人大的关系，最主要是明确党的职能与国家的职能的界限。 （2）进一步完善以人民代表大会制度为基础的宪法体制。 （3）进一步加强人大的自身建设。 （4）进一步规范权力运用的具体程序。 记忆提示 党宪制自身程序。

真题链接

一、单项选择题

1. 下列关于我国人民代表大会制度的表述，正确的是（　　）（2020/非法学/15）[1]

A. 人民代表大会制度是我国的国体

B. 全国人民代表大会行使一切国家权力

C. 各级人民代表大会是人民行使国家权力的机关

D. 人民代表大会制度确立了立法机关、行政机关和司法机关的相互监督关系

2. 我国现行宪法明确规定，人民行使国家权力的机关是（　　）（2011/非法学/20）[2]

A. 中央人民政府和地方各级人民政府

B. 各级立法机关、行政机关和司法机关

C. 全国人民代表大会和中国人民政治协商会议

D. 全国人民代表大会和地方各级人民代表大会

---

[1] C
[2] D

3. 现代国家的政体形式大多数是（　　　）（2010/非法学/16）[1]

A. 议会君主制　　　　　　　　　B. 二元君主制

C. 共和制　　　　　　　　　　　D. 人民代表制

4. 根据我国宪法，中国特色社会主义最本质的特征是（　　　）（2019/非法学/17；2019/法学/12）[2]

A. 社会主义公有制　　　　　　　B. 中国共产党领导

C. 全面依法治国　　　　　　　　D. 人民代表大会制度

二、多项选择题

5. 下列关于政权组织形式的表述，能够成立的有（　　　）（2008/非法学/57）[3]

A. 政权组织形式决定国家性质

B. 政权组织形式是实现国家权力的形式

C. 政权组织形式是形成全民意志的方式

D. 没有适当的政权组织形式，国家管理就无法有效进行

第三节　选举制度

一、选举制度概述

（一）选举制度的概念及功能

选举制度的概念	选举制度，是指国家通过法律规定选举代表机关代表和国家公职人员时所应遵循的各项原则和制度的总称。
	选举制度包括选举的基本原则、选举权利的确定、选举的组织、程序和方法、选举经费、选民与代表的关系，对破坏选举行为的制裁等。
选举制度的功能	（1）选举是政府合法性的来源。政府的合法性来自于人民的同意，人民经由选举的方式进行合法性的授权，经由选举产生的国家机构因此而获得了治理国家和人民的正当性基础。 （2）公民参与政治生活选举是基本形式。公民一词的核心内涵就包括对于公共事务的参与，选举是公民参与政治的最直接的表现形式。公民可用投票的方式来表达自己对于相关政见、立场和见解所持有的态度。 （3）选举是公民自我治理的保障。当政权面临选举压力的时候，它必然更容易回应民众的要求，而不是领导的偏好；另外，它也更容易成为责任政府。如果它不向人民负责，那么，执政者就不可能获得下一轮选举的胜利。

---

[1]　C

[2]　B

[3]　BD

（二）中国选举制度的历史发展

1949 年新中国成立后，中央人民政府委员会于 1953 年颁布了新中国的第一部《全国人民代表大会和地方各级人民代表大会选举法》（以下简称《选举法》）。1953 年的《选举法》对我国选举制度的基本原则、程序和方法作了具体的规定，确立了比较完善的选举制度。1979 年我国颁布了新的《选举法》。与 1953 年《选举法》相比较，1979 年《选举法》主要在两个方面有了新的发展，一是将直接选举扩大到县一级，二是将等额选举改为差额选举。此后，我国又在 1982 年、1986 年、1995 年、2004 年、2010 年、2015 年和 2020 年对《选举法》进行了 7 次修正。

2020 年 10 月 17 日第十三届全国人民代表大会常务委员会第二十二次会议对《选举法》作了最新一次修订。主要内容如下：

（1）增加一条，作为第 2 条："全国人民代表大会和地方各级人民代表大会代表的选举工作，坚持中国共产党的领导，坚持充分发扬民主，坚持严格依法办事。"

（2）将第 11 条改为第 12 条，第 1 款第 3 项修改为："不设区的市、市辖区、县、自治县的代表名额基数为 140 名，每 5000 人可以增加 1 名代表；人口超过 155 万的，代表总名额不得超过 450 名；人口不足 5 万的，代表总名额可以少于 140 名。"

第 1 款第 4 项修改为："乡、民族乡、镇的代表名额基数为 45 名，每 1500 人可以增加一名代表；但是，代表总名额不得超过 160 名；人口不足 2000 的，代表总名额可以少于 45 名。"

（3）将第 13 条改为第 14 条，增加一款，作为第 2 款："依照前款规定重新确定代表名额的，省、自治区、直辖市的人民代表大会常务委员会应当在 30 日内将重新确定代表名额的情况报全国人民代表大会常务委员会备案。"

（4）将第 57 条改为第 58 条，第 2 款修改为："国家工作人员有前款所列行为的，还应当由监察机关给予政务处分或者由所在机关、单位给予处分。"

二、中国选举制度的基本原则

1. 普遍性原则 （2013 年法学）	选举权的普遍性实际上就是享有选举权的主体的范围问题，即公民享有选举权的广泛程度。 根据《宪法》和《选举法》的规定，凡年满 18 周岁的中华人民共和国公民，除被依法剥夺政治权利的人外，不分民族、种族、性别、职业、家庭出身、宗教信仰、教育程度、财产状况和居住期限，都有选举权和被选举权。在我国公民享有选举权的基本条件有三个： （1）具有中国的国籍，是中华人民共和国公民； （2）年满 18 周岁； （3）依法享有政治权利。 1983 年全国人大常委会《关于县级以下人民代表大会代表直接选举的若干规定》规定，对于被判处有期徒刑、拘役、管制而没有附加剥夺政治权利

续表

1. 普遍性原则（2013年法学）	的人；对于被羁押，正在受侦查、起诉、审判，人民检察院或者人民法院没有决定停止行使选举权利的人；取保候审、被监视居住、正在受拘留处罚的人，均准予其行使选举权。由此可见，在我国享有选举权的公民的范围是极为广泛的。 **记忆提示** （1）18、中国、有政权； （2）精神病人有选权，选委同意不列单； （3）危害国安、重刑犯（无期死），侦查起诉或审判，经过法或检决定，羁押期间停选权； （4）嫌疑被告有选权，羁押期间还没判，行使权利商量办，流动票箱或代选。
2. 平等性原则	选举权的平等性原则，是指在选举中，一切选民具有同等的法律地位，法律在程序上对所有的选民同等对待，选民所投的选票具有同等的法律效力的原则。选举权的平等性原则是公民平等权在选举制度中的表现，其要求有： （1）除法律有特别的规定外，选民平等地享有选举权和被选举权。 （2）在一次选举中，选民平等地拥有投票权。 （3）每一代表所代表的选民的人数相同。《选举法》第26条明确规定："本行政区域内各选区每一代表所代表的人口数应当大体相等。"根据我国国体、政体的实际情况，实行城乡按相同人口比例选举人大代表，应当体现以下原则要求： ①保障公民都享有平等的选举权，实行城乡按相同人口比例选举代表，体现人人平等。 ②保障各地方在国家权力机关有平等的参与权，各行政区域不论人口多少，都应有相同的基本名额数，都能选举一定数量的代表，体现地区平等。 《选举法》第12条 （一）省、自治区、直辖市的代表名额基数为350名，省、自治区每15万人可以增加1名代表，直辖市每25000人可以增加1名代表；但是，代表总名额不得超过1000名。 （二）设区的市、自治州的代表名额基数为240名，每25000人可以增加1名代表；人口超过1000万的，代表总名额不得超过650名。 （三）不设区的市、市辖区、县、自治县的代表名额基数为140名，每5000人可以增加1名代表；人口超过155万的，代表总名额不得超过450名；人口不足5万的，代表总名额可以少于140名。 （四）乡、民族乡、镇的代表名额基数为45名，每1500人可以增加1名代表；但是，代表总名额不得超过160名；人口不足2000的，代表总名额可以少于45名。 ③保障各民族都有适当数量的代表，人口再少的民族，也要有一名代表，体现民族平等。

续表

2. 平等性原则	有少数民族聚居的地方，每一聚居的少数民族都应有代表参加当地的人民代表大会。 聚居境内同一少数民族的总人口数占境内总人口数30%以上的，每一代表所代表的人口数应相当于当地人民代表大会每一代表所代表的人口数。 聚居境内同一少数民族的总人口数不足境内总人口数15%的，每一代表所代表的人口数可以适当少于当地人民代表大会每一代表所代表的人口数，但不得少于1/2；实行区域自治的民族人口特少的自治县，经省、自治区的人民代表大会常务委员会决定，可以少于1/2。人口特少的其他聚居民族，至少应有代表一人。 聚居境内同一少数民族的总人口数占境内总人口数15%以上、不足30%的，每一代表所代表的人口数，可以适当少于当地人民代表大会每一代表所代表的人口数，但分配给该少数民族的应选代表名额不得超过代表总名额的30%。 `记忆提示` 人人平等（城乡）；地区平等（基本代表数）；民族平等（至少1）。
3. 直接选举与间接选举并用的原则（《考试指南》认为不包含此原则，但是现有通说认为考试应以《考试分析》为准，故在此收录）	按照《宪法》和《选举法》的规定，我国在县级以及县级以下实行直接选举（注意不存在乡级人大选举县级人大代表，县乡两级人大代表均为选民直接选举产生），县级以上实行间接选举（含县级，县级人大会议期间选举市级或省级人大代表为间接选举）。 直接选举，是指由选民直接投票选举人民代表大会代表的一种选举。间接选举，是指由下一级人民代表大会代表选举上一级人民代表大会代表的一种选举。 在实践中，由于市一级的行政单位有设区和不设区的区别，有归市领导和直接由省领导的区别，因此在确定选举单位和选举方式的时候要做相应区分： （1）有些不设区的市在行政上未划归市管辖，或只是由市代管的，应属省级人大代表的选举单位，直接产生省级人大代表； （2）不设区的市和直辖市的市辖区即使在行政级别上属于地级市，其人大代表也应由选民直接选举产生。 `记忆提示` （1）县乡直选（选民选代表）； （2）县级以上间选（代表选上级代表）。
4. 差额选举的原则	差额选举是与等额选举相对应的一种选举方式。所谓差额选举，是指民意机关代表或公职人员选举中候选人的人数多于应选代表名额的选举。差额选举优于等额选举，体现了民主选举的本意要求。 《选举法》第31条第2款明确规定："由选民直接选举人民代表大会代表的，代表候选人的人数应多于应选代表名额1/3至1倍；由县级以上的地方各级人民代表大会选举上一级人民代表大会代表的，代表候选人的人数应多于应选代表名额1/5至1/2。" `记忆提示` 直选1/3~1；间选1/5~1/2。

续表

5. 秘密投票原则	秘密投票，也称为无记名投票，与记名投票相对应，是选民不署自己的姓名、亲自书写选票并投入密封票箱的一种投票方法。 记忆提示 无记名投票，秘密写票处。

记忆提示 差额平等和普遍，秘密投票直间选。

三、中国选举的组织和程序

（一）选举的组织机构

按照法律规定，我国主持选举工作的机构有两种：

1. 在实行间接选举的地方，由本级人大常委会主持选举。

这里的"主持"主要是指确定选举时间、分配代表名额、处理选举中的重大问题等事宜。理解这一规定时要注意联系《选举法》第 39 条的规定："县级以上的地方各级人民代表大会在选举上一级人民代表大会代表时，由各该级人民代表大会主席团主持。"这里指的是各该级人大主席团主持本级人大选举上一级人大代表的会议。

本级人大常委会和下级人大主席团在选举本级人大代表时的分工示意图如下：

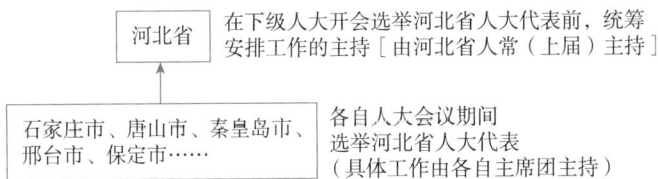

```
┌──────┐   在下级人大开会选举河北省人大代表前，统筹
│ 河北省 │   安排工作的主持 ［由河北省人常（上届）主持］
└──────┘
   ↑
┌────────────────┐   各自人大会议期间
│石家庄市、唐山市、秦皇岛市、│   选举河北省人大代表
│邢台市、保定市……      │   （具体工作由各自主席团主持）
└────────────────┘
```

2. 在实行直接选举的地方，设立选举委员会主持本级人大的选举。

选举委员会设主任 1 人，副主任若干人，委员若干人。不设区的市、市辖区、县、自治县的选举委员会受本级人大常委会的领导；乡、民族乡、镇的选举委员会受不设区的市、市辖区、县、自治县的人大常委会领导。（选委会既由其领导也由其任命）

记忆提示 选举主持：县乡两级设选委，县常任命和领导。

［注意］公民不得同时担任 2 个以上无隶属关系的行政区域的人民代表大会代表。

甲担任：朝阳区人大代表、北京市人大代表、全国人大代表 √（开会有先后）

乙担任：黄浦区人大代表、哈尔滨市人大代表、海南省人大代表 ×

（二）选举委员会的职责（直接选举地方）

根据《选举法》第 11 条的规定，选举委员会履行下列职责：

1. 划分选举本级人大代表的选区，分配各选区应选代表的名额。

2. 进行选民登记，审查选民资格，公布选民名单；受理对于选民名单不同意见的申诉，并作出决定。

3. 确定选举日期。

4. 了解核实并组织介绍代表候选人的情况；根据较多数选民的意见，确定和公布正式代表候选人的名单。

5. 主持投票选举。

6. 确定选举结果是否有效，公布当选代表名单。

7. 法律规定的其他职责。

此外，选举委员会应当及时公布选举信息。

（三）选举的程序

1. 划分选区	选区，是指以一定的人口数为基础进行直接选举，产生人民代表的区域。 《选举法》 第 25 条　不设区的市、市辖区、县、自治县、乡、民族乡、镇的人民代表大会的代表名额分配到选区，按选区进行选举。选区可以按居住状况划分，也可以按生产单位、事业单位、工作单位划分。 选区的大小，按照每一选区选 1 名至 3 名代表划分。 第 26 条　本行政区域内各选区每一代表所代表的人口数应当大体相等。 记忆提示　选区划分：1~3 名，居住、单位。
2. 选民登记	选民登记是对选民的法律认可，是关系到选民是否有选举权和被选举权以及能否行使选举权的重大问题。 根据我国《选举法》的规定，凡年满 18 周岁没有被剥夺政治权利的我国公民都应列入选民名单。精神病患者不能行使选举权利的，经选举委员会确认，不列入选民名单。具体操作中，采用"一次登记、长期有效"的原则，做到"不错登""不漏登""不重登"。 选民名单应在选举日的 20 日以前公布，对公布的选民名单有不同意见的，可以在选民名单公布之日起 5 日内向选举委员会提出申诉。选举委员会对申诉的意见，应当在 3 日内作出处理决定。申诉人如果不服，可以在选举日的 5 日前向人民法院起诉，人民法院应在选举日前作出判决。人民法院的判决就是最后的决定。 记忆提示　选民登记：审查资格，公布名单。20、5、3、5（名单、申、决、诉）。
3. 代表候选人的产生	我国《选举法》第 30 条规定，全国和地方各级人民代表大会的代表候选人，按选区或选举单位提名产生。各政党、各人民团体，可以联合或者单独推荐代表候选人。选民或者代表（直接选举选民提出、间接选举代表提出）10 人以上联名，也可以推荐代表候选人。 候选人名单 15 日前公布，正式代表候选人名单及基本情况 7 日前公布。 如果所提代表候选人的人数超过《选举法》第 30 条规定的最高差额比例，应先确定正式代表候选人名单。正式代表候选人产生后，选举委员会或人大主席团应当向选民或者代表介绍代表候选人的情况。但是，在选举日必须停止代表候选人的介绍。 《选举法》 第 30 条　全国和地方各级人民代表大会的代表候选人，按选区或者选举单位提名产生。 各政党、各人民团体，可以联合或者单独推荐代表候选人。选民或者代表，10 人以上联名，也可以推荐代表候选人。推荐者应向选举委员会或者大会主席团

续表

3. 代表候选人的产生	介绍代表候选人的情况。接受推荐的代表候选人应当向选举委员会或者大会主席团如实提供个人身份、简历等基本情况。提供的基本情况不实的，选举委员会或者大会主席团应当向选民或者代表通报。 各政党、各人民团体联合或者单独推荐的代表候选人的人数，每一选民或者代表参加联名推荐的代表候选人的人数，均不得超过本选区或者选举单位应选代表的名额。 **第 32 条** 由选民直接选举人民代表大会代表的，代表候选人由各选区选民和各政党、各人民团体提名推荐。选举委员会汇总后，将代表候选人名单及代表候选人的基本情况在选举日的 15 日以前公布，并交各该选区的选民小组讨论、协商，确定正式代表候选人名单。如果所提代表候选人的人数超过本法第 31 条规定的最高差额比例，由选举委员会交各该选区的选民小组讨论、协商，根据较多数选民的意见，确定正式代表候选人名单；对正式代表候选人不能形成较为一致意见的，进行预选，根据预选时得票多少的顺序，确定正式代表候选人名单。正式代表候选人名单及代表候选人的基本情况应当在选举日的 7 日以前公布。 县级以上的地方各级人民代表大会在选举上一级人民代表大会代表时，提名、酝酿代表候选人的时间不得少于 2 天。各该级人民代表大会主席团将依法提出的代表候选人名单及代表候选人的基本情况印发全体代表，由全体代表酝酿、讨论。如果所提代表候选人的人数符合本法第 31 条规定的差额比例，直接进行投票选举。如果所提代表候选人的人数超过本法第 31 条规定的最高差额比例，进行预选，根据预选时得票多少的顺序，按照本级人民代表大会的选举办法根据本法确定的具体差额比例，确定正式代表候选人名单，进行投票选举。 ［注意］关于介绍代表候选人 《选举法》第 34 条 选举委员会或者人民代表大会主席团应当向选民或者代表介绍代表候选人的情况。推荐代表候选人的政党、人民团体和选民、代表可以在选民小组或者代表小组会议上介绍所推荐的代表候选人的情况。选举委员会根据选民的要求，应当组织代表候选人与选民见面，由代表候选人介绍本人的情况，回答选民的问题。但是，在选举日必须停止代表候选人的介绍。 记忆提示 候选人：党团选代 10 人提（直接选举/间接选举），候选、正式 15、7（直接选举）。 预选：候选人数超比例，小组意见不统一（直接选举）；酝酿两天超比例，直接预选不犹豫（间接选举）。
4. 投票选举	在实行直接选举的地方，由选举委员会主持投票选举工作，并通过召开选举大会，设立投票站和流动票箱的方式进行投票。县级以上地方各级人民代表大会在选举上一级人民代表大会代表时，由该级人民代表大会主席团主持。 ［注意］区分"代写"与"代为投票" 《选举法》 **第 40 条** 全国和地方各级人民代表大会代表的选举，一律采用无记名投票的方法。选举时应当设有秘密写票处。 选民如果是文盲或者因残疾不能写选票的，可以委托他信任的人代写。 **第 42 条** 选民如果在选举期间外出，经选举委员会同意，可以书面委托其他选民代为投票。每一选民接受的委托不得超过 3 人，并应当按照委托人的意愿代为投票。

续表

5. 公布选举结果	按照《选举法》的规定，在实行直接选举的地方，选区全体选民过半数参加投票，选举有效。代表候选人获得参加投票选民过半数的选票，始得当选。 　　在实行间接选举的地方，代表候选人必须获得全体代表过半数的选票，始得当选。选举结果由选举委员会或人大主席团确定是否有效，并予以宣布。 **记忆提示** （1）当选：双过半当选（过半数出席，出席的过半数同意），公布名单（当选名单）； （2）再选：票数相等，无法当选，同票再选； （3）另选：过半不足应选，不足名额另选（达到 1/3 即可）； （4）确定效力：选委会负责，贿赂、威胁、伪造无效。 [注意] 选举结果的公布 　　《选举法》第 47 条　代表资格审查委员会依法对当选代表是否符合宪法、法律规定的代表的基本条件，选举是否符合法律规定的程序，以及是否存在破坏选举和其他当选无效的违法行为进行审查，提出代表当选是否有效的意见，向本级人民代表大会常务委员会或者乡、民族乡、镇的人民代表大会主席团报告。 　　县级以上的各级人民代表大会常务委员会或者乡、民族乡、镇的人民代表大会主席团根据代表资格审查委员会提出的报告，确认代表的资格或者确定代表的当选无效，在每届人民代表大会第一次会议前公布代表名单。

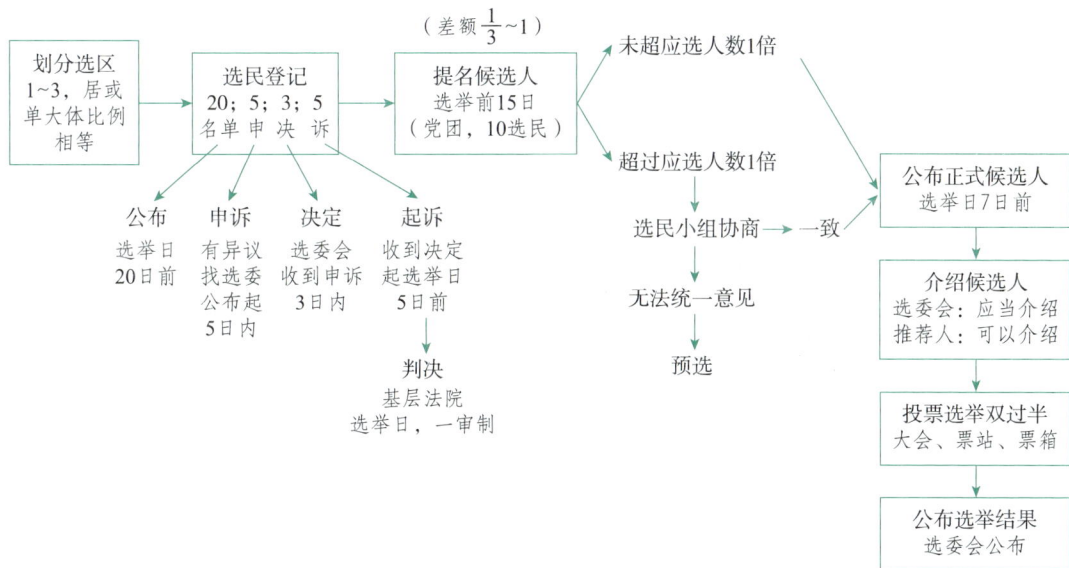

直接选举程序示意图

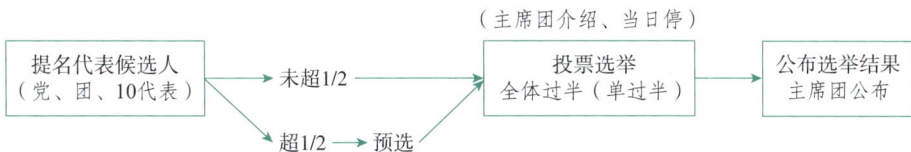

间接选举程序示意图

（四）对代表的监督、罢免、辞职、补选制度

监督制度	全国和地方各级人民代表大会的代表，受选民和原选举单位的监督。选民或原选举单位都有权罢免自己选出的代表。 罢免是对代表的一种很有效的监督措施，该制度在一定意义上能保证代表忠实地表达人民的意愿。
罢免制度	按照《选举法》的规定，对于县级的人民代表大会代表，原选区选民50人以上联名，对于乡级的人民代表大会代表，原选区选民30人以上联名，可以向县级的人民代表大会常务委员会书面提出罢免要求。 罢免直接选举所产生的代表，须经原选区过半数选民通过；罢免间接选举所产生的代表，须经原选举单位过半数的代表通过，在代表大会闭会期间，须经该级人大常委会组成人员的过半数通过。 罢免代表采用无记名的表决方式。被罢免的代表可以出席上述会议或提出书面的申诉意见。罢免决议须报上一级人大常委会备案、公告。 **记忆提示** 1. 直选：30（乡）50（县），书面县常，原选区过半（全体过半），通过罢免。（乡三县五找县常） 2. 间选：向选举他的地方的人大、人常提出。 （1）人大会议期间：十一代表主席团； （2）人大闭会期间：五一常委主任会。 由选举他的地方的人大、人常过半数通过（全体过半）。 [注意] 被罢代表可出席会议或书面申诉。
辞职制度	全国人大代表，省、自治区、直辖市、设区的市、自治州的人大代表可以向选举他的人大常委会书面提出辞职。常务委员会接受辞职，须经常务委员会组成人员的过半数通过。接受辞职的决议，须报送上一级人大常委会备案、公告。 县级人大代表可以向本级人大常委会书面提出辞职。县级的人大常委会接受辞职，须经常务委员会组成人员的过半数通过。接受辞职的，应当予以公告。 乡级人大代表可以向本级人大书面提出辞职。乡级的人大接受辞职，须经人大过半数的代表通过。接受辞职的，应当予以公告。 **记忆提示** （1）直选：找本级（乡人大、县人常）；（乡人大、县人常）全体过半通过+公告（直选辞职只公告）。 （2）间选：找下级（即选举他的）人常；（该人常）全体过半通过+报上级公告、备案。
补选制度	人大代表因故在任期内出缺，由原选区或原选举单位补选。补选出缺的代表可以采用差额选举，也可以采用等额选举。

人大代表辞职与罢免对比及流程示意图

	罢　　免	辞　　职
直接选举	周某：由北京市东城区第44选区（兴化选举站）投票选为东城区人大代表。 44选区选民50人以上联名（乡级30人）→ 向东城区人大常委会书面提出 → 东城区人大常委会将罢免要求和被罢免人申辩印发44选区选民 → 44选区选民在选民会议上投票；全体过半数罢免 → 无需公告或备案（例外：乡人大主席、副主席，县人大常委会组成人员，专委成员公告不备案）	周某向东城区人大常委会书面提出辞职（乡级代表向人大提出）↓ 东城区人大常委会全体过半通过，接受辞职 ↓ 东城区人大常委会进行公告
间接选举	周某：2022年1月，由北京市东城区人大会议选举为北京市人大代表。 （1）2023年1月东城区人大会议期间： 东城区人大主席团或1/10以上代表向东城区人大提出罢免案 ↓ 申辩：①向主席团会议；②向全体会议；③书面提交 ↓ 东城区人大主席团将罢免案印发会议并提请表决 ↓ 东城区人大会议全体过半数通过罢免 ↓ 东城区人大将罢免决议报北京市人大常委会公告、备案 （2）2022年8月东城区人大闭会期间，但为东城区人大常委会会议期间： 东城区人大常委会主任会议或1/5以上委员向东城区人大常委会提出罢免案 ↓ 申辩：①向主任会议；②向人常全体会议；③书面提出 ↓ 东城区人大常委会主任会议将罢免案印发常委会全体会议并提请表决 ↓ 东城区人大常委会全体会议全体过半通过罢免 ↓ 东城区人大常委会将罢免决议报送北京市人大常委会公告、备案	周某向东城区人大常委会书面提出辞职 ↓ 东城区人大常委会全体过半通过，接受辞职 ↓ 接受辞职决议由东城区人大常委会报送北京市人大常委会公告、备案

[注意] 代表的补选

《选举法》第57条　代表在任期内，因故出缺，由原选区或者原选举单位补选。

地方各级人民代表大会代表在任期内调离或者迁出本行政区域的，其代表资格自行终止，缺额另行补选。

县级以上的地方各级人民代表大会闭会期间，可以由本级人民代表大会常务委员会补选上一级人民代表大会代表。

补选出缺的代表时，代表候选人的名额可以多于应选代表的名额，也可以同应选代表的名额相等。补选的具体办法，由省、自治区、直辖市的人民代表大会常务委员会规定。

对补选产生的代表，依照本法第47条的规定进行代表资格审查。

（五）代表职务的暂停与代表资格的中止

1. 代表职务的暂停

（1）代表因刑事案件被羁押而正在接受侦查、起诉、审判的；

（2）代表被依法判处管制、拘役或有期徒刑而没有被附加剥夺政治权利，正在服刑的。

2. 代表资格的终止

（1）迁出或调离本行政区域的；

（2）未经批准两次不出席本级人大会议的；

（3）丧失行为能力的；

（4）被罢免、辞职经通过，丧失中国国籍、被剥夺政治权利的。

（六）对破坏选举的制裁

《选举法》

第58条　为保障选民和代表自由行使选举权和被选举权，对有下列行为之一，破坏选举，违反治安管理规定的，依法给予治安管理处罚；构成犯罪的，依法追究刑事责任：

（一）以金钱或者其他财物贿赂选民或者代表，妨害选民和代表自由行使选举权和被选举权的；

（二）以暴力、威胁、欺骗或者其他非法手段妨害选民和代表自由行使选举权和被选举权的；

（三）伪造选举文件、虚报选举票数或者有其他违法行为的；

（四）对于控告、检举选举中违法行为的人，或者对于提出要求罢免代表的人进行压制、报复的。

国家工作人员有前款所列行为的，还应当由监察机关给予政务处分或者由所在机关、单位给予处分。

以本条第1款所列违法行为当选的，其当选无效。

第 59 条　主持选举的机构发现有破坏选举的行为或者收到对破坏选举行为的举报，应当及时依法调查处理；需要追究法律责任的，及时移送有关机关予以处理。

[事例与思考]

辽宁省人大选举贿选案

辽宁省第十二届人民代表大会第一次会议选举全国人大代表过程中，有 45 名当选的全国人大代表拉票贿选，有 523 名辽宁省人大代表涉及此案。沈阳等 14 个市人大常委会和有关选举单位决定接受涉案的丁坤等 452 人辞去辽宁省第十二届人民代表大会代表职务，阜新市人大常委会决定罢免李峰的辽宁省第十二届人民代表大会代表职务。其他涉案代表有的已经在此前辞去代表职务，有的已调离本行政区，代表资格已经终止。铁岭市人大常委会决定接受吴野松辞去辽宁省第十二届人民代表大会代表职务。依照《全国人民代表大会和地方各级人民代表大会代表法》的有关规定，以上 454 名辽宁省第十二届人民代表大会代表的代表资格终止、依照《选举法》的有关规定，其中 108 人的辽宁省第十二届人民代表大会常务委员会组成人员职务、辽宁省第十二届人民代表大会专门委员会组成人员职务相应终止。

思考：依照最新修改的《选举法》，该案如何处理？

真题链接

一、单项选择题

1. 关于我国人大代表候选人的产生程序，下列表述正确的是（　　　）（2020/非法学/23）[1]

A. 代表候选人只能由各政党和人民团体提名

B. 初步候选人人数超过规定的最高差额比例的必须进行预选

C. 直接选举中，正式代表候选人名单，应当在选举日的 7 日以前公布

D. 县级以上地方人大选举上一级人大代表，候选人应从本级人大代表中产生

2. 某县举行人大代表换届选举，甲欲通过选民联名推荐的方式参选人大代表，其须获得联名推荐的最低选民人数要求是（　　　）（2015/非法学/21）[2]

A. 3 人以上　　　　　　　　　B. 10 人以上

C. 20 人以上　　　　　　　　D. 30 人以上

3. 根据我国选举法，设区的市的人大代表提出辞职，正确的做法是（　　　）（2015/

---

〔1〕　C
〔2〕　B

非法学/22)[1]

　　A. 向本级人大常委会口头提出

　　B. 向本级人大会议主席团书面提出

　　C. 向选举他的人民代表大会口头提出

　　D. 向选举他的人民代表大会的常委会书面提出

4. 下列关于我国公民选举权的说法，正确的是（　　）（2015/法学/12）[2]

　　A. 甲因患有精神病而丧失选举权

　　B. 乙被拘留，因无人身自由而不享有选举权

　　C. 丙不识字，因无法填写选票而不享有选举权

　　D. 丁因被判处死刑缓期二年执行而丧失选举权

5. 在2011年的县人民代表大会代表选举中，某选区应选代表两名。该选区公布了12500人的选民名单，实际参加投票的选民为6200人。该选区三位代表候选人孙某、侯某、赵某获得的选票分别为3101票、2050票、1040票。根据我国选举法，下列选项中，正确的是（　　）（2014/非法学/30）[3]

　　A. 只有孙某当选

　　B. 孙某和侯某当选

　　C. 三位代表候选人均不能当选

　　D. 该次选举有效，由县选举委员会最终确定当选者

6. 下列选项中，不属于我国选举制度基本原则的是（　　）（2014/法学/10）[4]

　　A. 选举权的普遍性原则　　　　　　B. 选举权的平等性原则

　　C. 差额选举原则　　　　　　　　　D. 公开投票原则

7. 某选区应选人大代表2人，超过半数选民参加了投票，代表候选人按得票多少的排序为：张某、王某、李某、赵某，其中仅张某获得过半数选票。对此情形，下列做法符合法律规定的是（　　）（2014/法学/13）[5]

　　A. 宣布张某、王某当选

　　B. 宣布张某当选，同时以王某为候选人另行选举

　　C. 宣布张某当选，同时以王某、李某为候选人另行选举

　　D. 宣布无人当选，以张某、王某、李某为候选人另行选举

8. 甲与同村另外四名选民在外打工，不能回原籍参加镇人大代表选举。甲的下列做法，符合我国选举法的是（　　）（2013/非法学/19）[6]

----

〔1〕　D
〔2〕　D
〔3〕　C
〔4〕　D
〔5〕　C
〔6〕　C

A. 口头委托在原籍的同村选民乙代为投票

B. 与另外四人共同委托同村选民乙代为投票

C. 书面委托同村选民乙按照甲的意愿代为投票

D. 经户籍所在地镇政府同意，由同村选民乙代为投票

9. 根据我国选举法，由选民直接选举的人大代表候选人可通过选民联名推荐的方式产生。某甲欲通过此种方式参选人大代表，其须获得选民联名推荐的最低人数应是（　　）（2012/非法学/29）[1]

A. 5 人　　　　　　　　　　　　　B. 10 人

C. 30 人　　　　　　　　　　　　D. 50 人

10. 某选区在基层人大代表的换届选举中，应选代表 3 人。根据我国选举法的规定，该选区正式候选人人数可以为（　　）（2011/非法学/21）[2]

A. 3 人　　　　　　　　　　　　　B. 5 人

C. 7 人　　　　　　　　　　　　　D. 9 人

11. 根据我国选举法规定，人民代表大会的选举经费来源于（　　）（2011/法学/11）[3]

A. 选民捐资　　　　　　　　　　B. 候选人所在单位资助

C. 国库开支　　　　　　　　　　D. 候选人自筹

12. 根据我国现行宪法和法律的规定，罢免人民代表大会代表的决议的备案机关是（　　）（2010/非法学/22）[4]

A. 本级人民代表大会

B. 本级人民代表大会常务委员会

C. 上一级人民代表大会

D. 上一级人民代表大会常务委员会

13. 有权接受省人民代表大会代表辞职申请的机关是（　　）（2010/法学/11）[5]

A. 该省人民代表大会

B. 该省人民代表大会常务委员会

C. 选举该代表的人民代表大会

D. 选举该代表的人民代表大会的常务委员会

14. 根据选举法，下列关于直接选举的表述，正确的是（　　）（2019/非法学/18；2019/法学/13）[6]

---

[1] B
[2] B
[3] C
[4] D
[5] D
[6] C

A. 县级人大代表的选举由县级人大常委会主持

B. 当选人数少于应选代表名额的，应重新投票

C. 选举所投的票数多于投票人数的，该次选举无效

D. 代表候选人获得全体选民过半数的选票，始得当选

二、多项选择题

15. 根据我国《选举法》的规定，在选民直接选举人大代表时，组织投票的方式有（　　）(2014/非法学/59)[1]

A. 设流动票箱

B. 在各选区设选举投票站

C. 召开选举大会进行投票

D. 为外出打工人员设流动投票站

16. 2010年《选举法》修正案中，涉及选举权平等性原则的内容有（　　）(2013/非法学/55)[2]

A. 选民所投的选票具有同等的法律效力

B. 人人平等，即城乡按相同人口比例选举代表

C. 民族平等，即各民族都有适当数量的人大代表

D. 地区平等，即各行政区域都应有相同的基本名额数

17. 根据我国选举法的规定，下列选项中属于选举委员会职责的有（　　）(2012/非法学/58)[3]

A. 划分选区，分配各选区应选代表的名额

B. 进行选民登记，审查选民资格，公布选民名单

C. 了解核实并组织介绍代表候选人的情况；根据较多数选民意见，确定和公布正式候选人的名单

D. 确定选举结果是否有效，公布当选代表名单

18. 根据我国法律规定，下列人员中准予行使选举权利的有（　　）(2011/非法学/52)[4]

A. 正在取保候审者　　　　　　　B. 正在被监视居住者

C. 正在被劳动教养者　　　　　　D. 正在受拘留处罚者

19. 我国选举制度中选举权的平等性具体表现在（　　）(2010/非法学/54)[5]

A. 正在服刑的人员享有选举权

B. 每个选民投出的选票具有同等的法律效力

---

[1] ABC

[2] ABCD

[3] ABCD

[4] ABCD

[5] BCD

C. 每个选民在每次投票中只享有一个投票权

D. 汉族代表和少数民族代表所代表的人口数存在适当差别

20. 在我国人民代表大会代表的间接选举中，可以推荐代表候选人的主体有（　　）（2010/法学/27)[1]

A. 各政党

B. 各人民团体

C. 选民 10 人以上联名

D. 代表 10 人以上联名

21. 根据我国宪法和法律，人大代表出现下列情形，其代表资格应终止的有（　　）（2019/非法学/46；2019/法学/26)[2]

A. 赵某辞职被接受

B. 钱某加入外国国籍但定居北京

C. 孙某因刑事案件被羁押正在接受侦查

D. 李某未经批准两次不出席本级人大会议

第四节　政党制度

一、政党制度概述

政党	概　念	政党，是指由一定阶级或阶层的先进分子所组成，以夺取、控制或者影响国家政权运作为目的，具有严格纪律和组织体系的政治组织。
	特　征	（1）政党是一定阶级、阶层的政治组织，具有鲜明的阶级性； （2）政党具有明确的政治纲领，其目的是夺取或控制政权，以及影响政治权力的运用； （3）政党是以结社自由为法律基础建立起来的社会政治组织，具有一定的组织体系； （4）政党有严格的组织纪律，用以规范和约束政党的组织和成员的活动，以保证政党纲领的贯彻执行。
政党制度	概　念	政党制度，是指关于政党的地位、作用以及有关政党掌握或影响国家政权的各种制度的总称。
	类　型	（1）以社会制度为标准：资本主义制度下的政党制度和社会主义制度下的政党制度。新兴发展中国家的政党制度，一开始多为一党制，后来多向多党制转化。 （2）以掌握权力的形式为标准：一党制、两党制、多党制和一党领导的多党合作制。其中一党制又可以分为一党专制、一党权威、一党多元制、一党霸权制和一党优势制等。

[1] ABD

[2] ABD

续表

政党制度	类 型	[补充知识点] 　　一党制，是指一个国家的政权由一个政党所把握，在相当长的时期内只存在唯一的执政党。一党专政的术语比一党执政外延要小，通常通过法律的形式对一党执政加以确立，也可能通过现实力量如军政府达成，不允许有反对党，或者法律上只有参政议政但不能执政的合法政党。在一些一党占主要地位的国家，是允许存在反对党的，但是反对党通常没有机会获得实权。占主要地位的政党则容易有机会通过赞助、在投票中舞弊或利用行政、司法手段以保持政权。 　　两党制，是指资本主义国家中实行两个主要政党交替垄断政权的制度。早在17世纪英国资产阶级革命时，议会中就形成了两个政治派别：辉格党和托利党。两党交替执掌政权。后来形成一种制度，流行于英美等国。采用两党制的国家，通常由在议会中，特别是下议院中占有多数议席或在总统选举中获胜的一个政党作为执政党组织政府（内阁），代表资产阶级整体利益，以国家的名义行使阶级统治权。在议员或总统的竞选中失败而不参加政府的另一政党，则作为反对党，监督政府的政策实施，牵制其行政活动。实行两党制的国家，有的还有其他政党，但势力很小，不能影响两党轮流执政。两党制同资本主义的民主制是相适应的，是资产阶级维护资本主义私有制、巩固资产阶级专政的一种手段。 　　多党制，是指某些资本主义国家多党并立、互争政权的政治制度。各政党可以单独或联合参加议会选举或总统选举。由在议会中占多数席位的一个或几个政党联合组织政府，参加政府的政党即为执政党或在朝党；只有少数议席、不参加政府的政党则为在野党，起某种监督政府并牵制其活动的作用。多党制最早出现在法国，自1870年9月4日法兰西第三共和国成立，基本上实行多党制。 　　一党领导的多党合作制，相对于西方资本主义国家的多党制和原苏东地区社会主义国家的一党制来说，中国的政党制度既不是多党制，也不是一党制，而是由中国共产党一党执政，其他政党参政，执政党与参政党既相互制约监督又相互协商合作的政党制度，这种政党制度是当今世界上独一无二的新型政党制度。
	政党与近代民主政治	政党是近代民主政治发展的产物，是社会经济关系作用于政治以及法律领域的表现。在经济关系、特别是商品经济关系充分发展的条件下，利益格局出现了多元化，各种利益主体对经济利益的追求必然会产生政治上、法律上新的要求，以期获得最大的、长远的利益，这就为政党以及政党制度的产生提供了客观的条件和现实的基础。
		政党制度的形成促进了近代民主政治的发展。政党制度将平等、竞争机制引入国家政权领域中，使民主制度公开化、程序化、规范化，扩大了公民参与国家政治的途径。

二、中国的政党制度

(一) 中国政党制度的概念

中国共产党领导的多党合作与政治协商制度是我国的政党制度，是宪法制度的重要组成部分。我国的政党制度是在新民主主义革命和社会主义革命与建设过程中，在中国共产党与各民主党派长期合作的基础上逐渐发展起来的。在这样的历史过程中，我国逐步确立了中国共产党的领导地位，形成了各民主党派充分参与的多党合作与政治协商制度。

我国的民主党派在性质上也经历了一个变化的过程，由一个各阶级的联盟发展成为各自所联系的一部分社会主义劳动者和一部分拥护社会主义的爱国者的政治联盟。各民主党派都接受中国共产党的领导，成为参政党。中国共产党对民主党派的方针是"长期共存、互相监督、肝胆相照、荣辱与共"。

（二）中国共产党领导的多党合作和政治协商制度的内容

1. 中国共产党在国家政权中居领导地位。中国共产党对民主党派的领导主要表现为政治领导，而不是对其发号施令。1989年的《关于坚持和完善中国共产党领导的多党合作和政治协商制度的意见》（以下简称《意见》）中指出了政治领导的含义。上述《意见》指出，中国共产党对各民主党派的领导是政治领导，即政治原则、政治方向和重大方针政策的领导。政治领导还包括作为执政党的中国共产党由其党员担任各种国家机关的重要领导人，拟定政治原则，决定对内对外的政治发展方向，并对政治方针实施后果承担政治责任。

记忆提示 中共领导：政治领导，非发号施令。

2. 各民主党派的参政、议政。各民主党派不是共产党的下级组织，而是与共产党一起参与国家政权和社会主义事业的建设工作，具有法律范围内的政治自由、组织独立和法律地位平等的组织。民主党派参政的基本点是：参加国家政权，参加国家大政方针和国家领导人人选的协商，参加国家事务的管理，包括各民主党派负责人参加的重大国事活动，以及中共中央和国家领导人与外宾的重要会见，参与国家方针、政策、法律、法规的制度执行等。

记忆提示 参政议政：不是下级组织，一起参与建设，依法政治自由、组织独立、地位平等。

3. 中国共产党与民主党派的关系不是执政党与反对党的关系，也不存在轮流执政的问题，但民主党派具有重要的监督作用。发挥各民主党派监督作用的总原则是，在四项基本原则[1]的基础上，发扬民主，广开言路，鼓励和支持民主党派与无党派人士对党和国家的方针政策、各项工作提出意见、批评、建议，做到知无不言，言无不尽，并且勇于坚持正确意见。

记忆提示 民主监督：非执政反对党关系，不存在轮流执政问题，重要监督作用。

---

[1] 1979年3月30日，邓小平代表中共中央在北京召开的理论工作务虚会上作了题为《坚持四项基本原则》的讲话。邓小平在讲话中提出必须坚持的"四项基本原则"，即"第一，必须坚持社会主义道路；第二，必须坚持无产阶级专政（1981年华国锋同志辞去中共中央主席后，全国人大将《宪法》中的'无产阶级专政'改为'人民民主专政'）；第三，必须坚持共产党的领导；第四，必须坚持马列主义、毛泽东思想"。

4. 中国人民政治协商会议是我国多党合作和政治协商的重要形式。除此以外，还有通过国家权力机关参政议政，担任各级国家机关领导职务、列席国务院和地方各级人民代表大会会议等方式实现多党合作和政治协商。

[记忆提示] 政协会议为多协商的重要形式。

[记忆总结] 中共领导，参政议政，民主监督，政治协商。

（三）中国人民政治协商会议的性质和主要职能

中国人民政治协商会议是中国人民的爱国统一战线组织。在性质上，中国人民政治协商会议不属于国家机构体系，不是国家机关，也不同于一般的人民团体，而是爱国统一战线和多党合作的重要形式。

中国人民政治协商会议的职能是政治协商、民主监督、参政议政。实现其职能的途径有：

1. 通过各种形式参与有关国家事务和地方事务重要问题的讨论。

2. 密切联系各方面人士，向党和国家机关反映各界人民群众的意见和要求，宣传和贯彻执行宪法和法律，协助党和政府贯彻各项政策，维护和巩固安定团结的政治局面。

3. 组织政协委员进行视察、参观和调查活动，向有关机关或其他组织提出建议和批评。

4. 积极开展同台湾同胞和各界人士的联系，促进祖国和平统一。

5. 调整和处理爱国统一战线各方面的关系和人民政协会议内部合作的重要事项。

6. 组织和推动政协委员的学习活动。

7. 积极开展人民外交活动，为维护世界和平作出贡献。

《中国人民政治协商会议章程》

第26条　中国人民政治协商会议全国委员会和地方委员会全体会议的议案，应经全体委员过半数通过。常务委员会的议案，应经常务委员会全体组成人员过半数通过。各参加单位和个人对会议的决议，都有遵守和履行的义务。如有不同意见，在坚决执行的前提下可以声明保留。

第31条　中国人民政治协商会议全国委员会委员经相关程序后，须由中国人民政治协商会议全国委员会常务委员会协商决定。地方委员会委员经相关程序后，须由各级地方委员会常务委员会协商决定。

真题链接

一、单项选择题

1. 下列关于中国人民政治协商会议的说法，正确的是（　　）（2018/非法学/14）[1]

---

[1]　D

A. 中国人民政治协商会议由选民选举产生，对选民负责

B. 中国人民政治协商会议与全国人民代表大会共同行使国家立法权

C. 现行宪法在"国家机构"一章中规定了中国人民政治协商会议参政议政的职能

D. 1949 年中国人民政治协商会议通过了《共同纲领》，行使了一定范围的制宪权

2. 根据我国现行《宪法》，中国人民政治协商会议的性质是（　　）（2011/法学/9)[1]

A. 爱国统一战线组织　　　　　　　B. 国家权力机关

C. 一般人民团体　　　　　　　　　D. 群众自治组织

3. 最早确立政党制度的国家是（　　）（2010/非法学/29)[2]

A. 美国　　　　　B. 英国　　　　　C. 德国　　　　　D. 法国

二、多项选择题

4. 下列关于中国人民政治协商会议的表述，正确的有（　　）（2016/非法学/27；2017/法学/13)[3]

A. 政协是中国人民的爱国统一战线组织

B. 政协是国家机关，属于国家机构体系的组成部分

C. 政协是人民团体开展民主自治、民主决策的重要形式

D. 政协具有政治协商、民主监督、参政议政的职能

第五节　国家结构形式

一、国家结构形式概述

概　　念	国家结构形式，是指国家整体与组成部分、中央与地方的相互关系。国家结构形式与政权组织形式都属于国家的形式，两者的区分主要在于国家对权力的配置上，国家结构形式体现的是纵向的权力配置关系。	
类　　型	单一制	由若干不具有独立性的行政单位或自治单位组成，各组成单位都是国家不可分割的组成部分的一种国家结构形式。单一制是世界上主要的国家结构形式，我国、英国、法国等世界上大部分国家均采取此种形式。
		(1) 全国只有一部宪法和一个统一的法律体系； (2) 只有一个中央政权机关，各地方自治单位或行政单位受中央统一领导； (3) 每个公民只有一个国籍； (4) 国家整体在国际关系中是唯一的主体。

---

[1]　A

[2]　B

[3]　AD

类型	复合制	概念		其指由两个或者两个以上具有一定独立性的成员单位联合组成的联盟的国家（联邦）或国家的联盟（邦联）。
		形式	联邦	**概念**：其指由2个或2个以上的成员单位所组成的联盟的国家。通常来说由特定的国家组成过程或建立的历史因素所导致，主要代表国家有美国、俄罗斯、德国、印度、加拿大等。
				特征： （1）联邦和各成员单位都有自己的宪法和法律，都有各自的国家机关体系； （2）公民具有双重国籍，既是成员国的公民，又是联邦的公民； （3）联邦和各成员单位的权力划分依据是宪法，联邦的权力是来自各成员单位的授予； （4）在国际关系中，各成员单位一般没有独立对外交往的权力。
			邦联	**概念**：邦联，是指由2个或2个以上具有独立性的国家为了实现某种共同目标而结成的松散的国家联盟。这种联盟一般以条约为基础。邦联的概念在国际组织影响力日渐提升的今天并不是经常被提及，现存公认的邦联一般认为是1991年苏联解体后成立的独立国家联合体。
				特征： （1）邦联不是一个主权国家，没有统一的宪法和集中统一的国家机关体系； （2）各个国家都有自己的独立的主权、中央国家机关体系和法律制度体系； （3）邦联的决定要经各个国家的批准才能够产生效力。
	影响要素			历史传统、民族因素、政治因素等。

二、中国的国家结构形式

（一）单一制国家结构形式的宪法规定

中国是社会主义性质的国家，在国家结构形式的问题上坚持了马克思主义关于国家结构形式的基本观点，并充分考虑到中国的实际。从新中国成立初期的共同纲领到现行宪法，都肯定了中华人民共和国是全国各族人民共同缔造的统一的多民族国家。我国实行的是单一制国家结构形式。

（二）实行单一制国家结构形式的原因

中国之所以采用单一制结构形式，是由我国政治、经济、民族发展的现实需要所决定的，也是我国历史上单一制结构形式的延续。具体说来，这些原因主要有：

1. 实行单一制是由我国民族关系的历史和各民族的居住现状所决定的，是保障各少数民族与汉族平等发展的需要。

2. 实行单一制是由我国经济发展的实际需要所决定的，也是缩小各少数民族与汉族之间经济文化发展差距的有效途径。

3. 实行单一制是由我国政治发展的基本需要所决定的，有利于国家统一和政治稳定。

[事例与思考]

中国国家结构形式的选择

自由联邦制曾是中国共产党最初主张的国家结构形式。中国共产党的第二次全国代表大会开始提出："用自由联邦制，统一中国本部、蒙古、西藏、回疆，建立中华联邦共和国"，从 1931 年《中华苏维埃共和国宪法大纲》规定的"中国苏维埃联邦"，再到 1945 年 6 月 11 日中国共产党第七次全国代表大会通过的《中国共产党章程》的总纲部分提出"为建立独立、自由、民主、统一与富强的各革命阶级联盟与各民族自由联合的新民主主义联邦共和国而奋斗，为实现世界的和平与进步而奋斗"的目标。可见，联邦制曾是中国共产党的制度目标，也是我国国家结构形式的一种可能性[1]。

思考：结合材料进一步深入思考我国采取现有国家结构形式的原因。

（三）行政区划及其变更的法律程序

行政区划的概念	行政区划，是指行政区域划分的简称，是国家为了进行管理，将国家的领土依据政治、经济、民族状况和地理历史条件的不同，划分为若干大小不同、层次不同的区域的一种制度。我国行政区域划分的原则有：有利于现代化建设，有利于行政管理，有利于各民族团结，有利于巩固国防，照顾到自然条件和历史状况。	
我国行政区划	（1）普通行政区划	①全国分为省、自治区、直辖市。 ②省、自治区分为自治州、县、自治县、市，自治州分为县、自治县、市，直辖市和较大的市分为区、县。（在《选举法》等规范性法律文件中统一了"设区的市"这一划定方式，但在行政区划中，《考试分析》仍使用原有"较大的市"这一划定方式，需要注意） ③县、自治县分为乡、民族乡、镇。
	（2）特殊行政区划	我国目前存在着三种行政单元：普通行政地方、民族自治地方和特别行政区。各民族自治地方和特别行政区都是我国不可分离的部分。
		各少数民族聚居的地方实行民族自治，设立自治机关，行使自治权。
		国家在必要时得设特别行政区，特别行政区是享有高度自治权的地方行政区域。

---

〔1〕 参见胡锦光主编：《宪法学原理与案例教程》（第 3 版），中国人民大学出版社 2013 年版，第 126 页。

续表

		全国各级行政区划名称及数量情况			
		级　别	区划名称	数　量	备　　注
我国行政区划		省　级	省	23	
			自治区	5	
			直辖市	4	
			特别行政区	2	
	依据宪法规定的省市县三级；但现在绝大多数地方基本上都是省市县乡四级	市　级（地级）	设区的市	288	另有5个不设区的市为地级市
			自治州	30	
			盟	3	设行政公署（省级派出机关）无政府及人大等国家机关
			地　区		
			不设区的市	393	（其中5个为地级市）
		县　级	县	1324	
			自治县	117	
			市辖区	965	（仅台湾一省就有160个）
			旗	49	
			自治旗	3	鄂伦春自治旗、鄂温克自治旗、莫力达瓦达斡尔族自治旗
			特　区	1	六枝特区（属贵州省六盘水市）
			林　区	1	神农架（湖北省直辖）
		乡　级	乡	14677	
			镇	19531	
			民族乡	1092	
			苏　木	181	
			民族苏木	1	鄂温克民族苏木（内蒙古自治区呼伦贝尔市陈巴尔虎旗）

	记忆提示 (1) 省级：省、自治区、直辖市（特别行政区）。 (2) 县级：①省、自治区可直管县、自治县、不设区市；②直辖市下无自治州、市。 (3) 乡级：县、自治县下设乡、民族乡、镇。
变更程序	(1) 省、自治区、直辖市的设立、撤销、更名，报全国人大审议决定。 (2) 省、自治区、直辖市的行政区域界线的变更，报国务院审批；自治州、县、自治县、市、市辖区的设立、撤销、更名和隶属关系改变，报国务院审批；自治州、自治县的行政区域界线的变更，县、市的行政区域界线的重大变更报国务院审批。 (3) 县、市、市辖区的部分行政区域界线的变更，县、不设区的市、市辖区人民政府

续表

变更程序	驻地的迁移,国务院授权省、自治区、直辖市人民政府审批;批准变更时,同时报送国务院备案。 (4)乡、民族乡、镇的建立、撤销、更名和行政区域界限的变更,由省、自治区、直辖市人民政府审批。 记忆提示 (1)全人特设与省建; (2)市县小界驻地迁,央府授权省府管;(驻地迁自治州县、设区市国务院批) (3)乡找省,村找县;(村并非行政区划,整体了解+凑齐押韵) (4)其余都去国务院。 (村委设撤不要混,乡提村议县批准)

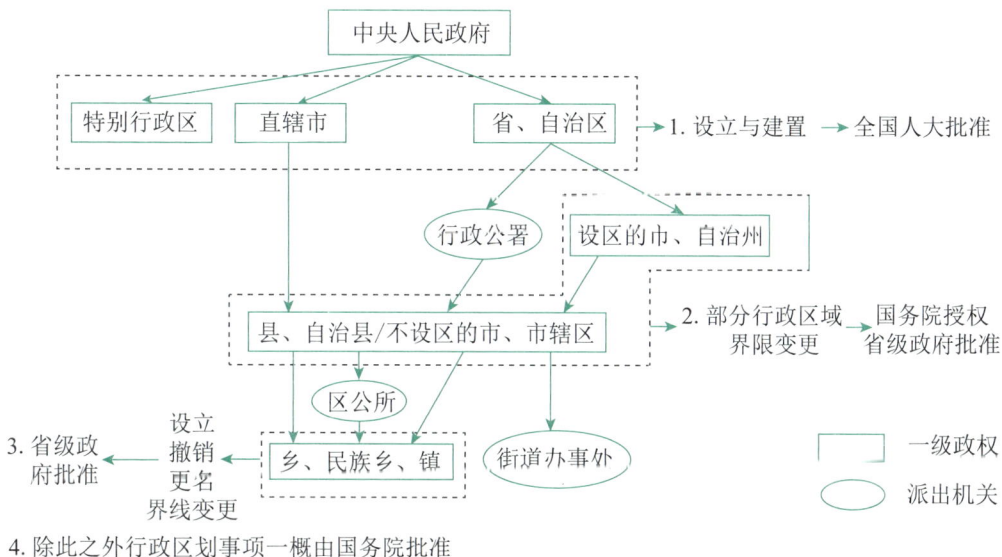

中央人民政府

特别行政区　直辖市　省、自治区 → 1.设立与建置 → 全国人大批准

行政公署　设区的巾、自治州

县、自治县/不设区的市、市辖区 → 2.部分行政区域界限变更 → 国务院授权省级政府批准

区公所

3.省级政府批准 ← 设立撤销更名界线变更 ← 乡、民族乡、镇　街道办事外

☐ 一级政权
◯ 派出机关

4.除此之外行政区划事项一概由国务院批准

三、民族区域自治制度

(一)维护和发展各民族的平等团结互助和谐关系

我国是全国各族人民共同缔造的统一的多民族国家。

1982年,现行宪法规定了我国平等、团结、互助的民族关系。同时宪法确认了民族区域自治制度,作为落实这一民族关系的基本政治制度,并通过《民族区域自治法》对这一制度作出具体规定。宪法对民族关系的规范和民族区域自治制度的实施有力地保障了我国少数民族当家作主的权利。

为适应新时代民族关系发展的新要求,2018年全国人大在修改宪法时,对民族关系的内容进一步予以充实,规定维护和发展各民族的平等团结互助和谐关系。这一修正有利于铸牢中华民族共同体意识,加强各民族交往、交流、交融,促进各民族和睦相处、和衷共济、和谐发展。

（二）民族区域自治的概念、特点及其优越性

概 念	民族区域自治制度，是单一制下我国解决民族问题、保障少数民族自治权的基本制度，是中国特色社会主义政治制度的重要组成部分。
	所谓民族区域自治，就是在国家的统一领导下，依照宪法、民族区域自治法和其他法律的有关规定，以各少数民族聚居区为基础建立民族自治地方，设立自治机关，行使自治权。
特 点	（1）建立民族自治地方必须以宪法和法律为依据，在国家领导下统一进行，而不可各自为政、擅自设立； （2）建立民族自治地方要以少数民族聚居区为基础，绝不能在散居民族区域设立； （3）民族区域自治的内容就是设立自治机关，行使自治权，切实保障少数民族当家作主，享有管理本民族内部事务和本地区地方事务的权利。 记忆提示 依法依宪依聚居，自治机关自治权。
优越性	（1）民族区域自治制度体现了人民民主专政制度和民族平等原则、国家整体利益和各民族具体利益的高度结合，有利于国家的统一领导； （2）民族区域自治制度保证了聚居的少数民族能够充分享有自治权，同时散居全国各地的少数民族的权益也能够得以保障； （3）民族区域自治制度把行政区域和经济文化发展区域有机结合起来，能够更好地因民族制宜、因地区制宜地发展经济文化事业； （4）有利于民族团结和各民族间的互相合作。 记忆提示 统一领导为民族，充分自治聚散住，经济文化促发展，民族团结互帮助。

（三）民族自治地方

民族自治地方是少数民族聚居并实行区域自治的行政区域。现行宪法继承了1954年宪法，仍然将民族自治地方确定为自治区、自治州、自治县。截至目前，我国已建立的民族自治地方，共有155个，其中包括5个自治区、30个自治州、120个自治县（旗）。

我国西部地区的12个省、自治区、直辖市，面积占国土总面积70%以上。我国的55个少数民族中有48个主要分布在西部地区，占少数民族总数的87.3%。155个民族自治地方中分布在西部地区的有115个，5个自治区全部在西部地区。西部大开发战略与民族区域自治制度结合的可考性很强，但核心还是掌握民族区域自治制度的具体制度内涵。

按照民族构成的划分，我国民族自治地方有三种类型：

1. 以一个少数民族聚居区为基础而建立的自治地方，如宁夏回族自治区。

2. 以两个或两个以上的少数民族聚居区为基础建立的自治地方，如贵州省的黔东南苗族侗族自治州。

3. 以一个人口较多的少数民族聚居区为基础，同时包括一个或几个人口较少的其他少数民族聚居区而建立的自治地方，如新疆维吾尔自治区。

在相当于乡一级的少数民族聚居区，建立民族乡。民族乡不是一级民族自治地方，

不享有民族自治权。

（四）民族自治地方自治机关及其自治权

自治机关	民族自治地方的自治机关，是指按照宪法和法律规定设立的，在民族自治地方行使相应的地方国家机关职权以及行使民族自治权的国家机关。《宪法》第112条规定："民族自治地方的自治机关是自治区、自治州、自治县的人民代表大会和人民政府。"
自治权	（1）制定自治条例和单行条例。 民族自治地方的人大有权依照当地民族的政治、经济和文化的特点，制定自治条例和单行条例。自治区的自治条例和单行条例，报全国人大常委会批准后生效；自治州、自治县的自治条例和单行条例，报省、自治区、直辖市的人大常委会批准后生效，并报全国人大常委会和国务院备案。 （2）根据本地方的实际情况，贯彻执行国家的法律和政策。 对于上级国家机关的决议、决定、命令和指示，如有不适合民族自治地方实际情况的，自治机关可以报经上级国家机关批准变通执行或停止执行。 （3）管理地方财政。 凡是依照国家财政体制属于民族自治地方的财政收入，都由民族自治地方自治机关自主地安排使用。 《民族区域自治法》 第32条　民族自治地方的财政是一级财政，是国家财政的组成部分。 　民族自治地方的自治机关有管理地方财政的自治权。凡是依照国家财政体制属于民族自治地方的财政收入，都应当由民族自治地方的自治机关自主地安排使用。 　民族自治地方在全国统一的财政体制下，通过国家实行的规范的财政转移支付制度，享受上级财政的照顾。 　民族自治地方的财政预算支出，按照国家规定，设机动资金，预备费在预算中所占比例高于一般地区。 　民族自治地方的自治机关在执行财政预算过程中，自行安排使用收入的超收和支出的节余资金。 第34条　民族自治地方的自治机关在执行国家税法的时候，除应由国家统一审批的减免税收项目以外，对属于地方财政收入的某些需要从税收上加以照顾和鼓励的，可以实行减税或者免税。自治州、自治县决定减税或者免税，须报省、自治区、直辖市人民政府批准。 （4）安排和管理地方经济建设事业的自主权。 民族自治地方的自治机关可以根据本地方的特点和需要，制定经济建设的方针、政策和计划，自主地安排和管理地方性的经济建设事业。 《民族区域自治法》 第27条　民族自治地方的自治机关根据法律规定，确定本地方内草场和森林的所有权和使用权。 　民族自治地方的自治机关保护、建设草原和森林，组织和鼓励植树种草。禁止任何组织或者个人利用任何手段破坏草原和森林。严禁在草原和森林毁草毁林开垦耕地。

续表

自治权	第28条　民族自治地方的自治机关依照法律规定，管理和保护本地方的自然资源。 　　民族自治地方的自治机关根据法律规定和国家的统一规划，对可以由本地方开发的自然资源，优先合理开发利用。 第29条　民族自治地方的自治机关在国家计划的指导下，根据本地方的财力、物力和其他具体条件，自主地安排地方基本建设项目。 第30条　民族自治地方的自治机关自主地管理隶属于本地方的企业、事业。 第31条　民族自治地方依照国家规定，可以开展对外经济贸易活动，经国务院批准，可以开辟对外贸易口岸。 　　与外国接壤的民族自治地方经国务院批准，开展边境贸易。 　　民族自治地方在对外经济贸易活动中，享受国家的优惠政策。 （5）管理本地方的教育、科学、文化、卫生、体育事业的自主权。 （6）依照国家的军事制度和当地的实际需要，经国务院批准，可以组织本地方维护社会治安的公安部队。 （7）其他方面的自主权。 记忆提示 自治单行法贯彻，公安国批治安责，教科文卫和体育，财政经济自建设。

四、特别行政区制度

（一）"一国两制"与特别行政区制度

《宪法》第31条规定："国家在必要时得设立特别行政区。在特别行政区内实行的制度按照具体情况由全国人民代表大会以法律规定。"这是创设特别行政区制度的宪法依据，特别行政区制度是"一国两制"理论构想的具体化和法律化。

"一国两制"是"一个国家，两种制度"的简称，是在统一的社会主义国家内，在中央的统一领导下，可以在局部地区因历史的原因而不实行社会主义制度，依法保留原有的制度。"一国两制"的提出是在新的历史条件下将马克思主义普遍原理同中国具体实践相结合的产物，是为解决历史遗留的香港、澳门、台湾问题，争取用和平的手段实现祖国统一大业而提出的重大方针，具有重大的理论意义和现实意义。1990年通过的《香港特别行政区基本法》（以下简称《香港基本法》）、1993年通过的《澳门特别行政区基本法》（以下简称《澳门基本法》）就是以"一国两制"为指导方针。

（二）特别行政区的概念与特点

特别行政区，是指在统一的中华人民共和国范围内，根据我国宪法和法律所设立的具有特殊的法律地位，实行特别的政治、经济制度的行政区域。特别行政区是中华人民共和国的一个不可分割的组成部分，是一级地方行政区域，直辖于中央人民政府，受中央人民政府统一管辖。但特别行政区又不同于一般行政区域，主要特点有：

高度的自治权	按照《香港基本法》和《澳门基本法》的规定，特别行政区享有高度的自治权，有立法权、行政管理权、独立的司法权和终审权。除此之外，特别行政区财政独立、使用自己的货币，其收入全部用于自己的需要，中央人民政府不在特别行政区征税。
50 年不变	《香港基本法》和《澳门基本法》都规定，在本行政区内"不实行社会主义的制度和政策，保持原有的资本主义制度和生活方式，50 年不变"。
当地人管理	特别行政区的行政机关和立法机关由该区永久性居民依照基本法的规定组成，实现"港人治港""澳人治澳"。
原有的法律基本不变	在特别行政区，除了基本法附件上所列举的法律外，全国性的法律一般不在特别行政区内适用，特别行政区继续适用原有的、不与基本法相抵触的法律。

记忆提示

1. 概念：特别政治、经济制度，特殊法律地位，统一中国范围内。
2. 特点：高度自治 50 年，港人治港法不变。

（三）特别行政区的法律地位

确定特别行政区的法律地位主要是明确其与中央人民政府的关系。按照《宪法》和《香港基本法》、《澳门基本法》的规定，特别行政区的设立以及所实行的制度由全国人大以法律规定，特别行政区是中华人民共和国的一个享有高度自治权的地方行政区域，直辖于中央人民政府，中央人民政府与特别行政区的关系是单一制国家结构形式内中央与地方之间的关系。特别行政区享有高度的自治权，但不享有主权，也不是一个独立的政治实体，其法律地位相当于省、自治区、直辖市。

（四）中央与特区的权力划分

中央对特区行使权力	（1）负责管理与特别行政区有关的外交事务。主要是指我国整体外交工作中，有一些涉及港、澳特别行政区的外交事务。
	（2）负责管理特别行政区的防务。《香港基本法》明确规定，中央人民政府派驻香港特别行政区负责防务的军队不干预香港特别行政区的地方事务；香港特别行政区政府在必要时，可向中央人民政府请求驻军协助维持社会治安和救助灾害；驻军人员除须遵守全国性的法律外，还须遵守香港特别行政区的法律。
	（3）任命特别行政区的行政长官和行政机关的主要官员。除此以外，还包括澳门特别行政区检察院的检察长。"主要官员"的含义在港、澳有所区别：根据《香港基本法》第 48 条的规定，主要官员指各司司长、副司长，各局局长，廉政专员，审计署署长，警务处处长，入境事务处处长，海关关长；根据《澳门基本法》第 50 条的规定，主要官员，是指各司司长、廉政专员、审计长、警察部门主要负责人和海关主要负责人。

中央对特区行使权力	（4）**决定特别行政区进入紧急状态。**《香港基本法》第18条第4款规定，全国人大常委会决定宣布战争状态或因香港特别行政区内发生香港特别行政区政府不能控制的危及国家统一和安全的动乱而决定香港特别行政区进入紧急状态，中央人民政府可发布命令将有关全国性法律在香港特别行政区实施。澳门特别行政区与之规定内容相同，也即特别行政区紧急状态由全国人大常委会决定，国务院负责组织实施。此处"有关全国性法律"，特指与紧急状态相关的全国性法律。
	（5）**解释、修改特别行政区基本法。** ①基本法修改权属于全国人大。 ②基本法的解释权稍显复杂，一般而言，全国人大常委会和特区法院均可解释。全国人大常委会授权特别行政区法院在审理案件时对基本法关于特别行政区自治范围内的条款自行解释。特殊情形下（涉及中央政府管理事务/特别行政关系条款）： A. 特别行政区法院在审理案件时对基本法自治范围之外的条款也可以解释，但如需解释基本法关于中央管理的事务或中央与特区关系的条款，而该条款的解释又影响到案件的判决； B. 在对该案件作出不可上诉的终局判决前，应由特别行政区终审法院报请全国人大常委会对有关条款作出解释； C. 如全国人大常委会作出解释，特别行政区法院在引用该条款时，应以全国人大常委会的解释为准，但在此之前做出的判决不受影响。 **记忆提示** 中央对特区权力：外交防务任官员，紧急状态修小宪。
特区的高度自治权	（1）**行政管理权。**特别行政区依基本法的规定自行处理特别行政区的行政事务，包括经济、财政、金融、贸易、工商业、土地、航运、民航、教育、科学、文化、体育、宗教、劳工和社会服务等事项。除《考试分析》罗列的如上社会治安管理权外，还包括决定政策和发布行政命令权以及人事任免权。 [注意] 特别行政区政府除可依据基本法进行行政管理活动外，还可依据依基本法在特区内有效的规范性法律文件来开展（立法会制定的法律、全国性法律、原有法律）。
	（2）**立法权。**特别行政区的立法机关依据基本法的规定，有权制定适用于特别行政区的法律。特别行政区的立法机关制定的法律须报全国人民代表大会常务委员会备案。备案不影响该法律的生效。

	制定主体	特点/内容
基本法	全国人大	修改程序区别于普通法律（效力仅次于宪法）： ①只能由全国人大修改，不能由全国人大常委会修改； ②提案主体为全国人大常委会、中央人民政府、特别行政区。

续表

	制定主体	特点/内容
立法会制定的法律	特区立法会（报全国人大常委会备案）	①适用于特区范围之内； ②不可制定国防、外交等不属于特区自治范围的事项（不可与基本法相抵触）； ③全人常征询其工作机构（基本法委员会）认为特别行政区立法会制定的法律违反基本法的，可予以发回（立即失效）。
原有法律	原定例局等	除具有殖民色彩的立法内容外，允许予以保留。
全国性法律（依据附件三适用于特区）	全国人大或全国人大常委会	主要涉及国防、外交、领土主权、国家象征等。

（表格左侧纵列：特区的高度自治权）

（3）独立的司法权和终审权。特别行政区法院独立进行审判，不受任何干涉，在特别行政区发生的案件由特别行政区法院进行审理，特别行政区终审法院享有终审权。

记忆提示
（1）行政：除外交及个别任命权之外的各项行政权；
（2）立法：立法会制定（特区内生效）——报全常备案；
（3）司法：特区全权管辖，特区独立终审。

（五）特别行政区的政治体制

特别行政区政治体制确立的基本原则是：体现以爱国者为主体的政权性质，符合"一国两制"的基本精神，同当地历史情况和具体现实相结合，适当吸纳各种既有体制的优势。

记忆提示 爱国为主，一国两制，历史现实结合，各种体制优势。

特别行政区政治体制的特点可以概括为：行政主导、司法独立、行政与立法相互制约与配合。这种政治体制既不同于中国内地实行的人民代表大会制，也不同于香港特别行政区和澳门特别行政区原有的总督集权制，同时也与西方国家依"分权制衡"原则所确立的政治体制相区别。

1. 行政主导的主要表现
（1）行政长官在特别行政区处于特殊地位，是特别行政区的首长，代表特别行政区。
（2）法律草案、预算案及其他重要议案由政府向立法会提出。
（3）政府向立法会提出的议案优先列入议程。

（4）立法会通过的法案须经行政长官签署、公布，方能生效。

（5）行政长官对立法会通过的法案有相对否决权。

（6）行政长官有权根据法律规定的程序解散立法会。

（7）其他。例如，行政长官可以依照法律的规定，批准临时短期拨款，有权决定政府官员或者其他公务人员是否向立法会作证和提供证据等。

记忆提示 首长代特区，议案优先提，否决和解散，法案特首批。

2. 司法独立原则的主要表现

（1）《香港基本法》第 2、19 条规定，香港特别行政区享有独立的司法权和终审权；

（2）《香港基本法》第 85 条规定，特别行政区法院独立进行审判，不受任何干涉，司法人员履行审判职责的行为不受法律追究；

（3）《香港基本法》第 80 条规定，各级法院是特别行政区的司法机关，行使特别行政区的审判权。

记忆提示 独立终审；不受干涉；法院审判。

3. 立法与行政的关系

行政对立法制衡	（1）行政长官可以拒绝签署立法会通过的法案，并可在 3 个月内将法案发回立法会重新审议； （2）如果行政长官拒绝签署立法会再次通过的法案，或者立法会拒绝通过政府提出的财政预算案或者其他重要法案，经协商仍不能取得一致意见，行政长官可解散立法会，但在其任期内只能解散立法会一次； （3）立法会议员所提出的法律草案，凡涉及政府政策者，在提出前必须得到行政长官的书面同意。
立法对行政制衡	（1）行政长官发回重新审议的法案，如立法会以不少于全体议员的 2/3 的多数再次通过，行政长官必须在 1 个月内签署公布，否则行政长官可解散立法会。
	（2）在以下两种情况下，立法会可迫使行政长官辞职： ①行政长官因两次拒绝签署立法会通过的法案而解散立法会，重新选举的立法会仍以全体议员 2/3 的多数通过所争议的原案，而行政长官仍拒绝签署； ②行政长官因立法会拒绝通过财政预算案或者其他重要法案而解散立法会，重新选举的立法会继续拒绝通过所争议的原案。
	（3）基本法还规定，如果行政长官有严重违法或者渎职行为，经法定程序，立法会可提出弹劾案，报中央人民政府决定。
	（4）香港和澳门特别行政区的行政会议的成员，由行政长官从行政机关的主要官员、立法会议员和社会人士中委任。行政长官在作出重要决策、向立法会提交法案、制定附属立法（或行政法规）和解散立法会之前，须征询行政会议（行政会）的意见。行政长官如不采纳行政会议（行政会）多数成员的意见，应将具体理由记录在案。

香港立法会与行政长官的制约：

（1）提案环节

特首 ——提案——→ 立法会

特首 ←——拒——

特首 ←——解散—— 新立法会

特首 ←——再拒——

特首必须辞职

立法会 ——提交特首签、公布——→ 特首

立法会 ←——拒——

立法会 ←——2/3通过—— 特首

新立法会 ←——再拒——

新立法会 ←——2/3通过—— 特首

新立法会 ——三拒，必须辞职——

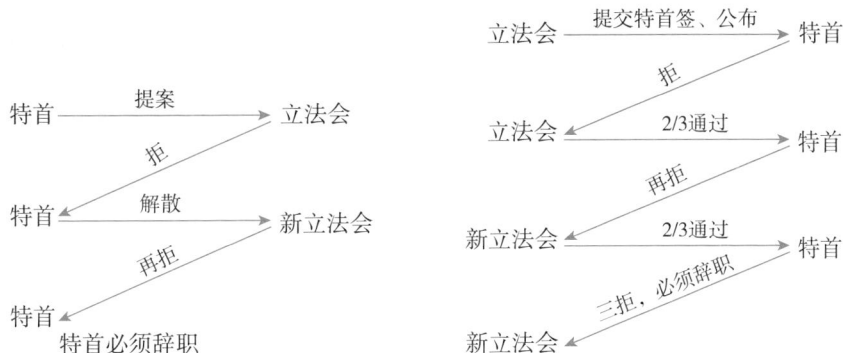

"特首提案，一拒解散，重选再拒，直接滚蛋"

"绝对多数两坚持，三拒一解应辞职"

（2）弹劾环节

（澳1/3）

| 议员1/4，可提联合动议 |

↓

| 立法同意组调，违法渎职确凿 |

（2/3以上）↓

| 立法三二弹劾，报请央府通过 |

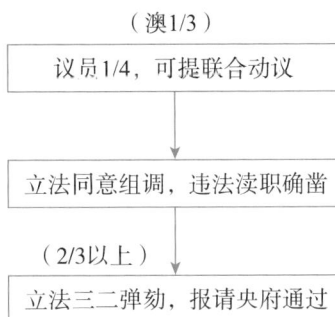

（3）配合环节（行政会议；有立法会成员）

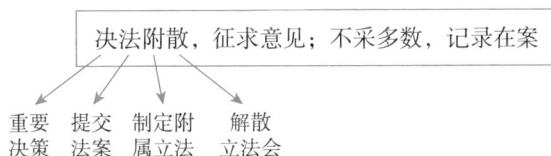

| 决法附散，征求意见；不采多数，记录在案 |

重要决策　提交法案　制定附属立法　解散立法会

4. 特别行政区的政权组织

行政长官	行政长官是特别行政区的首长，代表特别行政区，对中央人民政府和特别行政区负责。作为特别行政区的首长，对立法会负责。 任职条件： （1）行政长官须年满40周岁； （2）在香港或澳门通常连续居住满20年，并在外国无居留权（《澳门基本法》没有此项规定）；

行政长官	（3）特别行政区永久性居民中的中国公民。行政长官通过选举或者协商产生，由中央人民政府任命。任期5年，可连任一次。 行政长官行使的职权：①执行权；②立法方面的职权；③行政方面的职权；④司法方面的职权等。 2021年根据全国人大常委会修改的《香港特别行政区行政长官的产生办法》（基本法附件一） 一、行政长官由一个具有广泛代表性、符合香港特别行政区实际情况、体现社会整体利益的选举委员会根据本法选出，由中央人民政府任命。 二、选举委员会委员共1500人，由下列各界人士组成：		
	第一界别：工商、金融界	300人	十八个界别分组：工业界（第一）（17席）、工业界（第二）（17席）、纺织及制衣界（17席）、商界（第一）（17席）、商界（第二）（17席）、商界（第三）（17席）、金融界（17席）、金融服务界（17席）、保险界（17席）、地产及建造界（17席）、航运交通界（17席）、进出口界（17席）、旅游界（17席）、酒店界（16席）、饮食界（16席）、批发及零售界（17席）、香港雇主联合会（15席）、中小企业界（15席）。
	第二界别：专业界	300人	十个界别分组：科技创新界（30席）、工程界（30席）、建筑测量都市规划及园境界（30席）、会计界（30席）、法律界（30席）、教育界（30席）、体育演艺文化及出版界（30席）、医学及卫生服务界（30席）、中医界（30席）、社会福利界（30席）。
	第三界别：基层、劳工和宗教等界	300人	五个界别分组：渔农界（60席）、劳工界（60席）、基层社团（60席）、同乡社团（60席）、宗教界（60席）。
	第四界别：立法会议员、地区组织代表等界	300人	五个界别分组：立法会议员（90席）、乡议局（27席）、港九分区委员会及地区扑灭罪行委员会、地区防火委员会委员的代表（76席）、"新界"分区委员会及地区扑灭罪行委员会、地区防火委员会委员的代表（80席）、内地港人团体的代表（27席）。
	第五界别：香港特别行政区全国人大代表、香港特别行政区全国政协委员和有关全国性团体香港成员的代表界	300人	两个界别分组：香港特别行政区全国人大代表和香港特别行政区全国政协委员（190席）、有关全国性团体香港成员的代表（110席）。

行政长官	选举委员会委员必须由香港特别行政区永久性居民担任。选举委员会每届任期5年。 …… 五、选举委员会设召集人制度，负责必要时召集选举委员会会议，办理有关事宜。总召集人由担任国家领导职务的选举委员会委员担任，总召集人在选举委员会每个界别各指定若干名召集人。 六、行政长官候选人须获得不少于188名选举委员会委员的提名，且上述五个界别中每个界别参与提名的委员须不少于15名。每名选举委员会委员只可提出1名候选人。 七、选举委员会根据提名的名单，经一人一票无记名投票选出行政长官候任人，行政长官候任人须获得超过750票。具体选举办法由香港特别行政区以选举法规定。
行政机关	特别行政区政府是特别行政区的行政机关，对立法会负责。政府的首长是行政长官；政府设政务司、财政司、律政司和各局处、署。行政机关的主要官员由行政长官提名报中央人民政府任命。 主要官员任职条件： （1）在香港或者澳门通常居住连续满15年并在外国无居留权（《澳门基本法》没有此项规定）； （2）特别行政区永久性居民中的中国公民。 行政机关主要行使的职权有：制定并执行政策；管理各项行政事务；办理基本法规定的中央人民政府授权的对外事务；编制并提出财政预算、决算；拟订并提出法案、议案、附属法规；委派官员列席立法会并代表政府发言。
立法机关	立法会是特别行政区的立法机关，享有广泛的权力，包括：立法权、财政权、监督权和任免权。 下表

	议 员	立法会主席
香 港	①香港特别行政区立法会由选举产生。 ②非中国籍的香港特别行政区永久性居民和在外国有居留权的香港特别行政区永久性居民也可以当选为香港特别行政区立法会议员，其所占比例不得超过立法会全体议员的20%。 ③每届90人（选举委员会选举的议员：40人；功能团体选举的议员：30人；分区直接选举的议员：20人）。	①香港特别行政区立法会主席由立法会议员互选产生。 ②香港特别行政区立法会主席由年满40周岁、在香港通常居住连续满20年并在外国无居留权的香港特别行政区永久性居民中的中国公民担任。

		议　员	立法会主席
立法机关	澳门	①澳门特别行政区立法会议员由澳门特别行政区永久性居民担任。（非中国籍和居留权无限制） ②立法会多数议员由选举产生。（部分委任产生）	①立法会设主席、副主席各一人。主席、副主席由立法会议员互选产生。 ②澳门特别行政区立法会主席、副主席由在澳门通常居住连续满15年的澳门特别行政区永久性居民中的中国公民担任。 ③澳门特别行政区立法会主席缺席时由副主席代理。

		香　港	澳　门
司法机关		香港特别行政区设立终审法院、高等法院、区域法院、裁判署法庭和其他专门法庭。 　　澳门特别行政区设立初级法院（包括行政法院）、中级法院和终审法院，初级法院还可根据需要设立若干专门法庭。行政法院是管辖行政诉讼和税务诉讼的法院，不服行政法院裁决者，可向中级法院上诉。终审法院是澳门特别行政区的最高法院，行使澳门特别行政区终审审判权。 　　香港特别行政区没有单独的检察机关，其检察职能属于律政司，为行政机关。 　　澳门属于大陆法系，设有独立的检察机关，属于司法机关范畴。	
	法院	①高等、终审法院首席法官：无外永中 ②终审法院全部法官、高等法院首席法官：行政长官任免（立法会同意），全常备案	①终审法院院长：永中 ②终审法院法官：行政长官任免，全常备案
	其他	律政司（行政机关）：检察、公诉 廉政公署（行政机关）：反贪	检察院检察长：永中，行政长官提名，全常任命

五、基层群众自治制度

（一）基层群众性自治组织的概念

基层群众性自治组织的概念首次出现是在1982年宪法中，是指依据法律规定，以城乡居民（村民）一定的居住地为基础设立，并由居民（村民）选举产生的成员组成，实行自我管理、自我教育、自我服务的社会组织。基层群众性自治组织具有基层性、群众性、自治性的特点，基层群众性自治组织在性质上不是一级政权机关。

记忆提示 居住地为限，村居民选举，自我管教服，并非政权机关。

（二）城市居民委员会和村民委员会的性质、组成和任务

	城市居委会	村民委员会
性 质	城市居民委员会（村民委员会）是城市居民（村民）自我管理、自我教育、自我服务的基层群众性自治组织。	
组 成	由主任、副主任和委员5～9人组成。 居民委员会的组成人员由选举产生：①有选举权的全体居民直接选举产生；②每户一名代表或每居民小组2～3名代表选举产生。	由主任、副主任和委员3～7人组成。每届任期5年，其成员可以连选连任。 村民委员会组成人员由村民直接选举产生。 应当列入参加选举的村民名单的人员包括： （1）户籍在本村并且在本村居住的村民； （2）户籍在本村，不在本村居住，本人表示参加选举的村民； （3）户籍不在本村，在本村居住1年以上，本人申请参加选举，并且经村民会议或者村民代表会议同意参加选举的公民。 此外，已在户籍所在村或者居住村登记参加选举的村民，不得再参加其他地方村民委员会的选举。村民选举委员会，应当组织候选人与村民见面，由候选人介绍履行职责的设想，回答村民提出的问题。
任 务	（1）宣传宪法、法律、法规和国家的政策，维护居民的合法权益，开展各种形式的教育活动，加强基层社会主义精神文明建设； （2）办理本居住区居民的公共事务和公益事业； （3）调解民间纠纷； （4）协助维护社会治安； （5）协助人民政府或它的派出机关做好与本居住区居民利益有关的具体工作； （6）向人民政府或它的派出机关反映居民的意见、要求和提出建议。	（1）宣传宪法、法律、法规和国家的政策，教育和推动村民履行法律规定的义务，维护村民的合法权利和利益，发展文化教育，普及科技知识，促进村与村之间的团结、互助，开展多种形式的社会主义精神文明建设活动。 （2）办理本村的公共事务、公益事业，调解民间纠纷，向人民政府反映村民的意见、要求和提出建议。 （3）协助乡、民族乡、镇人民政府开展工作。 （4）支持和组织村民依法发展各种形式的合作经济和其他经济，承担本村生产的服务和协调工作，促进农村生产建设和社会主义市场经济的发展。 （5）尊重集体经济组织依法独立进行经济活动的自主权，维护以家庭承包经营为基础、统分结合的双层经营体制，保障集体经济组织和村民、承包经营户的合法财产权和其他合法的权利、利益。 （6）依照法律规定，管理本村属于集体所有的土地和其他财产，教育村民合理利用自然资源，保护和改善生态环境；多民族居住的村，村民委员会应当教育和引导村民加强民族团结，互相帮助，互相尊重。 （7）村民委员会实行村务公开，应当保证公布内容的真实性，并接受村民的查询。

（三）村委会的性质及组成

村委会	（1）选举村民委员会，由登记参加选举的村民过半数投票，选举有效；候选人获得参加选举的村民过半数选票当选。 （2）罢免：本村1/5以上有选举权的村民或者1/3以上的村民代表联名，可以要求罢免村民委员会成员，登记参选村民过半数投票，过半票数通过。	
村民会议	组　成	由18周岁以上的村民组成。
	会议过程	（1）召开村民会议应有本村18周岁以上的村民过半数，或者本村2/3以上的户的代表参加。 （2）由村民委员会召集。有1/10以上的村民或者1/3以上的村民代表提议，应当召集村民会议；召集村民会议，应当提前10天通知村民。 （3）村民会议所作决定应当经到会人员的过半数通过。
	职　权	审议村委会的年度工作报告，并评议村委会的工作，有权撤销或者变更村委会、村民代表会议不适当的决定。村民会议可以授权村民代表会议完成上述工作。涉及全体村民利益的问题，村民委员会须提交村民会议讨论决定，方可办理。村民会议也可以授权村民代表会议讨论决定。
	备　案	村民会议制定和修改村民自治章程、村规民约，报乡政府备案。
村民代表会议	设　立	人数较多或者居住分散的村，可以设立村民代表会议，讨论决定村民会议授权的事项。
	组　成	由村民委员会成员和村民代表组成，村民代表应当占村民代表会议组成人员的4/5以上，妇女村民代表应当占村民代表会议组成人员的1/3以上。
	会议过程	（1）村民代表由村民按每5~15户推选一人，或者由各村民小组推选若干人。 （2）会议由村民委员会召集，每季度召开1次。有1/5以上的村民代表提议，应当召集村民代表会议。 （3）村民代表会议有2/3以上的组成人员参加方可召开，所作决定应当经到会人员的过半数同意。
	任　期	5年。村民代表可以连选连任。
	职　权	讨论决定村民会议授权的事项。
民主管理	（1）村民委员会实行村务公开原则。 （2）村务监督：村务监督委员会成员由村民会议或者村民代表会议在村民中推选产生，其中应有具备财会、管理知识的人员。村民委员会成员及其近亲属不得担任村务监督机构成员。村务监督机构成员向村民会议和村民代表会议负责，可以列席村民委员会会议。 （3）民主评议：村民委员会成员连续2次被评议不称职的，其职务终止；丧失行为能力或者被判刑罚，职务自行终止。 （4）村委会成员经济责任审计：村民委员会成员实行任期和离任经济责任审计，审计结果应当公布，其中离任经济责任审计结果应当在下一届村民委员会选举之前公布。	

```
                    ┌─────────────────────┐                    ┌─────────────────────┐
                    │      村民会议          │                   │     村民代表会议        │
向乡政府备案 ◄──────── ├─────────────────────┤                   ├─────────────────────┤
                    │   制定村规民约、自治章程   │                  │  每5~15户，按户推举      │
                    │      审议报告          │                   │   每季度村委会召集       │
                    │      评议工作          │                   │  村民代表4/5，妇女1/3    │
                    │      授权处理事项        │                  └─────────────────────┘
                    │      选举和罢免人选       │
              ①     └─────────────────────┘
                    ┌─────────────────────┐         ┌─────────────────────────┐
                    │      村民委员会         │         │       村务监督委员会         │
                    ├─────────────────────┤  监督    ├─────────────────────────┤
                    │      村务公开          │◄────── │  由村民会议/村民代表会议推举    │
                    │      财务审计          │         │  村委会组成人员及近亲回避       │    推举
                    │      召集其他会议        │         │    监督村委会工作           │
              ②     └─────────────────────┘         └─────────────────────────┘
                    ┌─────────────────────┐
                    │      村民小组          │
                    ├─────────────────────┤           主持选举
                    │      反映村民意见        │
                    │    传达村委会决定         │     ┌─────────────────────────┐
                    │    协助村委会小事         │     │       村民选举委员会          │
                    └─────────────────────┘     ├─────────────────────────┤
              推选                               │    主持村民委员会选举          │
                    ┌─────────────────────┐     │   由村民会议、村民代表会议       │
                    │      村民小组会议        │ 推举 │   或村民小组会议推举           │
                    ├─────────────────────┤────►│                          │
                    │   推举村民选举委员会       │     └─────────────────────────┘
                    │    推选村民小组组长        │
                    └─────────────────────┘
```

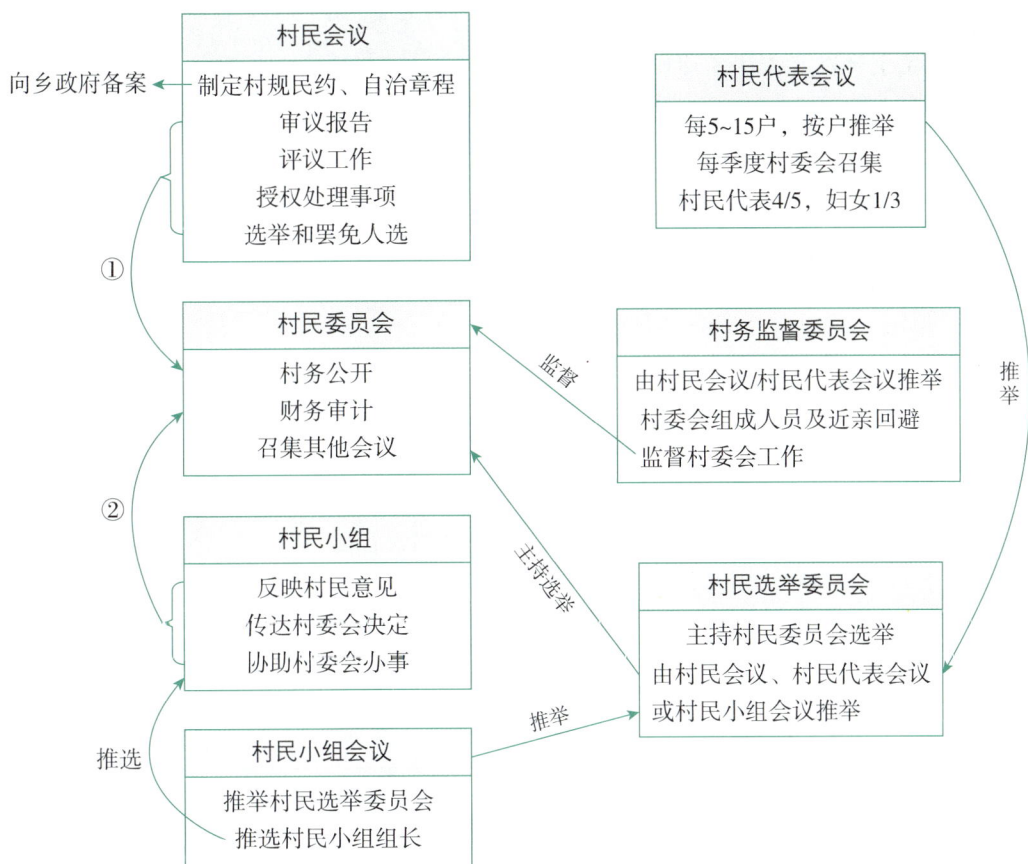

①村民委员会对村民会议负责；
②村民小组是村委会与村民间的重要桥梁。

村民自治组织

记忆提示 **村委会相关问题**

1. 性质：自我管教服。

2. 组织：村委设撒不要混，乡提村议县批准。

3. 组成：3~7委员5年，妇女民族成员。

4. 选举

（1）村委会主持。

（2）村民名单。

（3）人在户在，户在人不在，表示参加即可；人在户不在，本村居住满1年，本人申请经同意（村会 or 村代会）。

（4）三一五一罢村委。

（5）双过半当选、罢免。

5. 民主管理：公开评议，监督审计

（1）村务公开；

（2）民主评议（二连不称职，职务被终止）；

（3）村务监督：村监委由村会、村代会推举，村委及近亲回避；

（4）经济审计：离任审计，结果公布。

（四）基层群众性自治制度的发展与完善

存在问题	（1）居民委员会和村民委员会的自治职能错位； （2）部分自治组织的经济状况较差； （3）部分人员的素质较低； （4）多数居民委员会和村民委员会的民主建设停留在换届选举上，忽视或放松了民主决策、民主管理、民主监督的贯彻等。
完　善	（1）尊重宪法和法律规定的关于基层群众自治组织的自治权和法律地位，避免将其当作人民政府的派出机关；（尊重自治之权，不当派出机关） （2）提高基层群众自治组织干部的素质；（提高干部素质） （3）帮助基层群众自治组织增加经济来源；（增加经济来源） （4）搞好基层群众自治组织的制度建设，规范自治组织的行为；（制度规范行为） （5）拓宽基层群众自治的途径和形式。（拓宽途径形式） 记忆提示 规途经权素。

（五）城市居民委员会组织法和村民委员会组织法

《城市居民委员会组织法》由第七届全国人民代表大会常务委员会第十一次会议于1989年12月26日通过，自1990年1月1日起施行。1998年11月4日由第九届全国人民代表大会常务委员会第五次会议通过了《村民委员会组织法》。为了保障农村村民实行自治，由村民依法办理自己的事情，发展农村基层民主，维护村民的合法权益，促进社会主义新农村建设，2010年10月28日第十一届全国人民代表大会常务委员会第十七次会议修订了《村民委员会组织法》。2018年12月29日第十三届全国人民代表大会常务委员会第七次会议修订了《城市居民委员会组织法》和《村民委员会组织法》。这两部法律是我国基层群众自治的法律依据和法律保障，也是有中国特色的地方自治制度的主要内容。

真题链接

一、单项选择题

1. 为加快地区经济发展，四川省拟将某县改设为区。有权批准该区设立的国家机

关是（　　）（2018/非法学/23）[1]

  A. 四川省人大   B. 民政部

  C. 国务院   D. 全国人大常委会

2. 关于香港特别行政区司法机关，下列说法正确的是（　　）（2018/非法学/15）[2]

  A. 香港特别行政区法院由普通法院和行政法院组成

  B. 香港特别行政区法院对国防等国家行为无管辖权

  C. 香港特别行政区终审法院受最高人民法院的监督

  D. 香港特别行政区法院的法官必须是特区永久性居民中的中国公民

3. 下列选项中，属于民族自治地方行使自治权的是（　　）（2018/非法学/27）[3]

  A. 自治区人大制定的地方性法规

  B. 自治区人民政府变通执行国家的政策

  C. 自治州人民法院审理破坏民族团结的案件

  D. 自治县人民检察院对政府工作人员涉嫌贪污的行为立案侦查

4. 下列有关我国行政区域的表述，正确的是（　　）（2017/非法学/20）[4]

  A. 县、市的行政区域界线的重大变更需省、自治区、直辖市的人民政府批准

  B. 县级以上的地方各级人民政府的民政部门是本级人民政府处理边界争议的主管部门和决定部门

  C. 民政部是国务院处理边界争议的主管部门

  D. 乡的设立由国务院授权省、自治区、直辖市人民政府审批

5. 特区行政长官是特别行政区的首长，下列关于特区行政长官的说法错误的是（　　）（2017/非法学/26；2017/法学/13）[5]

  A. 特区行政长官必须年满40周岁

  B. 特区行政长官对中华人民共和国中央人民政府和香港特别行政区负责

  C. 特区行政长官必须是在国外无居留权的永久性居民

  D. 特区行政长官每届任期5年，可连任1次

6. 根据现行宪法和法律，下列关于民族区域自治制度的表述，正确的是（　　）（2017/非法学/27；2017/法学/14）[6]

  A. 民族自治地方包括自治区、自治州、自治县和民族乡

  B. 民族自治地方的人大常委会主任应当由实行区域自治的民族的公民担任

---

〔1〕 C

〔2〕 B

〔3〕 B

〔4〕 C

〔5〕 C

〔6〕 C

C. 自治州和自治县的自治条例和单行条例，均须报省级人大常委会批准后生效

D. 自治条例和单行条例不得对法律和行政法规的规定作出变通规定

7. 根据现行宪法和法律，下列关于村民委员会的表述，正确的是（　　）（2017/非法学/28；2017/法学/14）[1]

A. 乡镇政府可直接设立村民委员会，报县政府批准

B. 户籍在本村但不在本村居住的外嫁女，可以参加本村的村委会选举

C. 村民委员会可以制定和修改村民自治章程，并报乡镇政府备案

D. 乡镇政府领导、支持和帮助村民委员会的工作

8. 2014 年 9 月，王村举行村委会选举。下列人员中，应当列入参选村民名单的是（　　）（2016/非法学/21；2016/法学/12）[2]

A. 王二，户籍在李村，半年前入赘王村

B. 王五，户籍在王村，在纽约唐人街打工，杳无音讯

C. 王七，户籍在王村，嫁入李村，已登记和参加李村选举

D. 王九，户籍在王村，在北京经商，多次表示要参选村委会主任

9. 根据香港特别行政区基本法，下列选项中，属于中央对特别行政区行使的权力是（　　）（2016/非法学/25）[3]

A. 在特别行政区征税

B. 任命特别行政区法院的法官

C. 批准特别行政区立法通过的法律

D. 任命特别行政区行政机关的主要官员

10. 根据我国法律，制定和修改村规民约的主体是（　　）（2016/法学/11）[4]

A. 村民会议　　　　　　　　　　B. 村民代表

C. 村党支部　　　　　　　　　　D. 村民委员会

11. 下列选项中，属于民族自治地方自治机关的是（　　）（2015/非法学/20）[5]

A. 内蒙古自治区人民检察院

B. 青海省门源回族自治县人民代表大会

C. 湖南省湘西土家族苗族自治州中级人民法院

D. 广西壮族自治区桂林市雁山区草坪回族乡人民政府

12. 根据我国特别行政区基本法，下列表述正确的是（　　）（2015/非法学/23）[6]

---

〔1〕　B

〔2〕　D

〔3〕　D

〔4〕　A

〔5〕　B

〔6〕　D

A. 特别行政区的立法须报全国人大常委会和国务院备案

B. 特别行政区享有高度自治权，行政长官只对特别行政区负责

C. 对特别行政区终审法院的判决不服，可以上诉至最高人民法院

D. 中央人民政府授权特别行政区依照基本法自行处理有关的对外事务

13. 下列关于城市居民委员会的说法，不正确的是（　　）(2015/非法学/24)[1]

A. 居民委员会一般在 100 户至 700 户的范围内设立

B. 居民委员会每届任期 3 年，其成员不得连选连任

C. 居民委员会可根据需要，设立人民调解、治安保卫、公共卫生等委员会

D. 居民委员会是城市居民自我管理、自我教育、自我服务的基层群众性自治组织

14. 下列选项中，不属于特别行政区自治权内容的是（　　）(2014/非法学/18)[2]

A. 立法权　　　　　　　　　　B. 防务权

C. 独立的司法权和终审权　　　D. 货币发行权

15. 下列关于村民委员会的表述，不正确的是（　　）(2014/非法学/20)[3]

A. 村民委员会向乡人民政府负责并报告工作

B. 村民委员会由主任、副主任和委员组成，由村民直接选举产生

C. 村民委员会是村民自我管理、自我教育、自我服务的基层群众性自治组织

D. 村民委员会应当实行少数服从多数的民主决策机制和公开透明的工作原则

16. 根据我国宪法，批准省、自治区、直辖市区域划分的国家机关是（　　）(2014/非法学/26)[4]

A. 全国人民代表大会常务委员会　　B. 国务院

C. 国家发展和改革委员会　　　　　D. 民政部

17. 下列关于基层群众性自治组织的表述，正确的是（　　）(2014/法学/14)[5]

A. 基层群众性自治组织是我国的基层政权机关

B. 基层群众性自治组织首次规定于 1954 年宪法

C. 基层群众性自治组织的表现形式仅限于村民委员会

D. 基层群众性自治组织实行自我管理、自我教育、自我服务

18. 由民族自治地方人大制定的有关本地区实行民族区域自治的基本组织原则、机构设置、自治机关职权等问题的规范性文件是（　　）(2013/非法学/21)[6]

A. 法律　　　　　　　　　　　B. 地方性法规

C. 自治条例　　　　　　　　　D. 单行条例

[1] B
[2] B
[3] A
[4] B
[5] D
[6] C

19. 2012 年 6 月，我国设立地级三沙市，管辖西沙群岛、中沙群岛、南沙群岛的岛礁及其海域。根据我国宪法，设立三沙市的权力属于 （　　　）（2013/非法学/22；2013/法学/10)[1]

    A. 全国人大   B. 国务院

    C. 海南省政府   D. 民政部

20. 2012 年 7 月 1 日，在国家主席胡锦涛的监督下，梁振英宣誓就任香港特别行政区行政长官。据此，下列关于香港特别行政区的说法，正确的是 （　　　）（2013/非法学/23)[2]

    A. 香港特别行政区政府是特别行政区的行政机关，对国家主席负责

    B. 香港特别行政区行政长官通过直接选举产生，由中央人民政府任命

    C. 中央人民政府与香港特别行政区是单一制国家中央与地方之间的关系

    D. 香港特别行政区行政长官应由在香港通常居住连续满 15 年的中国公民担任

21. 根据我国宪法和法律规定，下列选项中不属于民族自治地方的是 （　　　）（2012/非法学/17)[3]

    A. 自治区   B. 自治州

    C. 自治县   D. 民族乡

22. 根据《香港特别行政区基本法》的规定，香港的司法机关是 （　　　）（2012/非法学/20)[4]

    A. 廉政公署   B. 检察院

    C. 各级法院   D. 律政司

23. 某自治州是某省所辖的藏族自治州。下列职务中，只能由藏族公民担任的是 （　　　）（2012/非法学/28)[5]

    A. 自治州人民代表大会常务委员会主任

    B. 自治州州长

    C. 自治州人民法院院长

    D. 自治州人民检察院检察长

24. 根据现行宪法，城市中的居民委员会是 （　　　）（2012/非法学/31)[6]

    A. 社区居民的群众性组织   B. 街道办事处的派出机关

    C. 基层群众性自治组织   D. 社会工作者之家

25. 根据我国现行宪法和法律的规定，设立居民委员会依据的原则是 （　　　）

---

  〔1〕　B
  〔2〕　C
  〔3〕　D
  〔4〕　C
  〔5〕　B
  〔6〕　C

(2011/非法学/29)[1]

    A. 便于治安管理原则   B. 便于经济发展原则

    C. 便于居民自治原则   D. 便于行政指导原则

26. 下列关于我国民族区域自治制度的表述，能够成立的是（   ）（2011/非法学/30)[2]

    A. 民族区域自治是民族自治与区域自治的结合

    B. 民族自治机关的自治权是民族自治地方固有的权力

    C. 民族区域自治制度是为解决历史遗留问题而确立的基本政治制度

    D. 与一般地方国家机关比较，民族自治地方的自治机关实行不同的组织原则

27. 下列选项中，须报全国人民代表大会常务委员会批准后生效的法律文件是（   ）（2011/法学/13)[3]

    A. 省人民代表大会制定的地方性法规

    B. 自治区人民代表大会制定的自治条例

    C. 自治州人民代表大会制定的单行条例

    D. 特别行政区立法机关制定的法律

28. 1947年成立的第一个民族自治政府即内蒙古自治政府的法律依据是（   ）（2010/非法学/28)[4]

    A.《陕甘宁边区宪法原则》

    B.《陕甘宁边区施政纲领》

    C.《中华苏维埃共和国宪法大纲》

    D.《中国人民政治协商会议共同纲领》

29. 下列关于国家结构形式的理解，正确的是（   ）（2019/非法学/23)[5]

    A. 我国实行单一制的国家结构形式

    B. 政权组织形式决定国家结构形式

    C. 现代国家结构形式主要有单一制和邦联制

    D. 国家结构形式是指国家各组成部分之间的横向权力配置关系

30. 下列关于香港特别行政区行政长官的表述，正确的是（   ）（2019/非法学/22)[6]

    A. 行政长官必须年满45周岁

    B. 行政长官由当地选举产生，由立法会任命

---

[1] C
[2] A
[3] B
[4] A
[5] A
[6] D

C. 行政长官在其一任任期内可以解散立法会两次

D. 行政长官是香港特别行政区的首长, 代表香港特别行政区

31. 根据村民委员会组织法, 下列关于村务监督机构的表述, 正确的是 (   ) (2019/非法学/27)[1]

A. 村务监督机构有权撤销村委会的决定

B. 村务监督机构成员在村民代表中推选产生

C. 村务监督机构负责村民民主理财和村务公开工作

D. 村务监督机构成员向村民会议和村民代表会议负责

32. 下列关于香港特别行政区立法会议员的表述, 正确的是 (   ) (2020/非法学/16; 2020/法学/11)[2]

A. 立法会议员在就职时必须依法宣誓

B. 行政长官有权任命部分立法会议员

C. 立法会主席由立法会议员互选产生, 由全国人大常委会任命

D. 立法会议员只能由香港特区永久性居民中的中国公民担任

二、多项选择题

33. 根据澳门特别行政区基本法, 下列表述正确的有 (   ) (2017/非法学/57; 2017/法学/26)[3]

A. 特别行政区行政长官在任职期内不得具有外国居留权

B. 特别行政区检察长由行政长官提名, 报中央人民政府任命

C. 特别行政区境内的土地和自然资源, 全部属于国家所有

D. 特别行政区永久性居民和非永久性居民都享有选举权和被选举权

34. 根据现行宪法, 下列关于我国行政区域划分的表述, 正确的有 (   ) (2016/非法学/58)[4]

A. 全国分为省、自治区、直辖市、经济特区

B. 省、自治区、直辖市分为自治州、县、自治县、市

C. 民族自治地方包括自治区、自治州和自治县

D. 县、自治县分为乡、民族乡、镇

35. 香港特别行政区政治体制具有行政主导的特点, 其表现有 (   ) (2016/法学/26)[5]

A. 立法会通过的法案须经行政长官签署、公布, 方能生效

B. 行政长官有权根据法律规定的程序任免立法会议员

---

〔1〕 D
〔2〕 A
〔3〕 AB
〔4〕 CD
〔5〕 ACD

C. 行政长官是特别行政区的首长，代表特别行政区

D. 行政长官对立法会通过的法案有相对否决权

36. 根据我国宪法和法律，下列职务中只能由实行区域自治的民族的公民担任的有（　　）（2015/非法学/57）[1]

A. 自治区主席

B. 自治州人大常委会主任

C. 自治州人民检察院检察长

D. 自治县县长

37. 根据《香港特别行政区基本法》，下列关于香港特别行政区行政长官的表述，正确的有（　　）（2015/法学/27）[2]

A. 行政长官任期5年，可连任1次

B. 行政长官可任命香港特别行政区政府主要官员

C. 行政长官是香港特别行政区的首长，代表香港特别行政区

D. 行政长官在当地通过选举或协商产生，由中央人民政府任命

38. 下列关于我国国家结构形式的表述，正确的有（　　）（2014/非法学/56）[3]

A. 我国是统一的多民族的单一制国家

B. 我国国家结构形式是人民代表大会制度

C. 行政区划制度决定了我国的国家结构形式

D. 我国的国家结构形式是由历史、民族等多种因素形成的

39. 根据宪法和法律规定，下列关于村民委员会的表述，正确的有（　　）（2013/非法学/58；2013/法学/12）[4]

A. 村民委员会实行村务公开制度

B. 村民委员会的选举由乡选举委员会主持

C. 村民委员会可以按照居住状况分设若干村民小组

D. 村民委员会根据需要设立人民调解、治安保卫等委员会

40. 下列关于我国村民委员会的表述，正确的是（　　）（2010/非法学/24）[5]

A. 村民委员会是村民自我组织的基层群众性组织

B. 村民委员会组成人员由村民直接选举产生

C. 村民委员会每届任期5年，其成员可连任

D. 按照便于村民自治的原则，每个自然村单独设置村民委员会

41. 根据我国现行宪法，民族自治地方的人民代表大会均有权制定的规范性法律文

---

[1] AD

[2] ACD

[3] AD

[4] ACD

[5] BC

件包括 (   ) (2013/法学/27)[1]

    A. 自治条例   B. 单行条例

    C. 地方性法规   D. 行政法规

42. 根据《澳门特别行政区基本法》的规定，澳门特别行政区政府主要官员的当选条件包括 (   ) (2011/非法学/54)[2]

    A. 年满 40 周岁

    B. 在外国无居留权

    C. 在澳门通常居住连续满 15 年

    D. 澳门永久性居民中的中国公民

43. 下列关于我国行政区划的表述，正确的有 (   ) (2010/非法学/53)[3]

    A. 自治州分为县、自治县、市

    B. 直辖市和较大的市分为区、县

    C. 基本行政区划分为省、县、乡三级

    D. 民族自治地方包括自治区、自治州、自治县、民族乡

44. 下列关于我国特别行政区自治与民族区域自治的表述，正确的有 (   ) (2010/非法学/58)[4]

    A. 两者都是区域性自治，但自治的基础不同

    B. 两者都是单一制国家结构形式下的特殊设计

    C. 两者都是为了实现区域内人民的高度自治权

    D. 两者都是地方性自治，但自治权的侧重点有所不同

45. 关于四川省某自治州和上级国家机关的关系，下列表述正确的有 (   ) (2020/非法学/46)[5]

    A. 该自治州州长由四川省人民政府任命

    B. 四川省人大有权为该自治州制定自治条例

    C. 该自治州单行条例由四川省人大常委会批准后生效

    D. 该自治州单行条例可以对四川省人大制定的地方性法规作出变通规定

---

[1] AB

[2] CD

[3] ABC

[4] ABD

[5] CD

公民的基本权利和义务 第四章 III

本章知识体系

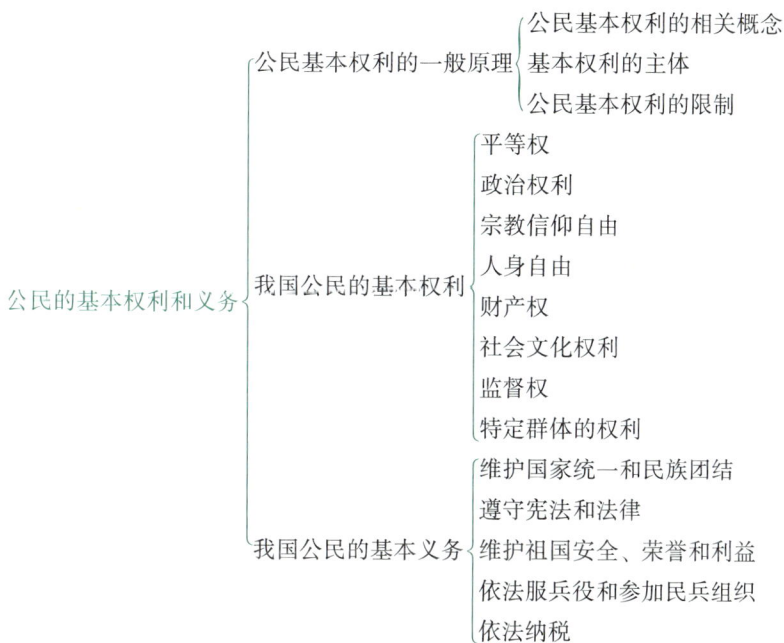

```
                                        ┌ 公民基本权利的相关概念
                        公民基本权利的一般原理 ┤ 基本权利的主体
                                        └ 公民基本权利的限制
                                        ┌ 平等权
                                        │ 政治权利
                                        │ 宗教信仰自由
                                        │ 人身自由
公民的基本权利和义务 ┤    我国公民的基本权利 ┤ 财产权
                                        │ 社会文化权利
                                        │ 监督权
                                        └ 特定群体的权利
                                        ┌ 维护国家统一和民族团结
                                        │ 遵守宪法和法律
                        我国公民的基本义务 ┤ 维护祖国安全、荣誉和利益
                                        │ 依法服兵役和参加民兵组织
                                        └ 依法纳税
```

第一节　公民基本权利的一般原理

一、公民基本权利的相关概念

（一）公民的概念

公民，是指具有某个国家国籍的自然人。我国《宪法》第 33 条第 1 款规定："凡具有中华人民共和国国籍的人都是中华人民共和国公民。"

国籍，在宪法上是指一个人隶属于某个国家的法律上的身份。根据 1980 年《国籍法》的规定，我国国籍的取得方式有两种：出生国籍和继有国籍。与世界上大多数国家一样，我国对出生国籍采用以血统主义为主、出生地主义为辅的原则。

— 123 —

1. 出生国籍

《国籍法》

第4条 父母双方或一方为中国公民，本人出生在中国，具有中国国籍。

第5条 父母双方或一方为中国公民，本人出生在外国，具有中国国籍；但父母双方或一方为中国公民并定居在外国，本人出生时即具有外国国籍的，不具有中国国籍。

第6条 父母无国籍或国籍不明，定居在中国，本人出生在中国，具有中国国籍。

2. 继有国籍

《国籍法》

第7条 外国人或无国籍人，愿意遵守中国宪法和法律，并具有下列条件之一的，可以经申请批准加入中国国籍：

（一）中国人的近亲属；

（二）定居在中国的；

（三）有其它正当理由。

第8条 申请加入中国国籍获得批准的，即取得中国国籍；被批准加入中国国籍的，不得再保留外国国籍。

3. 双重国籍问题

《国籍法》**第9条** 定居外国的中国公民，自愿加入或取得外国国籍的，即自动丧失中国国籍。

（二）公民和人民

"公民"和"人民"是两个不同的概念，主要区别如下：

1. 二者概念性质不同。公民是法律概念，与外国人和无国籍人相对应；人民是政治概念，与敌人相对应，在不同历史时期有着不同的内涵。在现阶段，人民，是指全体社会主义劳动者、社会主义事业的建设者、拥护社会主义的爱国者、拥护祖国统一和致力于中华民族伟大复兴的爱国者。

记忆提示

（1）公民：法律概念（VS. 外国人）；

（2）人民：政治概念（VS. 敌人）。

2. 二者的法律地位不同。我们讲"人民的权利"，主要是指人民当家作主的政治权利；讲"公民的权利"，指的是所有具有中国国籍的人所享有的法律权利。

记忆提示

（1）人民当家作主——人民权利（政治权利）；

（2）依国籍而享有——法律权利（公民）。

3. 地位不同导致了二者在享有权利和履行义务方面的差异。公民中的人民，享有宪法和法律规定的全部权利并履行全部义务；而公民中的敌人则不能享受全部的法律权利，也不允许他们履行公民的某些光荣义务。

记忆提示

（1）人民：全部权利，全部义务；

（2）公民中的敌人：不能享有全部权利，光荣义务不能履行。

4. 二者的范围不同。我国公民的范围要比人民的范围更广泛，除包括人民以外，还包括人民的敌人。

5. 公民通常所表达的是个体的概念，人民所表达的是群体的概念。

记忆提示 概念地位，权利范围。

公民范围更广；公民个体，人民群体。

（三）基本权利

基本权利对国家权力的行使构成了直接的约束，是为宪法规范所承认和保障的，公民享有的必不可少的权利。除了宪法明确列举的基本权利之外，还存在未明确列举的基本权利。《宪法》2004 年修改，增加第 33 条第 3 款规定"国家尊重和保障人权"，这使得基本权利的内涵得以实质性的扩张。各国因为国情、历史、政治、经济条件的不同，对于基本权利的规定会存在差异，有的国家将生存权、发展权规定为基本权利，有的国家侧重于公民个人的自由权，而有的国家则将基本权利从自由权扩张到社会权利。

（四）人权与公民的基本权利

人权是一个政治概念，是指人作为人应该享有的权利，其最初的含义包括人们追求生活、财产、自由和幸福的权利。人权的概念起源于资产阶级启蒙思想家的"天赋人权"学说，是资产阶级革命时期提出来的一个政治口号，其目的是吸引和动员更为广泛的社会力量共同参与资产阶级革命。资产阶级革命胜利以后，人权理论成为资产阶级组织政府、制定法律和政治治理的原则和基石。人类历史上最早确认人权的宪法性文件是 1776 年美国的《独立宣言》，此后，人权就成为世界各国立宪的核心内容和根本准则。随着人类社会的发展，人权经历了从公民权利和政治权利到社会经济文化权利，从个人权利到集体权利，从国内人权到国际人权这样一个内容不断丰富，主体日渐广泛和权利普世化的过程。

记忆提示

（1）基本权利：宪法确认之公民权利，国家公权之直接约束；

（2）人权：人之为人应该享有，生活财产幸福自由。

公民权与人权的联系：公民权是人权的法律化和具体化，而人权是公民权的政治基础。宪法公民权的相关规定以人权作为其政治基础和理性依据，而这种人权入宪入法的过程也为人权的发展和实现提供了具体化途径和法律保障。

记忆提示 政治基础 & 理性依据；具体化途径 & 法律保障。

人权与公民权又是有着严格区别的：

首先，二者性质不同。人权是一个政治概念，在实践中不断发展，不同的人对人权有各自的理解和解释。而公民权是一个法律概念，其含义和保护方式有着法律的界定，人权的内容一旦入宪而成为公民权，就具有了固定含义，只能依法解释和保护。

其次，二者不能简单等同。我们可以笼统地讲公民权就是人权，这是因为它体现着人权的内在要求。然而，人权和公民权从性质到形式差异很大，人权某一个方面的要求可能具体化为公民权的若干项权利，而公民权的一项权利也可能同时体现着人权的多方面要求，二者不能一一对应。

最后，人权与公民权相比，还具有阶级性、民族性、地域性以及前述的时代性和国际性的特点。

2004 年，人权入宪，为国家设立了尊重和保障人权的义务。

记忆提示

（1）性质不相同：人权（政治概念，不断发展，不同理解）；基本权利（法律概念，固定含义，依法保护）。

（2）层次不对等：公民权体现人权内在要求，一项人权转化为多项公民权规定，一项公民权体现多项人权要求。

（3）人权特点多：阶级性、民族性、地域性、时代性、国际性。

二、基本权利的主体

（一）自然人

公民是基本权利最常见和一般的主体。公民的内涵是不断发展演变的。在各国历史发展过程中，公民最初并没有包括一国所有的国民，女性、有色人种、奴隶都被排除在了公民范畴之外。

随着人权保障成为国际法的普遍要求，外国人在一定范围内享有宪法的基本权利保障。外国人在人的尊严、财产保护和法律程序方面享有和本国公民同等的保护，但在政治权利、社会福利等领域无法主张本国公民的权利。就趋势而言，外国人基本权利保障在内容和程度上都呈现出一种扩张趋势。我国《宪法》第 32 条规定了保护中国境内的外国人的合法权利，这成为外国人基本权利保护的重要规范基础。

（二）法人

基本权利最初保护的是公民个体。基于宪法的结社自由，公民可以结成经济、政治和社会组织。法人成为现代社会活跃的主体。宪法中规定的一些基本权利同样为法人所享有。德国联邦基本法规定，基本权利亦适用于国内法人，但以依其性质得适用者为限。不过，一般只有私法人才可以成为基本权利的主体，而依据组织法设立的公法人行使国家权力，是基本权利约束和限制的对象，通常情况下不能成为基本权利的主体。

三、公民基本权利的限制

基本权利的限制，或者源于不同权利之间的冲突，或者因为公共利益保护的需要。宪法作为一国法律秩序的基石，必然要对权利冲突或者公共利益保护进行相应的安排，对基本权利的行使进行相应的规制。

记忆提示 限制原因：权利之间冲突，公共利益保护。

基本权利限制的形式有基本权利的宪法限制和基本权利的法律限制。

宪法的基本权利条款中，有的条款不仅具有权利保障的内容，也有权利行使的限定规定。这被称为基本权利的宪法限制。比如，我国宪法规定公民有宗教信仰自由，但任何人不得利用宗教进行破坏社会秩序、损害公民身体健康、妨碍国家教育制度的活动。

更常见的情形是宪法授权立法机关对基本权利予以限制，此为基本权利的法律限制，即法律保留。基本权利的法律限制一方面是对公民基本权利的限缩，公民基本权利被法律所限定；另一方面又具有对公民基本权利保护的意涵，唯有立法机关的法律才可以限缩公民基本权利，防止公民基本权利受到行政机关的非法限制。

记忆提示 限制形式

（1）宪法限制：宪法规定基本权利，同时规制相应限制；

（2）法律限制：公民权利限缩，体现法律保留，立法机关方可。

立法机关在通过法律对公民基本权利进行限制时应遵守下列原则：

1. 明确性原则。法律对公民基本权利所作的限制，必须内容明确，可以成为公民行动的合理预期。如果法律条文过于宽泛、笼统和模糊，在接受宪法审查的时候，此类法律往往会被宣告为违宪而无效。

2. 比例原则。比例原则要求为公共利益而限制公民基本权利的时候，必须要在手段和目的之间进行利益衡量。限制基本权利的目的必须具有宪法正当性。

它包括三个方面的内容：

（1）手段适合性，所采用手段必须适合目的之达成；

（2）限制最小化，立法所采取的是对基本权利影响、限制最小的手段；

（3）狭义比例原则，要求手段达成的公共目的与造成的损害之间具有适当的比例关系，即均衡法。

记忆提示 遵守的原则

1. 明确性原则：内容明确，合理预期；不可宽泛、笼统、模糊。

2. 比例原则

（1）手段适合性：手段适合目的（禁止公民吸烟来防治雾霾）。

（2）限制最小化：对权利影响、限制最小（禁止全部汽车上路防治雾霾）。

（3）狭义比例原则：公共目的 VS. 权利侵害；比例均衡（领导出行封路造成拥堵）。

真题链接

一、单项选择题

1. 在甲乙离婚案件的审理过程中，甲以怀疑乙有婚外情为由，请求法院向移动通信公司调取乙的通话记录清单作为证据。根据现行宪法，下列说法正确的是（　　）

(2018/非法学/16)〔1〕

    A. 甲只能雇佣私人侦探调取乙的通话记录清单

    B. 法院为查清事实，有权要求移动通信公司提供用户的通话记录清单

    C. 移动通信公司为保护用户隐私，有权拒绝任何机构对通信进行调查

    D. 通话记录清单属于公民通信秘密的范围，移动通信公司有保护通信秘密的义务

二、多项选择题

2. 下列关于权利能力和行为能力的表述，能够成立的有（　　）（2013/非法学/51)〔2〕

    A. 法人的权利能力和行为能力同时取得

    B. 自然人的权利能力和行为能力因出生而取得

    C. 外国人在中国只具备行为能力，不具备权利能力

    D. 我国境内的无国籍人也可能具有权利能力和行为能力

3. 乘客张某因迟到而被拒绝登机，在机场吵闹不休，殴打航空公司工作人员，被公安机关依法行政拘留，航空公司将张某列入"拒绝乘载人员名单"。下列关于该乘客的说法，正确的有（　　）（2018/非法学/44)〔3〕

    A. 航空安全优先于张某乘坐航班的自由

    B. 对张某的治安处罚，可因其有立功表现而减轻或免除

    C. 航空公司因张某迟到而拒绝其登机，侵犯了他的公民权利

    D. 将张某列入"拒绝乘载人员名单"，是航空公司追究其民事责任的具体体现

4. 关于公民基本权利的限制，下列表述正确的有（　　）（2017/非法学/54)〔4〕

    A. 限制基本权利必须以宪法和法律为依据

    B. 限制基本权利时需要严格遵守比例原则

    C. 限制基本权利的主要目的是维护公共利益

    D. 对基本权利的限制必须内容明确，使其可以成为公民行动的合理预期

5. 根据我国宪法和国籍法，下列关于国籍的表述，正确的有（　　）（2017/非法学/56)〔5〕

    A. 张某出生在中国，其母亲是中国人，父亲是法国人，张某具有中国国籍

    B. 中国公民李某公派德国学习期间生下赵某，赵某具有中国国籍

    C. 杨某为国家工作人员，其可以加入外国国籍

    D. 秦某加入了加拿大国籍，其可以保留中国国籍

---

〔1〕 D

〔2〕 AD

〔3〕 AB

〔4〕 ABCD

〔5〕 AB

6. 下列关于公民这一概念的表述，正确的有（　　）（2016/非法学/52）[1]

A. 公民概念通常在个体意义上使用

B. 公民是享有基本权利的唯一主体

C. 公民与人民具有相同的内涵外延

D. 凡具有中国国籍的人都是中国公民

7. 根据我国法律规定，可以取得中国国籍的情形包括（　　）（2011/非法学/58）[2]

A. 父母双方或一方为中国公民，本人出生在中国

B. 父母双方或一方为中国公民，本人出生在外国

C. 父母双方或一方为中国公民并定居在外国，本人出生时即具有外国国籍

D. 父母无国籍或者国籍不明，定居在中国，本人出生在中国

第二节　我国公民的基本权利

一、平等权

（一）我国《宪法》关于平等权的规定

我国《宪法》第33条第2款规定："中华人民共和国公民在法律面前一律平等。"

《宪法》第33条第4款规定："任何公民享有宪法和法律规定的权利，同时必须履行宪法和法律规定的义务。"

《宪法》第5条第5款规定："任何组织或者个人都不得有超越宪法和法律的特权。"

《宪法》第4条第1款规定："中华人民共和国各民族一律平等""禁止对任何民族的歧视和压迫"。

《宪法》第48条规定："中华人民共和国妇女在政治的、经济的、文化的、社会的和家庭的生活等各方面享有同男子平等的权利。国家保护妇女的权利和利益，实行男女同工同酬，培养和选拔妇女干部。"

《宪法》第36条第2款规定："任何国家机关、社会团体和个人……不得歧视信仰宗教的公民和不信仰宗教的公民。"

根据我国《宪法》的规定，我国公民平等权具有下列含义：

1. 平等权的主体是全体公民，它意味着全体公民法律地位的平等。

2. 平等权是公民的基本权利，是国家的基本义务。公民有权利要求国家给予平等保护，国家有义务无差别地保护每一个公民的平等地位。国家不得剥夺公民的平等权，也不能允许其他组织和个人侵害公民的平等权。

3. 平等权意味着公民平等地享有权利、履行义务。平等不能和特权并存，平等也

---

〔1〕 AD

〔2〕 ABD

不允许歧视现象存在。

4. 平等权是贯穿于公民其他权利的一项权利，它通过其他权利，如男女平等、民族平等、受教育权平等而具体化。

记忆提示

（1）全体公民平等（主体）；

（2）民权国家义务（无差保护平等，不得剥夺损害）；

（3）反对特权歧视（平等权利义务）；

（4）贯穿其他权利（其他权利将平等权具体化）。

平等权既是我国公民的一项基本权利，也是我国宪法的基本原则。保护公民的平等权是宪法的要求。

（二）平等权的效力

有关平等权的效力范围，存在这样**两种观点**：

一种观点认为平等权仅限定于法律适用上的平等，而不包含法律内容上的平等，这一学说也被称为"法律适用平等说"。由于这种学说实际上否定了平等原则对立法者的拘束作用，所以在外国宪法学上也被称为"立法者非拘束说"。

另一种观点则认为，平等权并不限于人们在法律适用上的平等，还应包含人们在法律内容上也享有平等的权利。立法者不能制定违反平等原理或原则的法律，特别是不能就特定团体制定优惠条款或者歧视条款，其目的在于禁止立法机关的恣意立法。这种学说也被称为"法律内容平等说"或"立法者拘束说"。我国目前宪法学中有人主张"法律适用平等说"，主要理由是法律是人民意志的体现，具有阶级性，所以人民和敌人在立法上是不能讲平等的。这种观点具有鲜明的时代烙印，但它在理论构成上却存在很大的逻辑上的不融贯之处。

实际上，"法律内容平等说"对"法律适用平等说"的批评是非常有力的。如果我们仅仅承认法律适用的平等，可能会带来这样的结局：假如现实中存在诸如歧视女性就业权的具有不平等内容的法律，那么，忠实地执行这一法律，其实只会维护男女不平等的状况，而不能真正实现男女平等。也就是说，如果法律本身不公正，那么透过严格的法律适用平等，结果恰恰是加重了恶法造成的弊病。

记忆提示

（1）适用平等（立法不拘束）；（如种族歧视法越是平等准确适用，结果越是不平等）

（2）内容平等（立法拘束），立法内容即应平等不恣意。

（三）平等权与合理差别

在宪法中，我们所说的平等保护，从原则上来讲，对于所有的公民应当采取无差别的待遇，除非存在进行差别对待的合理理由。尤其是不得把种族、性别、家庭出身、宗教信仰作为法律上区别对待的理由。

一般来说，判断政府的措施是合理差别还是违反平等保护的歧视性做法的标准如下：

1. 政府进行差别对待的目的必须是实现正当的而且是重大的利益。

2. 这种差别对待必须是为实现其所宣称的正当目标的合理的乃至是必不可少的手段。

3. 政府负有举证责任。

合理差别有以下几种具体类型：

1. 由于年龄上的差异所采取的责任、权利等方面的合理差别。比如我国《宪法》规定年满 18 周岁的公民才拥有选举权和被选举权，就属于这种类型。

2. 依据人的生理差异所采取的合理差别。比如女性的孕期保护。

3. 依据民族的差异所采取的合理差别。比如我国法律对于少数民族在政治、经济、文化等领域实行的优待措施。

记忆提示

1. 原则：平等对待为原则，合理理由可差别。

2. 标准

（1）正当重大（eg. 残疾人权益保护）；

（2）必不可少（eg. 保护少数民族特殊利益）；

（3）政府举证。

3. 类型

（1）年龄：18 岁选举、刑事民事责任、行为能力、结婚、任职等；

（2）生理：女性孕期、儿童、老人、残疾人等；

（3）民族：少数民族选举、特殊民族政策法规、教育等。

二、政治权利

概　念	政治权利，亦称参政权，是公民参与政治活动的一切权利与自由的总称。	
内　容	选举权与被选举权	我国《宪法》第 34 条规定："中华人民共和国年满 18 周岁的公民，不分民族、种族、性别、职业、家庭出身、宗教信仰、教育程度、财产状况、居住期限，都有选举权和被选举权；但是依照法律被剥夺政治权利的人除外。" 选举权与被选举权就是指公民享有选举与被选举为国家权力机关的代表或者其他国家机关公职人员的权利。它包含有三方面的内容： （1）公民有权按照自己的意愿选举人民代表； （2）公民有被选举为人民代表的权利； （3）公民有权依照法律监督被选出的人民代表和其他国家机关公职人员，对其中不称职者有权罢免。 我国《宪法》与《选举法》对公民行使选举权的原则、程序等都作了详细的规定，从法律上保障了公民选举权与被选举权的实现。 **记忆提示** 选与被选，监督罢免。

| 内　容 | 言论自由 | 　　从言论的内容上进行分类，可以将言论分成政治言论和非政治言论。而非政治言论中则包含商业言论、学术言论、艺术言论等多种内容。对言论自由中政治言论的保护是宪法设定此基本权利的主要目的。所以，我们把言论自由视为是政治权利的重要内容。但是，我们也不能忽视宪法对公民言论自由的保护，除了保护公民的政治言论之外，其他类型的言论同样受到宪法的保护，只是视其政治重要性程度而赋予不同程度的保护。
　　新中国成立以来，从《共同纲领》到以后的 1954 年宪法、1975 年宪法、1978 年宪法、1982 年宪法，都将言论自由作为公民的一项权利写入宪法之中。1966 年，联合国《公民权利和政治权利国际公约》规定："人人有发表意见而不受干预之权利""人人有发表自由之权利"。可见，言论自由已发展为国际社会普遍的基本准则。
　　言论自由，是指公民通过口头等形式表达其意见和观点的自由。它是公民政治权利最重要的内容之一。从表现形式上来看，广义的言论自由还包括借助于绘画、摄影、雕塑、出版、影视、广播、戏剧等手段来展现自己的意见和观点的自由。
　　对于言论自由的限制：
　　（1）不得侵害他人的隐私权和名誉权，否则可能构成民事侵权；
　　（2）淫秽言论会受到限制或者禁止；
　　（3）煽动仇恨和挑衅言论会受到约束或者限制。
　　对于言论自由的限制范围、限制方式，许多国家都制定了专门的法律加以调整。宪法学将各国不同的法律限制方式分为预防制和追惩制两种：
　　（1）预防制，又称为事前限制。在这种制度下，凡演说、出版等言论均需在表达以前受国家机关（主要是军警机关）的干预和检查。
　　（2）追惩制，是一种事后制裁。在这种制度下，言论与出版不受事前检查，而是表达者一旦违法后按法定程序接受制裁。英、美等多数国家都实行这种制度。
　　`记忆提示`
　　（1）表达观点之自由；政治言论最重要。
　　（2）侵权、淫秽、煽动、挑衅：言论自由限制（列举）。
　　（3）事前预防制；事后追惩制（一般言论无法完全事前预防）。 |
| | 出版自由 | 　　出版自由是言论自由的扩展表现，是广义的言论自由。它主要是指公民有在宪法和法律规定的范围内，通过出版物系统地表达自己的意见和思想的权利。它的主要媒介物是书籍、报纸、传单、广播、电视等。
　　我国从《共同纲领》到历部《宪法》，都有专门的条文确认公民出版自由的权利。国务院 1997 年颁布了《出版管理条例》，该条例于 2001 年、2011 年、2013 年、2014 年和 2016 年先后进行了修订，是落实我国《宪法》规定的公民出版自由、进行出版管理的最主要的法律依据。该条例从法律渊源上来说，属于行政法规。该条例第二章明确规定对出版单位的设立实行 |

续表

内　容	出版自由	严格的许可和审批制度。根据一般宪法理论，对公民政治权利的限制和规范必须要由法律规定。目前，以行政法规形式来规范我国的出版活动属权宜之计，应当尽快颁行《出版法》以进一步保障宪法中出版自由的实现。
	集会、游行、示威自由	集会、游行、示威是公民的政治权利，最初源于请愿权。各国宪法大都赋予公民以集会、游行、示威的自由，1966 年联合国大会通过的《经济、社会及文化权利国际公约》也明文规定："和平集会的权利应被承认。对此项权利的行使不得加以限制，除去按照法律以及在民主社会中为维护国家安全或公共安全、公共秩序，保护公共卫生或道德或他人的权利和自由的需要而加以限制。"我国从 1954 年制定宪法以来，四部宪法都明确规定中华人民共和国公民有集会、游行、示威的自由。1989 年 10 月第七届全国人民代表大会常务委员会第十次会议通过了《集会游行示威法》（已于 2009 年被修改），对我国公民的集会、游行、示威自由作了全面规定。 　　根据该法规定，集会，是指聚集于露天公共场所，发表意见、表示意愿的活动；游行，是指在公共道路、露天公共场所列队行进、表达共同意愿的活动；示威，是指在露天公共场所或者公共道路上以集会、游行、静坐等方式，表达要求、抗议或者支持、声援等共同意愿的活动。由此可见，这里所指的集会、游行、示威具有如下特征： 　　（1）集会、游行、示威是由公民举行的活动。国家或者根据国家决定举行的庆祝、纪念等活动和政党、社会团体、企业事业组织依照法律、章程举行的集会，不属于《集会游行示威法》的调整范围。 　　（2）集会、游行、示威是在露天公共场所举行的活动。 　　（3）集会、游行、示威是公民表达某种意愿的行为，是言论自由的扩展形式。一般的文化娱乐、体育等活动不属于集会、游行、示威的范畴。 公民享有集会、游行、示威的自由权利是现代民主制度的要求，国家应为公民充分行使这种权利提供必要的条件和保障。《集会游行示威法》在总则中明确规定了公民行使集会、游行、示威的权利，各级人民政府应当依照该法予以保障。 　　记忆提示　露天、公共场合、表达意愿。 　　同时，集会、游行、示威是一种较为激烈的表达意志的方式，在客观上往往会给社会造成一定的消极影响。所以各国法律对集会、游行、示威自由权利给予一定的限制。目前，世界各国的限制方式主要有三种： 　　（1）登记制，即仅须在集会、游行、示威前向有关机关报告，无须经其批准； 　　（2）许可制，即集会、游行、示威须向有关机关申请并获得批准方能举行； 　　（3）追惩制，即在集会、游行、示威前不受任何国家机关的干涉，只在集会、游行、示威中有违法行为时，才依法予以惩罚。 　　记忆提示　登记、许可（我国采取）、追惩。

续表

内 容	集会、游行、示威自由	我国《集会游行示威法》对公民集会、游行、示威的申请和许可，集会、游行、示威的举行、时间、地点等方面都作了一些规定。根据以上规定可知，我国对集会、游行、示威实行许可制。
	结社自由	公民的结社自由，是指公民为了一定的宗旨而组织成社会团体的自由。结社可分为以营利为目的的结社和不以营利为目的的结社。以营利为目的的结社，如公司等，通常由民法、商法等予以调整。不以营利为目的的结社又可分为政治性结社和非政治性结社。政治性结社，如组织政党和社会政治团体等，非政治性结社，如组织宗教、学术、文化艺术、慈善行业、娱乐团体等。 结社自由是具有双重属性的基本权利。该权利一方面保障个人可以自由组织、加入或者不加入社团，另一方面也保障社团本身的自主性活动。也就是说，结社自由权具有集体自由权的特征，确保社团持续运作的能力。这种集体自由的特征主要是强调社团内部运作的自主性，而不涉及社团的外部行为。社团的外部行为则属于有关其他自由权的问题。例如，以社团的名义参加集会或支持某一言论，涉及的则是宪法上的集会权和言论自由权。 记忆提示 一定宗旨，社会团体；核准登记，年度审查。 1998 年 10 月，国务院发布了《社会团体登记管理条例》，规定国家保护社会团体依照其登记的章程进行活动，其他任何个人和组织不得非法干涉。根据该条例的规定，我国的社会团体的成立实行核准登记制度。在监督管理上，由登记管理机关（民政部门）对社会团体实施年度检查。

[事例与思考]

方舟子诉崔永元网络侵权案

方舟子与崔永元因微博言论不和，互相指责对方的侮辱、诽谤言论，并认为对方侵害了自己的名誉权。方舟子向北京市海淀法院提起民事侵权诉讼，崔永元就此提出反诉，此案一直受到社会各界广泛关注。一审后，双方均不服，上诉至北京一中院。北京一中院审理后认为，本案的主要争议焦点在于：双方所发布的微博内容是否构成侵权及原审判决对于具体侵权微博的认定是否适当。

崔永元的微博当中使用的"流氓肘子""人渣"等有明显人格侮辱性的言论已经脱离了基于公共利益进行质疑、驳斥不同观点的范畴，应认定构成侵权。同时其使用的侮辱性词语，逾越了网络用语的合理边界，应当承担侵权责任。而对于方舟子的部分微博言论，二中院法院认为，其虽主张该部分言论是为回应他人不当言论，但即便如此，回击亦应当遵守法律规范，回击性言论是否构成侵权不能以对方言论的用语强度和主观恶性作为"参照系"，因此该上诉理由不能作为方舟子不构成侵权的抗辩理由。同时，方舟子的部分微博使用了"诽谤成瘾""疯狗"等对崔永元进行恶意侮辱的词语，言论本身偏离了质疑批评性言论的轨道，因此亦应认定构成侵权。双方上诉认为所发微博不构成侵权的理由缺乏事实和法律依据。

最终，北京一中院判决驳回方舟子、崔永元的上诉，维持原判。

思考：言论自由的界限与基本权利的限制之间关系是怎样的？

三、宗教信仰自由

（一）宗教信仰自由的概念

所谓宗教信仰自由，是指个人可以在社会中选择其宗教信仰和公开参加其信仰的宗教的仪式或者选择不信仰任何宗教而不必担心受迫害或歧视的自由。通俗地讲，每个公民既有信仰宗教的自由，也有不信仰宗教的自由；有信仰这种宗教的自由，也有信仰那种宗教的自由；在同一宗教里面，有信仰这个教派的自由，也有信仰那个教派的自由；有过去信教而现在不信教的自由，也有过去不信教而现在信教的自由。宗教信仰自由是公民个人的权利，信仰与不信仰宗教由公民个人选择，任何国家机关、社会团体和个人都不得强制公民信仰宗教或不信仰宗教，不得歧视信仰宗教的公民和不信仰宗教的公民。

（二）宗教信仰自由的内容

根据一般宪法理论，宗教信仰自由的内容包括以下三个方面：

1. 信仰的自由。国家不得禁止公民信仰某种宗教，也不能鼓励公民信仰某种宗教。

2. 参加宗教仪式的自由。国家不得强迫公民履行某种宗教仪式或禁止、限制公民履行某种宗教仪式。

3. 组成宗教社团的自由。公民有设立并参加某种宗教社团的自由。国家既不得限制、也不得强制或鼓励公民参加某种宗教社团或宗教社团活动。

（三）我国宪法关于宗教信仰自由的规定

我国现行《宪法》第36条规定了宗教信仰自由，同时又规定了其界限。

1. 公民有宗教信仰自由。

2. 禁止强制公民信仰宗教或不信仰宗教，禁止歧视信仰宗教的公民或不信仰宗教的公民。

3. 任何人不得利用宗教进行破坏社会秩序、损害公民身体健康、妨碍国家教育制度的活动。

4. 宗教团体和宗教事务不受外国势力的支配。

这是我国宪法基于特定历史经验并在当今特定时代背景之下对公民宗教信仰自由所规定的界限。

四、人身自由

公民的人身自由是公民一切权利和自由的基础。人身自由包括：①公民的人身自由不受侵犯；②公民的人格尊严不受侵犯；③公民的住宅不受侵犯；④公民通信自由与秘密受法律保护。

（一）公民的人身自由不受侵犯

公民的人身和行动不受任何非法搜查、拘禁、逮捕、剥夺、限制和侵害。新中国成立以来的历部宪法都确认了公民人身自由不受侵犯的基本权利。

现行宪法明确规定，任何公民，非经人民检察院批准或者人民法院决定并由公安机关执行，不受逮捕，禁止非法拘禁和以其他方法剥夺或者限制公民的人身自由，禁止非法搜查公民的身体。

记忆提示

（1）不受非法搜、拘、捕（还有广义的剥夺、限制、侵害）；
（2）检批、法决、公安执，除此以外不逮捕。

[事例与思考]

收容遣送制度的废除

2003 年 3 月 17 日到 20 日之间，27 岁的大学毕业生孙志刚，被广州黄村街派出所转到收容站收容之后，被殴打致死。此事引发了广泛的社会关注，收容遣送制度已走到尽头。2003 年 5 月 14 日，一份题为"关于审查《城市流浪乞讨人员收容遣送办法》的建议书"由三位公民传真至全国人大常委会，该建议书的内容大致是这样的：我们作为中华人民共和国公民，认为国务院 1982 年 5 月 12 日颁布的，至今仍在使用的《城市流浪乞讨人员收容遣送办法》，与我国宪法和有关法律相抵触，特向全国人大常委会提出审查《城市流浪乞讨人员收容遣送办法》的建议。也许是孙志刚事件催生了这份建议书。其实无论民间还是政府部门，试图完善收容遣送制度的努力从来就没有停止过。中国人民大学专门研究行政法的杨建顺教授表示，从 1996 年开始，《行政处罚法》规定，"限制人身自由的行政处罚，只能由法律设定"，该法旨在限制行政部门滥用职权行为。2000 年，《立法法》规定，对公民政治权利的剥夺、限制人身自由的强制措施和处罚只能由法律规定。[1]

2003 年 6 月 20 日，国务院总理温家宝签署国务院令，公布《城市生活无着的流浪乞讨人员救助管理办法》，1982 年 5 月 12 日国务院发布的《城市流浪乞讨人员收容遣送办法》同时废止。

思考： 收容遣送制度的废除体现宪法人身自由权的保障之外还体现了哪些法治内涵？

---

[1] 摘编自代小琳："'收容遣送办法'缘何废止"，载《北京晨报》2003 年 6 月 25 日。

（二）公民的人格尊严不受侵犯

我国《宪法》第 38 条规定，公民的人格尊严不受侵犯，禁止采用任何方法对公民进行侮辱、诽谤和诬告陷害。也就是说，公民享有人格权。人格权是和人的尊严紧密联系的一种宪法权利。公民的人格权包括姓名权、肖像权、名誉权和隐私权等。人格权是 20 世纪以来各国普遍重视的一项基本权利。随着社会文明程度的逐步提高，各国通过立法与司法实践，不断地扩展人格权的内容与范围。

人格权是我国现行《宪法》的内容之一。而且，我国的民事立法与刑事立法又进一步将人格权的保护具体化。我国刑法规定了对犯有侮辱、诽谤和诬陷罪的处罚，我国民法规定了侵犯公民生命、健康、姓名权等的民事责任。

记忆提示

（1）禁止侮辱、诽谤、诬告陷害，保护姓名、肖像、名誉、隐私；
（2）民刑立法具体化，刑法规定有处罚。

（三）公民的住宅不受侵犯

公民的住宅不受侵犯，又称为住宅权，是指公民居住、生活以及保存私人财产的场所不受非法侵入和搜查。住宅权保护的核心法益是居住安全和生活安宁。住宅是公民的起居生活之处，是公民个人的私密空间，也是公民借以进行各种社会活动不可缺少的条件。

现行宪法单独以一个条文，专门规定了住宅不受侵犯的问题，并且增加了"禁止非法搜查或者非法侵入公民住宅"的规定。我国《刑法》则规定，对于非法侵入或搜查公民住宅的刑事犯罪予以严惩。

记忆提示

（1）居住、生活、保存财产，核心法益安宁安全；
（2）起居生活之处，个人私密空间，不可缺少条件。

［事例与思考］

优衣库不雅视频事件

2015 年 7 月 14 日晚上，一段试衣间的不雅视频在微博热传，很多人以为是厂商的广告。然而，当网友打开视频时，不禁惊呆了，视频中，一对青年男女在服装店试衣间内半赤裸性爱。视频开始是在微信朋友圈流传，之后迅速在微博广泛传播，网友对此议论纷纷，而视频中男女主角的微博也疑似被人曝光。由于事涉不雅，微博上相关的视频与微博段子已被平台方删除，话题也没有上微博热搜榜。2015 年 7 月 15 日晚，北京警方带走包括优衣库不雅视频男女主角等 5 人进行调查。经查，该淫秽视频中的两名当事人于 4 月中旬在该试衣间内发生性关系并用手机拍摄视频，后该视频在传递给微信朋友时流出并被上传至互联网。警方将孙某某等人控制，孙某某因将淫秽视频上传新浪微博被刑事拘留，3 人因传播淫秽信息被行政拘留。

思考：试衣间与住宅的界限以及国家干预公民私人领域的界限如何划定？

（四）公民的通信自由和通信秘密受法律保护

通信自由，是指公民有根据自己的意愿自由进行通信不受他人干涉的自由。通信秘密，是指公民通信的内容受国家法律保护，任何人不得非法私拆、毁弃、偷阅他人的信件。公民的通信包括书信、电话、电报等进行通信的各种手段。它涉及公民的个人生活、思想活动、社会交流等切身利益。因此，保障公民通信自由和通信秘密不受非法侵犯，是公民一项不可缺少的基本自由权利。

记忆提示

（1）通信自由：自愿通信，不受干涉；

（2）通信秘密：内容保护，不得私拆、毁弃、偷阅。

我国历部宪法都肯定了公民的这一自由权利。我国的刑法、刑事诉讼法、邮政法等都对此作了相应的规定。根据法律规定，扣押和拆检公民的信件必须遵守以下规定：

1. 只有公安机关和检察机关才有权决定扣押或者拆检公民的有关信件。

2. 扣押或者拆检公民的信件只有两种原因：①国家安全的需要；②追查刑事犯罪的需要。

3. 对于扣押的邮件、电报等，经查明不影响国家安全或与犯罪无关，应立即退还原主或交还邮电部门。

4. 需扣押的邮件、电报等，应由人民检察院或公安机关通知邮电部门。

5. 对公民个人保存的邮件、电报等，如公安机关或检察机关认为需要检查时，公民有义务交出，如公民拒绝交出，可以强行搜查，但必须出示搜查证件。紧急情况下可以不出示搜查证，但必须记录搜查情况。

记忆提示

（1）国安或刑犯，公检方可办；

（2）扣押电报邮件，国安犯罪无关，立即准确退还；

（3）合法检查可强行，紧急无证须记录。

同时，我国《刑法》对于侵犯公民通信自由与通信秘密的犯罪行为也作了明确规定。《刑法》第 252 条规定，隐匿、毁弃或者非法开拆他人信件，侵犯公民通信自由权利，情节严重的，处 1 年以下有期徒刑或者拘役。公民的通信自由与通信秘密是一项重要的人身权利，我国法律为保障这一权利，作出了具体、详尽的规定。

五、财产权

（一）财产权的概念

就财产权的主体不同，可以将其分为公共财产和私有财产。公共财产又包括国有财产和集体所有的财产。私有财产权属于宪法上的一种基本权利，与其他宪法上的基本权利一样，都是公民针对国家而享有的一种权利，即公民所享有的国家权利是不能进行不法侵害的一种权利，直接反映公民和国家权力之间在宪法秩序中的关系；而民法的私有财产权则主要属于公民对抗公民，私人对抗私人的财产关系。此外，民法有关私有财产权的规定是对宪法中财产权保护内容的具体化和法律化。

记忆提示

（1）公共财产：国有财产/集体财产；

（2）私有财产：重要宪法权利，国家相应义务（区别于民法财产权）。

（二）私有财产保护的宪法规范体系及特点

2004年私有财产权入宪建立了对私有财产保护的规范体系。

《宪法》第13条规定："公民的合法的私有财产不受侵犯。国家依照法律规定保护公民的私有财产权和继承权。国家为了公共利益的需要，可以依照法律规定对公民的私有财产实行征收或者征用并给予补偿。"

我国现行宪法关于私有财产权的规定有如下特点：

1. 其规定于宪法"总纲"而不是于"公民基本权利义务"部分。

2. 与对公共财产的保护相比，在措辞上存在差别，即社会主义的公共财产神圣不可侵犯。

3. 强调受保护的财产必须是合法的。

记忆提示

规范体系

（1）合法财产＆继承权，征收征用给补偿；

（2）规定于总纲，公有才神圣，私产须合法。

（三）私有财产的征收或者征用

国家在征收或者征用公民私有财产时必须要满足公共利益、正当程序和公平补偿三个要件，才能满足合宪性的要求。

如果政府的行政立法并没有剥夺公民的财产所有权，但是对公民财产权构成了实质性的侵害，造成财产价值实质性的减损，被称为管制性征收。

记忆提示

（1）公共利益+正当程序+公平补偿；

（2）管制性征收：权属未变动，价值实减损。

（四）财产权的社会义务

个人在自由行使财产权的同时，应当使其财产有助于社会公共福利的实现。这是基于维护社会正义的目的对财产权进行的一定限缩。财产权负有社会义务的制度安排背后往往有比较强烈的福利国家和社会主义的观念基础。

记忆提示

（1）自由行使财产权，公共福利助实现。

（2）维护社会正义，财产进行限缩；福利国家+社会主义。

六、社会文化权利

社会文化权利具有如下特点：①它是公民从社会获得基本生活条件的权利，是公民的积极权利，国家负有保障权利实现的义务；②它是保障公民过有尊严的生活的手段，体现社会正义原则。

其内容、范围及其实现随着社会经济发展而不断改变。对公民的社会权利加以详细规定是从 1919 年德国《魏玛宪法》开始的。第二次世界大战后，各国宪法都将这种权利规定于本国宪法之中。根据我国《宪法》的规定，我国公民的社会文化权利主要包括如下几项：

（一）劳动权

劳动权，是指有劳动能力的公民，有获得工作和取得劳动报酬的权利。

我国《宪法》第 42 条第 1 款规定："中华人民共和国公民有劳动的权利和义务。"1994 年 7 月全国人民代表大会常务委员会制定通过了《劳动法》，规定了我国劳动者享有平等就业和选择职业的权利、取得劳动报酬的权利、接受职业技能培训的权利等。该法进一步规定了国家通过促进经济和社会发展，创造就业条件，扩大就业机会，鼓励社会兴办产业、拓展经营，以增加就业，是一部调整劳动法律关系，保护劳动者权益的重要法律。

记忆提示

（1）劳动者：获得工作（平等就业、选择职业）+取得报酬、接受培训；

（2）国家：促进经济社会发展，创造扩大增加就业。

（二）休息权

我国《宪法》第 43 条规定："中华人民共和国劳动者有休息的权利。国家发展劳动者休息和休养的设施，规定职工的工作时间和休假制度。"劳动者的休息权是与劳动权紧密联系的重要权利。它是指为了保护劳动者的身体健康和提高劳动效率，规定劳动者享有的休假或休养的权利。在我国，为了保障劳动者的休息权，国家规定 8 小时工作制，在一些特殊部门，如某些化工单位实行 6 小时工作制。国家还规定了休假制度以实现劳动者的休息权。休假制度，是指劳动者根据国家和企事业单位的有关规定所享有的暂离生产岗位进行休息和度假，同时继续领取这一阶段的工资的制度。它包括每周 2 天的休息日，国家规定的节假日，职工根据规定享有的探亲假期以及职工到休养所、疗养院、避暑胜地和其他休息地点作较长时间的休养等。

记忆提示

（1）只有劳动者享有；

（2）国家：休息休养设施，工作休假制度。

（三）社会保障权

社会保障权是一项基本人权。作为复合概念，社会保障权，是指社会成员为了维护人的有尊严的生活而向国家要求给付的权利。狭义的社会保障权认为社会保障权主要属于社会弱势群体的权利，重点在于社会救助、国家对年老体弱者的物质帮助等权利；广义的社会保障权认为，社会保障权属于一般性的权利，只要是符合条件的公民都可以无条件享有，权能领域范围比较广，涉及医疗、养老、保险、基本住房等基本生活领域。

记忆提示 区分狭义广义：社会保险、社会福利、社会救济、优抚安置等。

2004 年 3 月全国人大第十届第二次会议通过的宪法修正案增加了"国家建立健全同经济发展水平相适应的社会保障制度"的条款。这一规定体现了以人为本、经济与社会协调发展的基本思想。社会保障制度包括社会保险、社会救济、社会福利、优抚安置等各项制度。社会保障制度的建立与健全对于公民物质帮助等社会经济权利的实现具有重大意义。因此，2004 年宪法修正案之后，广义的社会保障权已经成为我国宪法所承认的一项基本权利。

社会保障权包括退休人员的生活保障权、物质帮助权等方面的内容。

1. 退休人员的生活保障权。我国《宪法》第 44 条规定："国家依照法律规定实行企业事业组织的职工和国家机关工作人员的退休制度。退休人员的生活受到国家和社会的保障。"国家实行离退休制度，对离退休职工和国家机关工作人员的生活作妥善的安排。目前，我国已颁布了一系列法律、法规，对退休的年龄、条件和退休后的工资待遇、生活待遇作了详细规定。这些规定使我国宪法规定的退休制度得到了具体切实的贯彻落实。

2. 物质帮助权。我国《宪法》第 45 条第 1 款规定："中华人民共和国公民在年老、疾病或者丧失劳动能力的情况下，有从国家和社会获得物质帮助的权利。"

记忆提示

（1）退休人员生活保障权：妥善安置离退休，详细规定与贯彻；

（2）物质帮助权：老弱疾残。

（四）文化教育权

文化教育权主要包括：

1. 公民有受教育的权利和义务。受教育权，是指公民接受文化、科学、品德等方面教育训练的权利。教育的主要形式有学校教育、社会教育、自学等。内容包括初等教育、中等教育、职业教育、高等教育以及学龄前教育等。

受教育也是公民的一项义务。它是指适龄儿童有接受初等教育的义务，成年劳动者有接受适当形式的政治、文化、科学、技术、业务教育的义务，就业前的公民有接受劳动就业训练的义务等。接受教育是每个公民的责任。

2. 公民有进行科研、文艺创作和其他文化活动的自由。我国《宪法》第 47 条规定：“中华人民共和国公民有进行科学研究、文学艺术创作和其他文化活动的自由。”科学研究自由，是指公民有权通过各种方式从事各种科学研究工作，同时也意味着公民有权在科学工作中自由地探讨问题、发表意见，对各种科学问题和各种学派持有自己的见解。文化艺术活动自由，是指公民有权按照自己的意愿和兴趣从事各项文艺活动，有权按照自己的特点发展自己文化艺术的风格。这一权利的实现，对于促进科学文化事业，造就宏大的知识分子队伍，调动科研、文化、艺术等各个岗位的职工的积极性，对建设社会主义服务有着重大的意义。国家通过制定一定的制度或者章程、条例，对在科技、文艺、创作和其他文化活动中作出贡献的人予以物质帮助和精神奖励，以促进科学文化事业的繁荣发展。

记忆提示

（1）受教育：发展各种教育，初等教育义务。

（2）科研文艺：科学研究自由，自愿从事文艺。国家：物质帮助，精神奖励，促进发展。

[事例与思考]

现行高考政策与教育权

根据新浪教育统计，2014年全国各省、自治区和直辖市本科一批次录取率的调查报告显示，北京、上海、天津，是中国最容易考好大学的地方。重点大学（本科一批次）录取比例均超过20%，其中北京以24.81%的比例，雄踞全国第一。相比而言，四川、河南等考生大省录取比例，甚至一度跌破6%。北京大学在北京当地的录取比为190选1，而河北省这一录取比接近八千选一，对于河南、四川而言，清华北大更是实打实的万里挑一，可遇而不可求。

思考：受教育权的实现是否具有其历史性？如何看待当前地区差异现状？

七、监督权

我国《宪法》第41条规定：“中华人民共和国公民对于任何国家机关和国家工作人员，有提出批评和建议的权利；对于任何国家机关和国家工作人员的违法失职行为，有向有关国家机关提出申诉、控告或者检举的权利……由于国家机关和国家工作人员侵犯公民权利而受到损失的人，有依照法律规定取得赔偿的权利。”

批评、建议、控告、检举、申诉是公民行使言论自由，对国家机关及其工作人员予以监督的行为。公民行使这一权利受到宪法和法律的保护。《宪法》第41条第2款规定：“对于公民的申诉、控告或者检举，有关国家机关必须查清事实，负责处理。任何人不得压制和打击报复。”公民在行使监督权时不得捏造或者歪曲事实进行诬告陷害。

（一）批评、建议权

批评权，是指公民对于国家机关及其工作人员的缺点和错误，提出要求其克服改正意见的权利。

建议权，是指公民对国家机关的工作，提出自己的主张和建议的权利。

（二）申诉、控告、检举权

申诉权，是指公民对国家机关作出的决定不服，可向有关国家机关提出请求，要求重新处理的权利。

检举权，是指公民对国家机关工作人员违法失职行为向有关机关进行检举的权利。

控告权，主要是指公民对违法失职的国家机关及其工作人员的侵权行为提出指控，请求有关机关对违法失职者给予制裁的权利。

（三）国家赔偿请求权

国家赔偿请求权，是指国家机关和国家机关工作人员违法行使职权侵犯公民的合法权益造成损害时，受害人有取得国家赔偿的权利。1994 年 5 月第八届全国人民代表大会常务委员会第七次会议制定通过了《国家赔偿法》，对公民取得赔偿的范围、程序、赔偿方式和计算标准等项内容作了规定。该法于 2010 年、2012 年先后进行了修订。按照《国家赔偿法》，我国公民取得赔偿分为两种情况：①行政赔偿；②刑事赔偿。行政赔偿的范围包括行政机关及其工作人员在行使行政职权时侵犯公民人身权和财产权的情形；刑事赔偿的范围则包括行使侦查、检察、审判、监狱管理职权的机关及其工作人员在行使职权时侵犯公民人身权和财产权的情形。国家赔偿制度的建立和完善，将进一步增强国家机关工作人员执法、司法的严肃性，增强国家机关及其工作人员为人民、为社会负责的责任感，它是保障公民合法权益的重要法律制度。

八、特定群体的权利

特定群体的权利，是指处于特殊法律地位或特殊情况的公民所享有的权利。这些权利一般是国家考虑该群体的特殊性而对其进行的特殊保障，主要包括以下类型：

1. 保障妇女的权利	我国《宪法》第 48 条规定，妇女在政治的、经济的、文化的、社会的和家庭的生活等各方面享有同男子平等的权利。这是为了实现男女平等而制定的原则。为落实宪法的这一规定，全国人大常委会于 1992 年制定了《妇女权益保障法》。 记忆提示 政、经、文、社，家庭生活，同等权利。
2. 保护婚姻、家庭、母亲、儿童和老人	《宪法》第 49 条规定，婚姻、家庭、母亲和儿童受国家的保护；禁止破坏婚姻自由，禁止虐待老人、妇女和儿童。为落实宪法的这一规定，全国人大常委会分别制定了婚姻法保障婚姻自由，制定《母婴保健法》《未成年人保护法》《老年人权益保障法》等法律保障母亲、儿童和老年人的权利。 记忆提示 婚、家、儿、母受保护，禁止破坏和虐待。

3. 保障残疾人的权利	《宪法》第45条规定，国家和社会帮助安排盲、聋、哑和其他有残疾的公民的劳动、生活和教育。为落实宪法的这一规定，全国人大常委会制定了《残疾人保障法》，详细规定了残疾人享有的各项合法权益。 **记忆提示** 国家社会——盲聋哑等，劳动生活教育。
4. 保障残疾军人和烈军属的权利	《宪法》规定国家和社会保障残疾军人的生活，抚恤烈士家属、优待军人家属。为落实宪法的这一规定，全国人大常委会制定了《兵役法》，对残疾军人、退役军人、烈士家属、牺牲病故的军人家属和现身军人家属的优先和安置作了专门规定。 **记忆提示** 保障残军，抚恤烈属，优待军属。
5. 保护华侨、归侨、侨眷的权益	《宪法》第50条规定，国家保护华侨的正当的权利和利益，保护归侨和侨眷的合法的权利和利益。华侨是定居在国外的我国公民，归侨，是指回国定居的华侨，侨眷是华侨和归侨在国内的眷属，全国人大常委会制定了《归侨侨眷权益保护法》，对归侨和侨眷的权益作了完善的保护规定。 **记忆提示** 华侨正当权益，归侨侨眷合法权益。

[事例与思考]

广州区少坤监督公车与嫖娼事件

因为多年坚持监督公车私用、"比市长还有名"的"广州区伯"区少坤，在长沙被当地警方以嫖娼为名逮捕并处行政拘留5天。2006~2012年的6年里，他以一名普通市民身份，曝光了100多辆公车的私用现象。很多人为他叫好，也有人对他提出质疑，当然，在监督过程中，被监督者会威胁他，甚至对其"下手"。针对此次嫖娼事件，区少坤表示实为构陷和打击报复。

思考：如果情况确实如区伯所说，公民监督权应如何保障与救济？

真题链接

一、单项选择题

1. 政治权利和自由是公民依法享有的参加国家政治生活的权利和自由。关于政治权利和自由，下列说法中不正确的是（   ）（2017/非法学/21）[1]

A. 我国公民享有的选举权是一种普选权

B. 言论自由作为一项法律权利，在法定范围内不应由于某种言论而承受不利后果

---

[1]　D

C. 集会、游行、示威必须是多个公民共同行使，属于集合性权利

D. 我国社会团体的成立实行备案登记制度

2. 下列关于言论自由的表述，不正确的是 （   ） (2016/非法学/24)[1]

A. 言论自由是公民政治权利的重要内容

B. 保障言论自由为各国宪法所普遍承认

C. 规制言论自由的方式主要有预防制和追惩制

D. 行使言论自由时侵害他人名誉权的，构成违宪

3. 根据我国宪法，国家兴办各种学校，发展教育事业，应当予以普及的教育类型是 （   ） (2014/非法学/24)[2]

A. 学前教育   B. 初等义务教育

C. 中等教育   D. 高等教育

4. 下列选项中，属于公民政治权利的是 （   ） (2014/非法学/28)[3]

A. 平等权   B. 人格尊严

C. 言论自由   D. 受教育权

5. 我国宪法规定的公民通信自由和通信秘密属于 （   ） (2014/法学/9)[4]

A. 政治权利   B. 人身自由

C. 文化权利   D. 平等权

6. 下列选项中，违反我国宪法平等权要求的情形是 （   ） (2013/非法学/25)[5]

A. 自治县县长由实行区域自治的民族的公民担任

B. 某大学将"具有博士学位"作为招聘教师的条件

C. 某民营饭店在门口贴出通告："本店谢绝公款消费"

D. 某中央国家机关将"具有北京户口"作为招录公务员的条件

7. 我国法律规定，国家建立基本养老、医疗、工伤等保险制度，保障公民在年老、疾病等情况下依法从国家和社会获得物质帮助的权利。此项规定体现的宪法权利是 （   ） (2013/非法学/27)[6]

A. 劳动权   B. 财产权

C. 社会保障权   D. 休息权

8. 下列选项中，不属于我国宪法规定的公民基本权利的是 （   ） (2012/非法学/25)[7]

A. 受教育权   B. 劳动权

---

[1] D
[2] B
[3] C
[4] B
[5] D
[6] C
[7] C

C. 环境权   D. 平等权

9. 下列选项中，不属于我国现行宪法明确规定的公民基本权利的是 （   ）（2012/法学/10)[1]

A. 言论自由   B. 迁徙自由

C. 人格尊严   D. 宗教信仰自由

10. 下列选项中，属于我国宪法规定的文化教育权利的是 （   ）（2011/非法学/24)[2]

A. 言论自由   B. 科学研究的自由

C. 出版自由   D. 宗教信仰自由

11. 我国对于集会游行示威自由的管理方式是 （   ）（2010/非法学/25)[3]

A. 备案制   B. 许可制

C. 追惩制   D. 预防制

12. 在我国，公民人格尊严不受侵犯属于宪法权利类别中的 （   ）（2010/非法学/30)[4]

A. 政治权利和自由   B. 人身自由

C. 平等权   D. 社会经济权利

13. 下列情形中，侵犯了公民宪法权利的是 （   ）（2010/法学/12)[5]

A. 公民甲因精神病发作而未被选举委员会列入选民名单

B. 某报报道了副市长乙因嫖娼而被公安机关当场抓获的新闻

C. 公安机关就某刑事案件要求电信部门提供公民丙的通讯记录

D. 某高校毕业生丁因身高不符合中国人民银行某分行的招聘条件而未被录用

14. 根据我国宪法和法律，下列关于公民财产权的表述，正确的是 （   ）（2019/非法学/19；2019/法学/14)[6]

A. 公民行使财产权，不得损害公共利益

B. 2004年宪法修正案规定，公民的私有财产神圣不可侵犯

C. 公民财产权规定在宪法第二章"公民的基本权利和义务"中

D. 国家为经济发展的需要，可依法对私有财产进行征收并赔偿

15. 下列关于社会保障权的表述，正确的是 （   ）（2019/非法学/26)[7]

A. 社会保障权包括退休人员生活保障权、物质帮助权等内容

B. 1999年宪法修正案强化了对公民社会保障权的保护

---

[1]　B
[2]　B
[3]　B
[4]　B
[5]　D
[6]　A
[7]　A

C. 国家不负有保障社会保障权实现的义务

D. 社会保障权是一种消极权利

16. 根据现行宪法，下列关于平等保护原则的表述，正确的是（　　）（2020/非法学/17；2020/法学/13）[1]

A. 国家机关拒绝录取"乙肝"表面抗原携带者，不构成歧视

B. 政府优先采购残疾人福利企业的产品，违反了平等保护原则

C. 为保护妇女的就业权，在任何工种或岗位上都不得设置性别限制

D. 国家对少数民族给予某些适当的照顾，不违反平等保护

二、多项选择题

17. 外来务工人员刘某在为其子办理小学入学报名手续的过程中，被要求到户籍地派出所开具无犯罪记录证明，刘某不同意开具该证明，学校因此拒绝其子入学，依据现行宪法，在这一事件当中，刘某之子受到侵犯的基本权利有（　　）（2018/非法学/46）[2]

A. 沉默权　　　　　　　　　　B. 平等权

C. 财产权　　　　　　　　　　D. 受教育权

18. 下列关于平等权的表述，正确的有（　　）（2016/非法学/55；2016/法学/27）[3]

A. 平等权是我国公民的基本权利

B. 国家对公民的平等权负有保障义务

C. 平等权意味着公民平等地享有权利、履行义务

D. 平等权反对特权和歧视，也不允许存在任何差别对待

19. 根据我国宪法关于公民私有财产的规定，下列表述正确的有（　　）（2015/非法学/55）[4]

A. 公民的合法的私有财产不受侵犯

B. 国家机关不得没收任何公民的私有财产

C. 公民的私有财产受法律保护，并可依法继承

D. 国家为了公共利益的需要，可依法对公民的私有财产实行征收或征用并给予补偿

20. 下列行为中，侵犯了我国宪法规定的公民通信自由和通信秘密的有（　　）（2014/非法学/53）[5]

A. 某县第一中学为了提高学生升学率，禁止学生携带手机进入校园

_____

〔1〕 D
〔2〕 BD
〔3〕 ABC
〔4〕 ACD
〔5〕 ABD

B. 某县法院在审理一起民事案件过程中，为查明案件事实，对当事人信件进行拆检

C. 某县检察院在侦查一起贪污案件过程中，依法对犯罪嫌疑人王某的电话进行录音

D. 某县公安局因刘某在网络上批评该县征地过程中存在的违法行为，进入刘某的电子邮箱进行查看

21. 下列政府行为中，属于侵害公民基本权利的有（　　）(2014/法学/28)[1]

A. 某县政府以年龄、性别和身高为标准发布公务员招录公告

B. 某市制定地方性规章，限制不具有当地户籍的人员在当地就业

C. 赵某发布微博，批评县政府征收基本农田建设开发区，当地警方以侮辱诽谤罪将其刑拘

D. 钱某出版纪实小说，反映拆迁过程中的腐败问题，当地警方以非法经营罪对其采取强制措施

22. 我国宪法规定，国家和社会帮助安排盲、聋、哑和其他有残疾的公民的劳动、生活和教育。下列选项中，对这一规定理解正确的有（　　）(2013/非法学/56)[2]

A. 该规定属于合理的差别对待

B. 该规定与宪法平等原则相抵触

C. 政府对残疾人差别对待须负举证责任

D. 对残疾人实行优惠措施应当是必要和适当的

23. 人身自由是我国宪法规定的公民基本权利之一，其内容包括（　　）(2012/非法学/52)[3]

A. 公民享有宗教信仰自由

B. 公民的人身自由不受侵犯

C. 禁止非法拘禁和以其他方法非法剥夺或者限制公民的人身自由

D. 任何公民，非经人民检察院批准或者决定或人民法院决定，并由公安机关执行，不受逮捕

24. 根据我国宪法和法律规定，下列关于男女平等的表述，正确的有（　　）(2012/非法学/53)[4]

A. 妇女享有特殊劳动保护权

B. 妇女享有与男子平等的就业权

C. 妇女享有与男子同等的受教育权

D. 妇女享有同男子平等的选举权与被选举权

25. 下列关于集会、游行、示威自由的共同特征的表述，能够成立的有（　　）

---

[1] ABCD
[2] ACD
[3] BCD
[4] ABCD

(2011/法学/27)[1]

    A. 源于公民的请愿权   B. 属于公民表达意愿的自由

    C. 主要在公共场所行使   D. 由多个公民共同行使

26. 根据我国现行宪法的规定，对任何国家机关和国家工作人员的违法失职行为，公民可以行使的权利有（   ）(2011/非法学/59)[2]

    A. 申诉权   B. 控告权

    C. 检举权   D. 罢免权

27. 根据我国宪法的规定，国家和社会对有残疾的公民的帮助具体表现在（   ）(2010/非法学/57)[3]

    A. 劳动方面   B. 生活方面

    C. 教育方面   D. 婚姻家庭方面

28. 某村 5 名初中生辍学，家长听之任之。镇政府对家长进行了批评教育，要求他们送子女返校读书。根据我国宪法和法律，下列表述正确的有（   ）(2019/非法学/45；2019/法学/21)[4]

    A. 学生家长应保障子女接受义务教育

    B. 受教育既是公民的权利，也是公民的义务

    C. 镇政府有保障适龄儿童、少年接受义务教育的职责

    D. 子女教育应由家长负责，镇政府的行为侵犯了家长的监护权

29. 根据我国宪法，公民人身自由的内容包括（   ）(2019/非法学/47；2019/法学/27)[5]

    A. 住宅不受侵犯

    B. 人身自由不受侵犯

    C. 人格尊严不受侵犯

    D. 通信自由和通信秘密受法律保护

30. 某县第一中学为防止校园欺凌事件的发生，作出专门规定。下列规定中符合宪法和法律的有（   ）(2020/非法学/45)[6]

    A. 学校禁止学生宣扬校园暴力

    B. 学校禁止学生携带管制刀具进入校园

    C. 学校可定期检查学生手机储存的信息

    D. 学校可将实施欺凌的学生的姓名、照片公布于本地报刊

---

〔1〕 ABCD

〔2〕 ABC

〔3〕 ABC

〔4〕 ABC

〔5〕 ABCD

〔6〕 AB

第三节　我国公民的基本义务

一、维护国家统一和民族团结

《宪法》第 52 条规定："中华人民共和国公民有维护国家统一和全国各民族团结的义务。"国家的统一和各民族的团结，是中国革命和建设事业取得胜利的基本保证，也是实现公民基本权利的重要保证，宪法序言和总纲都一再强调维护民族团结的重要性和必要性。

《宪法》总纲明确规定："禁止破坏民族团结和制造民族分裂的行为。"宪法此条规定实际是序言和总纲规定的有关原则的延伸和具体化，是我国各民族的公民都必须遵守的共同准则。

二、遵守宪法和法律

《宪法》第 53 条是关于公民遵守法纪和尊重社会公德义务的规定，包含以下 6 个方面的内容：

1. 公民必须遵守宪法和法律

这是公民必须守法的总的原则规定。

2. 公民必须保守国家秘密

国家秘密，是指在国家活动中，不应公布和向外透露的一切秘密文件、秘密资料、秘密情报和秘密情况。保卫国家秘密就是要严格保护国家秘密不被泄露，防止国内外敌对分子侦探、偷盗国家机密，防止各种人员泄露、遗失国家机密，这是每个公民的法律义务。国家秘密的基本范围包括：军事和外交秘密，经济机密，交通、邮电、科学技术、文化教育卫生等事业的秘密以及检察、审判等方面的秘密。1988 年我国颁布了《保守国家秘密法》，该法由第十一届全国人民代表大会常务委员会第十四次会议于 2010 年进行了修订，我国《刑法》第 398 条规定了对泄露国家秘密的犯罪行为予以制裁的原则和刑罚。

3. 公民必须爱护公共财产

公共财产，主要是指一切国家财产和集体财产。爱护公共财产包括两个方面的内容：

（1）在平时，任何公民都必须珍惜和保护国家和集体的财产；

（2）当公共财产遭受破坏或面临其他危害的时候，任何公民都应保护、捍卫公共财产的安全，每个公民都有责任同一切破坏公共财产的行为进行斗争。

4. 公民必须遵守劳动纪律

劳动纪律，是指在社会共同劳动中，所有劳动者必须共同遵守的劳动规章制度，它是保证劳动者的安全、保证产品质量和数量、保证生产和工作顺利进行必不可少的手段之一。社会主义的劳动纪律除了主要靠自觉遵守，还要靠纪律教育和思想教育工作，违反劳动纪律者应受必要的纪律处分。

5. 公民必须遵守公共秩序

遵守公共秩序，是指遵守法律、纪律以及优良的社会习惯等行为准则。公共秩序包括公共场所的活动秩序、交通秩序、社会管理秩序、工作秩序、居民生活秩序等。违反和破坏公共秩序的行为可分为违反公共秩序的一般错误行为、轻微违法行为以及破坏公共秩序的犯罪行为等几类，我国《刑法》规定了危害公共安全罪、妨碍社会管理秩序罪、破坏社会主义市场经济秩序罪等罪名以及相应的刑罚措施。

6. 公民必须尊重社会公德

尊重社会公德，是指公民必须遵从和尊重社会主义公共生活的各项道德准则。社会公德是一种道德规范，它的执行一般不是靠国家的强制力量，而是靠社会的舆论、信念、习惯、传统和教育以及人们对正义、真理的信仰。

三、维护祖国安全、荣誉和利益

《宪法》第 54 条规定："中华人民共和国公民有维护祖国的安全、荣誉和利益的义务，不得有危害祖国的安全、荣誉和利益的行为。"

祖国的安全，是指国家领土、主权不受侵犯，国家各项机密得以保守，社会秩序不被破坏。

祖国的荣誉是指：①国家的尊严不受侵犯；②国家的信誉不受破坏；③国家的荣誉不受玷污；④国家的名誉不受侮辱。

祖国的利益包括的范围很广，对外主要是指全民族的政治、经济、文化、荣誉等方面的权利和利益；对内主要是相对于个人利益、集体利益而言的国家利益。

祖国的安全、荣誉和利益是我国人民的安全、荣誉和利益的集中体现。维护祖国的安全、荣誉和利益是全体公民的神圣义务，任何公民不得以任何方式侵犯、危及、损害国家的安全、荣誉和利益。

四、依法服兵役和参加民兵组织

《宪法》第 55 条规定："保卫祖国、抵抗侵略是中华人民共和国每一个公民的神圣职责。依照法律服兵役和参加民兵组织是中华人民共和国公民的光荣义务。"我国现行《兵役法》规定我国实行义务兵役制为主体的义务兵与志愿兵相结合、民兵与预备役相结合的兵役制度。我国公民不分民族、种族、职业、家庭出身、宗教信仰和教育程度，凡年满 18 周岁的，都有义务依法服兵役。依法被剥夺政治权利的人没有服兵役的资格。

五、依法纳税

《宪法》规定，公民有纳税的义务。税收，是指国家依照法律规定，向纳税单位或个人无偿征收实物或货币。作为国家财政收入的一种形式，税收具有强制性和无偿性的特点。我国的税收用于发展社会、巩固国防、不断提高人民的物质生活和文化生活水平，它反映了取之于民、用之于民的社会主义分配和再分配关系。因此，依照法律纳税，也应是我国公民的一项基本义务。

除了以上专门规定的五项义务外，我国公民的基本义务还包括在基本权利条文中规定的五项义务：劳动的义务，受教育的义务，夫妻双方有实行计划生育的义务，父母有抚养教育未成年子女的义务，成年子女有赡养扶助父母的义务。

真题链接

一、单项选择题

1. 根据我国现行宪法和法律的规定，我国的兵役制度是 （　　）（2009/非法学/30）[1]

A. 志愿兵役制

B. 义务兵役制

C. 义务兵役制与志愿兵役制相结合，以义务兵役制为主

D. 义务兵役制与志愿兵役制相结合，以志愿兵役制为主

二、多项选择题

2. 我国宪法规定："中华人民共和国公民有依照法律纳税的义务。"对于该条文，下列理解正确的有 （　　）（2013/非法学/57）[2]

A. 税收属于法律保留事项

B. 依法纳税是公民的一项基本义务

C. "依照法律"包括对国家征税权的约束

D. 该条中的"法律"仅限于全国人大及其常委会制定的法律

3. 依据我国现行宪法规定，公民在行使自由和权利时不得损害 （　　）（2011/非法学/53）[3]

A. 国家利益　　　　　　　　　B. 社会利益

C. 集体利益　　　　　　　　　D. 其他公民合法的自由和权利

---

〔1〕　无（原答案为C）

〔2〕　ABCD

〔3〕　ABCD

国 家 机 构 第五章

本章知识体系

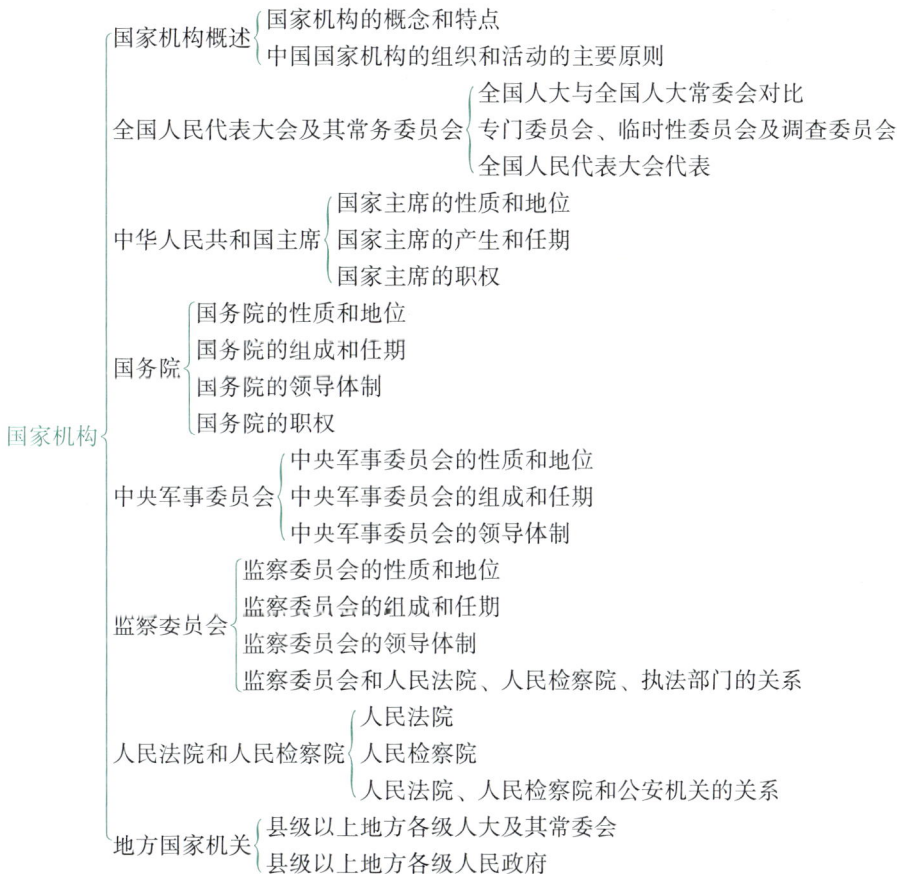

国家机构
- 国家机构概述
  - 国家机构的概念和特点
  - 中国国家机构的组织和活动的主要原则
- 全国人民代表大会及其常务委员会
  - 全国人大与全国人大常委会对比
  - 专门委员会、临时性委员会及调查委员会
  - 全国人民代表大会代表
- 中华人民共和国主席
  - 国家主席的性质和地位
  - 国家主席的产生和任期
  - 国家主席的职权
- 国务院
  - 国务院的性质和地位
  - 国务院的组成和任期
  - 国务院的领导体制
  - 国务院的职权
- 中央军事委员会
  - 中央军事委员会的性质和地位
  - 中央军事委员会的组成和任期
  - 中央军事委员会的领导体制
- 监察委员会
  - 监察委员会的性质和地位
  - 监察委员会的组成和任期
  - 监察委员会的领导体制
  - 监察委员会和人民法院、人民检察院、执法部门的关系
- 人民法院和人民检察院
  - 人民法院
  - 人民检察院
  - 人民法院、人民检察院和公安机关的关系
- 地方国家机关
  - 县级以上地方各级人大及其常委会
  - 县级以上地方各级人民政府

第一节　国家机构概述

一、国家机构的概念和特点

（一）国家机构的概念和特点

概　念	国家机构，是指国家为实现其管理社会、维护社会秩序职能而建立起来的国家机关的总和。它包括立法机关、行政机关、审判机关、检察机关、军事机关等。

续表

特　点	（1）阶级性	国家机构是统治阶级为了实现自己的使命而设立的政治组织，国家机构的权力运作和职责都反映了统治阶级的意志和利益，具有鲜明的阶级性。 记忆提示 实现政治使命，反映意志利益，鲜明阶级性。
	（2）历史性	国家机构是一定历史范畴的产物，是社会发展到一定阶段的产物，随着国家的产生而出现，也会随着国家的消亡而消亡。 记忆提示 历史范畴产物，社会一定阶段，伴随国家生灭。
	（3）特殊的强制性	国家机构是一种国家组织，拥有特殊的强制力，即以军队、警察、监狱、法庭等为主要内容的国家暴力。因此，国家机构不同于一般的社会组织。 记忆提示 军警监法，国家暴力，不同一般社会组织。
	（4）组织性	国家机构的组织体系的设置、职权划分及其相互之间的关系非常复杂，不同国家机关按照法律规定组成完整严密的整体，保证国家基本职能的实现。 记忆提示 体系职权关系复杂，组成完整严密整体。
	（5）协调性	国家机构根据宪法划分职权，国家权力按照行使职权的性质和范围的不同而分工行使，同时各个国家机关之间又相互协作、互相配合，共同为实现宪法规定的目标而运行。 记忆提示 分工行使，相互协作，相互配合，共同目标。
	记忆提示 阶级历史，协调组织，特殊强制。	

（二）国家机构的历史发展

我国中央国家机关体制是随着国情的变化而不断变化发展的。新中国成立以来，大致经历了以下几个历史阶段：

1. 新中国建立至1954年《宪法》颁布之前的中央国家机关体制

根据当时的《中央人民政府组织法》的规定，中央人民政府委员会为最高国家权力机关，是中央人民政府的领导机构，也是新中国建立初期的集体国家元首。它对内领导国家政权，行使国家立法权，组织政务院、人民革命军事委员会、最高人民法院和最高人民检察署，决定国家重大问题；对外代表中华人民共和国。中央人民政府委员会由中央人民政府主席、副主席若干人、委员若干人和秘书长组成。中央人民政府主席召集和主持中央人民政府委员会会议，领导中央人民政府的工作，副主席和秘书长协助主席执行职务。此外，由于地区差异及交通、通信落后等诸多因素，又考虑到实际工作的需要，新中国建立初期在中央和省之间设立了既为中央人民政府领导和监督地方政府工作的派出机关，又为最高一级地方政权机关的大行政区一级的国家机构。东北、华北称人民政府委员会，华东、西北、中南、西南称军政委员会。1952年年底，中央人民政府委员会决定将大区人民政府委员会（或军政委员会）改为行政委员会，只作为中央在地方的代表机关，不再具有最高一级地方政权机关的性质。到1954年6月，中央人民政府委员会根据国际情况的变化，撤销了大区一级行政机构。在普选的地方各级人民代表大会产生之前，由地方各界人民代表会议代行地方各级人民代表大会的职权，由它选举产生的本级人民政府委员会既是行使国家权力的机关，又是地方国家行政机关。地方各级人民法院和人民检察署都是同级人民政府的组成部分，受同级人民政府的领导和监督，并受上级人民法院和人民检察署的领导和监督。

2. 1954 年《宪法》颁布之后至"文化大革命"开始前的中央国家机关体制

随着政权建设的巩固，1954 年 6 月，在第一次基层普选和陆续召开地方各级人民代表大会的基础上，1954 年 9 月 15 日，召开了第一届全国人大第一次会议。此次会议通过了第一部《宪法》《全国人民代表大会组织法》《国务院组织法》《地方各级人民代表大会和地方各级人民委员会组织法》《人民法院组织法》《人民检察院组织法》，这标志着我国中央国家机关的组织和活动进入了一个新的历史发展阶段。根据 1954 年《宪法》和上述法律的规定，国家机关的组成主要有：全国人大、全国人大常委会、中华人民共和国主席、国务院、最高人民法院和最高人民检察院。

3. 从"文化大革命"开始至 1982 年《宪法》颁布之前的中央国家机关体制

1966 年 5 月，"文化大革命"开始，中央文化革命小组和中共中央军委办事组实际取代了大部分国家机关的职权。全国人大和全国人大常委会长期没有召集和举行会议，国家主席职位长期空缺，国务院的职权被严重削弱，最高人民法院受到不断冲击和破坏，最高人民检察院名存实亡，整个中央国家机关建设陷入全面危机。1976 年 10 月，"四人帮"被粉碎，我国政治生活逐渐走向正常。1978 年 2 月 26 日至 3 月 5 日召开的第五届全国人大第一次会议，对 1975 年《宪法》进行了修改，通过了 1978 年《宪法》，但这部宪法除了重新设置最高人民检察院和补充了其他中央国家机关的一些职权外，与 1975 年《宪法》关于中央国家机关的规定相比，内容并没有什么大的变化，仍然没有设置国家主席。因此，1978 年《宪法》颁布后的中央国家机关组织体系仍不健全。

4. 1982 年《宪法》颁布至 2018 年《宪法》修改之前的中央国家机关体制

中国共产党第十一届三中全会召开之后，我国进入了一个新的历史时期。1982 年 12 月，第五届全国人大第五次会议通过了现行宪法，这部宪法与 1978 年《宪法》相比，在中央国家机关的建设方面作出了较大的变动。主要内容有：加强和改进了人民代表大会制度，恢复了国家主席的建制，设立了中央军事委员会领导全国武装力量，中央行政机关和军事机关实行首长负责制等。这些变动为健全中央国家机关组织体系，维护中央政权的稳固，确保国家机器的运行起到一定的积极作用。

5. 2018 年《宪法》修改至今的中央国家机关体制

2018 年宪法修改，为了建立权威高效、集中统一的中国特色的反腐败制度，设立了监察委员会这一国家机构，在中央国家机关层面则在原有的机构之外增设了国家监察委员会，丰富了人民代表大会制度的内涵，推动了国家治理能力和治理体系的现代化。

（三）国家机构的体系

各个国家机关的有机组合，就构成了国家机关体系。国家机构分为中央国家机关和地方国家机关两大类。中央和地方国家机关职权的划分，遵循在中央统一领导下，充分发挥地方的主动性和积极性的原则。

1. 中央国家机关。中央国家机关是国家最高层次的政权组织体系，依据宪法分为全国人民代表大会及其常务委员会、中华人民共和国主席、国务院、国家监察委员会、中央军事委员会、最高人民法院、最高人民检察院。

2. 地方国家机关。依据宪法规定，县级以上地方国家机关分为人民代表大会及其常务委员会、人民政府、地方监察委员会、人民法院和人民检察院。乡、民族乡、镇的国家机关分为人民代表大会和人民政府。

二、中国国家机构的组织和活动的主要原则

概念	内容
民主集中制原则 民主集中制是社会主义国家政权组织和活动的基本原则。我国《宪法》第 3 条第 1 款规定："中华人民共和国的国家机构实行民主集中制的原则。" 民主集中制是一种民主与集中相结合的制度，是在民主基础上的集中和在法治规范下的民主的结合。 记忆提示 民主之上集中，法治规范民主。 根据这一原则的要求： （1）我国的国家权力必须集中由代表人民意志的、由民主选举产生的人大统一行使； （2）各个国家机关之间不是分权关系，而是为实现国家管理任务进行的工作分工关系； （3）各个国家机关依据宪法的具体规定，在人大及其常委会的统一领导和监督下行使各自职责范围内的权力。 记忆提示 （1）人大统一行使； （2）分工不是分权； （3）人大领导监督。	（1）在意志代表方面，人大由民主选举产生，对人民负责，受人民监督；由人大代表人民的意志，制定法律，决定国家的重大问题。 （2）在权限划分方面，国家行政机关、国家审判机关、国家检察机关、国家军事机关等由人大产生，对它负责，受它监督；各机关在其宪法权限内处理属于各自职权范围内的国家事务。 （3）在中央和地方的权力关系方面，遵循在中央统一领导下，充分发挥地方积极性、主动性的原则，但必须坚持中央的集中统一领导。 （4）在国家机关内部关系方面，人大及其常委会实行集体领导体制，而行政机关和军事机关则都实行首长个人负责制。 （5）在具体工作方面，任何一个国家机关，具体决策过程都必须遵循民主集中制的原则，既不能出现"一言堂"的情况，更不能出现互相推诿的情况。民主集中制是与我国国情相适应的国家机构的基本原则。实行民主集中制，既防止了权力过分集中，又避免了不必要的牵制，保证了国家机关工作的有效进行。 记忆提示 人民产生人大，人大产生其他，中央统一领导，地方主动积极，军政首长负责。

续表

	概　　　念	内　　　容
责任制原则	我国《宪法》第 27 条规定了国家机关实行工作责任制的原则。责任制原则，是指国家机关及其工作人员，对其决定、行使职权、履行职责所产生的结果，都必须承担责任。	（1）人大向人民负责，每一个代表都要受原选区选民或原选举单位的监督，原选区选民或原选举单位可随时罢免自己选出的代表；国家行政机关、国家监察机关、国家审判机关、国家检察机关和国家军事领导机关则向人大及其常委会负责。 （2）按照国家机关的不同性质，分为集体负责制和个人负责制两种形式。 ①集体负责制，是指机关的全体组成人员和领导成员在重大问题的决策或决定上权利平等，全体成员集体讨论，并按照少数服从多数的原则作出决定，集体承担责任。人大及其常委会、人民法院、人民检察院等都实行集体领导、集体负责的责任制度。 ②个人负责制，是指在决策问题上由首长个人作出决定并承担相应责任的决策形式。行政机关、军事机关都实行这种集体讨论、个人决定和个人负责的领导体制。 记忆提示 （1）人大向人民负责，其他向人大负责； （2）人大人常法检，少数服从多数（集体负责制）； （3）行政军事机关，个人决定负责（个人负责制）。
法治原则	法治原则要求国家机关在其组织和活动中都要依法办事，不因领导人的改变而改变，不因领导人的看法和注意力的改变而改变。	（1）国家机关的设立和活动都有法可依，任何国家机关及其附属机构的存在都必须符合宪法和法律的规定； （2）国家机关作出决定、命令、裁判等工作的程序必须符合法律的要求，符合法律规范； （3）任何违反宪法和法律的国家机关的行为，必须予以纠正。 记忆提示 人在法下，依法设立，依法办事，违法必纠。
除上述三项原则外，还有民族平等和民族团结的原则、效率原则、联系群众原则、党的领导原则。它们都是宪法规定的、国家机关应当遵循的组织和活动原则。 记忆提示 民族平等和团结，效率群众党领导。		

真题链接

一、单项选择题

1. 关于全国人大和全国人大常委会职权的划分，下列表述正确的是（　　　）（2020/

非法学/19；2020/法学/14)[1]

A. 全国人大批准自治区的建置，全国人大常委会批准自治县的建置

B. 全国人大决定特别行政区的设立，全国人大常委会决定其社会制度

C. 全国人大批准国家预算，全国人大常委会批准国家预算的部分调整方案

D. 全国人大决定国务院总理的人选，全国人大常委会决定国务院副总理的人选

二、多项选择题

2. 下列选项中，属于我国国家机构组织和活动原则的有 (   ) (2014/非法学/54)[2]

A. 法治原则

B. 责任制原则

C. 权力分立与制约原则

D. 民主集中制原则

第二节　全国人民代表大会及其常务委员会

一、全国人大与全国人大常委会对比

	全国人民代表大会	全国人民代表大会常委会
性质和地位	全国人民代表大会是最高国家权力机关，又是国家的立法机关。 就其性质而言，所谓最高国家权力机关，意味着全国人大是国家权力的最高体现者，集中代表全国各族人民的意志和利益，行使国家的立法权和决定国家生活中的其他重大问题。 就其地位而言，全国人大在我国国家机关体系中居于首要地位，其他任何国家机关都不能超越于全国人大之上，也不能与它并列。全国人大及其常委会通过的法律和决议，其他国家机关都必须遵照执行。	全国人大常委会是全国人大的常设机关，也是行使国家立法权的机关。它隶属于全国人大，必须服从全国人大的领导和监督，向全国人大负责并报告工作。 全国人大常委会是在全国人大闭会期间行使国家权力，履行经常性的立法权、监督权的机关。
组成和任期	全国人大由代表组成。根据现行宪法和选举法，全国人大由省、自治区、直辖市、特别行政区和军队选出的代表组成。这表明，我国实行地域代表制与职业代表制相结合、以地域代表制为主的代表机关组成方式。全国人大代表名额总数不超过	全国人大常委会在每届全国人大第一次会议时，由全国人大从代表中选举委员长、副委员长若干人、秘书长和委员若干人组成。与全国人大代表不同，宪法还规定，全国人大常委会组成人员中应有适当名额的少数民族成员。

---

[1]　C

[2]　ABD

	全国人民代表大会	全国人民代表大会常委会
组成和任期	3000 名，由全国人大常委会确定各选举单位代表名额比例的分配（共 35 个代表团，23 个省、5 个自治区、4 个直辖市、2 个特别行政区+中国人民解放军和武装警察代表团）。 　全国人大行使职权的法定期限即每届任期为 5 年。在任期届满的 2 个月以前，全国人大常委会必须完成下届全国人大代表的选举工作。如果遇到不能进行选举的非常情况，由全国人大常委会以全体委员 2/3 以上的多数通过，可以推迟选举，延长本届全国人大的任期；但在非常情况结束后 1 年以内，全国人大常委会必须完成下届全国人大代表的选举。	全国人大常委会的任期与全国人大相同，即 5 年。 　全国人大常委会组成人员不得担任国家行政机关、监察机关、审判机关和检察机关的职务。 　组成人员可连选连任，但委员长、副委员长连续任职不得超过两届。
职　权	（1）修改宪法，监督宪法的实施 　宪法的修改由全国人大常委会或者1/5以上的全国人大代表提议，并由全国人大以全体代表的 2/3 以上的多数通过。同时，全国人大是进行宪法监督的最高机关，其内容主要有两个方面：①监督各项法律、行政法规、地方性法规以及各种规章是否符合宪法的原则和条文规定；②监督一切国家机关、武装力量、各政党和社会团体、各企业事业组织的行为是否违反宪法。 　（2）制定和修改基本法律 　基本法律是为实施宪法而由全国人大制定的最重要的法律，主要包括民刑法律、诉讼法、组织法、选举法、民族区域自治法、有关特别行政区的立法等。 　全国人大常委会在全国人大闭会期间可以修改基本法律（特别行政区基本法除外），但有两个限制：①修改不能与基本法律的基本原则相抵触；②只能进行部分的修改和补充。 　（3）选举、决定和罢免国家领导人 　全国人大选举全国人大常委会委员长、副委员长、秘书长和委员，选举国家主席、	（1）宪法解释权和宪法监督权 　全国人大常委会有权对宪法进行解释，有权监督宪法的实施。有权撤销国务院制定的同宪法、法律相抵触的行政法规、决定和命令；有权撤销省、自治区、直辖市的人大和人大常委会制定的同宪法、法律和行政法规相抵触的地方性法规和决议。 　（2）立法权和法律解释权 　全国人大常委会在宪法规定的范围内行使立法权，有权制定和修改除由全国人大制定的基本法律以外的其他法律。 　在全国人大闭会期间，全国人大常委会还可以部分修改、补充由全国人大制定的基本法律，但不得与该法的基本原则相抵触。 　全国人大常委会还有权解释法律，不仅可以解释由它自己制定的法律，还可以解释由全国人大制定的法律，因为全国人大常委会是全国人大的常设机关，了解全国人大的立法意图，能够作出准确的解释。 　（3）任免权 　在全国人大闭会期间，全国人大常委会有权根据国务院总理的提名，决定国务院副总理、国务委员、部长、委员会主任、审计长、

全国人民代表大会	全国人民代表大会常委会
职 权 副主席，选举中央军事委员会主席，选举国家监察委员会主任、最高人民法院院长、最高人民检察院检察长。 根据国家主席的提名，决定国务院总理的人选；根据国务院总理的提名，决定国务院副总理、国务委员、各部部长、各委员会主任、审计长和秘书长的人选；根据中央军事委员会主席的提名，决定中央军委副主席和委员的人选。 对于以上人员，根据全国人大主席团或者3个以上的代表团或者1/10以上的代表提出的罢免案，全国人大有权依照法定程序，由主席团提请大会审议并经全体代表过半数的同意后，予以罢免。 （4）决定国家重大问题 全国人大有权审查和批准国民经济和社会发展计划以及有关计划执行情况的报告，审查和批准国家预算和预算执行情况的报告，批准省、自治区和直辖市的建置，决定特别行政区的设立及其制度，决定战争与和平问题等。 （5）最高监督权 全国人大有权监督由它产生的其他国家机关的工作，这些国家机关都要向全国人大负责，并报告工作。 （6）其他职权 宪法规定，全国人大行使"应当由最高国家权力机关行使的其他职权"。 **记忆提示** 全国人大职权 1. 修改、监督宪法实施 （1）修宪：五一常委提，2/3以上过； （2）监督：各项规范合宪，各种主体行为。 2. 制定修改基本法律 提案：军国法检专和监，三十代表常两团。 3. 选举、决定罢免 （1）领导人大选，全常一套班，军主	国务院办公厅秘书长的人选；根据中央军委主席的提名，决定中央军委其他组成人员的人选；根据国家监察委员会主任的提请，任免国家监察委员会副主任、委员；根据最高人民法院院长的提请，任免副院长、审判员、审判委员会委员和军事法院院长；根据最高人民检察院检察长的提请，任免副检察长、检察员、检察委员会委员和军事检察院检察长，并且批准省、自治区、直辖市人民检察院检察长的任免。 （4）国家重大事项的决定权 在全国人大闭会期间，全国人大常委会有对下列国家重大事项的决定权： 对国民经济和社会发展计划以及国家预算部分调整方案的审批权；决定批准或废除同外国缔结的条约和重要协定；决定驻外全权代表的任免；规定军人和外交人员的衔级制度和其他专门衔级制度，规定和决定授予国家勋章和荣誉称号；决定特赦；遇到国家遭受武装侵犯或者必须履行国家间共同防止侵略的条约的情况，有权决定宣布战争状态；决定全国总动员和局部动员；决定全国或者个别省、自治区和直辖市进入紧急状态等。 （5）监督权 全国人大常委会对其他由全国人大产生的中央国家机关都有权进行监督，主要有三种方式：①在全国人大常委会会议期间，常委会组成人员10人以上联名，可以向国务院及其各部委、最高人民法院、最高人民检察院提出书面质询案；②国务院、最高人民法院、最高人民检察院在全国人大常委会会议上，围绕本单位职权范围内的事务向全国人大常委会做工作汇报；③全国人大常委会开展对法律实施工作进行考察的执法检查。 （6）其他职权 由于全国人大常委会是全国人大的常设机关，所以，与全国人大的职权范围不同，它没有宪法上自己的弹性权力。在宪法列明

续表

	全国人民代表大会	全国人民代表大会常委会
职 权	监法检，主席正副全； （2）只能全人决定，只有央府总理； （3）全人全常分工决定，央府军委，其他人员； （4）罢免：三团加上主席，代表1/10。 4. 决定国家重大问题：国发预，战与和，全国省建和特设。 5. 最高监督权：人大产生其他，负责报告监督（国家监察委员会、中央军委、国家主席不报告工作）。	的职权之外，常委会的其他职权必须经全国人大授权方能享有；在授权范围内，全国人大常委会可以作出有法律约束力的决定。例如，1990年4月，全国人大设立了香港特别行政区基本法委员会，主要受全国人大常委会的领导，也就是授予常委会以领导、监督基本法委员会工作的权力。 **记忆提示** 全国人大常委会职权 1. 宪法解释与监督：参见之前对应内容。 2. 立法与法律解释 （1）制定修改基本以外，基本法律原则不改； （2）解释所有法律； （3）提案：军国法检专和监，委长会议十委员。 3. 任免权 （1）全人全常分工决定，央府军委，其他人员； （2）只能全常决定之，监法检，其他职。 4. 重大事项决定权：条约协定，全权代表，衔级勋章，荣誉称号，反击动员，计划微调。 5. 监督权：十个委员质询，一府两院报告，开展考察检查。
工作的方式和程序	全国人大的工作方式是举行会议。全国人大每年举行1次会议，由全国人大常委会召集。 全国人大常委会应当在全国人大会议举行1个月前，将开会日期和建议大会讨论的主要事项通知全国人大代表。每届全国人大的第一次会议，在本届全国人大代表选举完成后2个月内由上届全国人大常委会召集。如果全国人大常委会认为必要，或者1/5以上全国人大代表提议，可以临时召集全国人大会议。 全国人大会议举行前，召开预备会议，选举主席团和秘书长，通过会议议程	全国人大常委会的工作方式是举行会议。会议有两种形式：①由委员长、副委员长、秘书长组成的委员长会议；②由全体组成人员组成的全体会议。 全国人大常委会全体会议，一般每2个月举行一次，由委员长召集并主持。有特殊需要的时候可以临时召集会议。常委会全体会议须有常委会全体组成人员过半数出席才能举行。在全国人大常委会举行会议的时候，国务院、中央军委、最高人民法院、最高人民检察院的负责人列席会议；各省、自治区、直辖市的人大常委会派主任或者副主任一人列席会议；必要时可以邀请有关

全国人民代表大会	全国人民代表大会常委会
和关于会议其他准备事项的决定。主席团主持全国人大会议。主席团推选常务主席若干人，召集并主持主席团会议。全国人大会议须有 2/3 以上的代表出席始得举行。国务院组成人员，中央军委组成人员，国家监察委员会主任，最高人民法院院长和最高人民检察院检察长，列席全国人大会议；其他有关机关、团体的负责人，经主席团决定，可以列席全国人大会议。 　　全国人大通过法律案以及其他议案，选举和罢免国家领导人都要经过以下四个阶段： 　　（1）提出议案 　　全国人民代表大会主席团、全国人大常委会、全国人大各专门委员会、国务院、中央军事委员会、国家监察委员会、最高人民法院、最高人民检察院以及一个代表团或者 30 名以上的全国人大代表联名，可以向全国人大提出属于全国人大职权范围的议案。 　　（2）审议议案 　　对国家机关提出的议案，由主席团决定是否列入大会议程；对代表团和代表提出的议案，则由主席团审议决定是否列入大会议程，或者先交有关专门委员会审议，提出是否列入大会议程的意见，再决定是否列入大会议程。 　　（3）表决通过议案 　　议案经审议后，由主席团决定提交大会表决，并由主席团决定采用无记名投票方式或者举手表决方式或其他方式通过。宪法规定，宪法修正案由全国人民代表大会全体代表 2/3 以上的多数通过；法律和其他议案由全国人民代表大会全体代表过半数通过。 　　（4）公布法律、决议 　　法律议案通过后即成为法律，由中华人民共和国主席签署主席令予以公布。	全国人大代表列席会议。 　　根据《全国人民代表大会组织法》和《全国人民代表大会常务委员会议事规则》的规定，全国人大常委会在举行会议、审议及通过法律案和其他议案、选举和罢免各国家机构领导人时，均须遵守以下四个程序： 　　（1）提出议案 　　全国人大常委会会议期间，委员长会议、全国人大各专门委员会、国务院、中央军事委员会、国家监察委员会、最高人民法院、最高人民检察院以及常委会组成人员 10 名以上联名，可以向常委会提出属于常委会职权范围的议案。 　　（2）审议议案 　　国家机关提出的议案，由委员长会议决定提请常委会会议审议，或者先交有关专门委员会审议，提出报告，再提请常委会会议审议；常委会组成人员提出的议案，由委员长会议决定提请常委会会议审议，或者先交有关的专门委员会审议，提出报告，再决定是否提请常委会会议审议。 　　（3）表决通过议案 　　议案经审议后，由常委会会议表决通过。常委会的决议由常委会以全体委员的过半数通过。 　　（4）决定公布 　　此外，在全国人大常委会会议期间，常委会组成人员 10 人以上可以联名向常委会书面提出对国务院及国务院各部门、国家监察委员会、最高人民法院、最高人民检察院的质询案。由委员长会议决定交受质询部门书面答复，或者由受质询机关的负责人在常委会会议上或者有关委员会会议上口头答复。在专门委员会会议上答复的，专门委员会应当向常委会或者委员长会议提出报告。专门委员会审议质询案的时候，提质询案的常委会组成人员可以出席会议，发表意见。

左侧边栏行标题：工作的方式和程序

记忆提示 列席问题

全国人大：军委专委全都要，监察法检的领导。

全国人常：军国法检监察的领导，省常正副主任不都要。

[归纳总结] 各项提案主体

1. 提出一般议案

全国人大	军国法检专和监	30 代表常 2 团（主席团、代表团）	
全国人常		委长会议+委员	
地方人大	政府+专委会*	主席团、常委会*	县以上 10 代表
			乡级 5 代表
地方人常		主任会议	市级以上 5 委员
			县级 3 委员

* 乡级无。

2. 提出罢免代表议案

直接选举	乡 级	原选区选民 30 人以上	
	县 级	原选区选民 50 人以上	
间接选举	人 大	主席团；1/10 代表	与向地方人大、人常提出组织关于特定问题调查委员会主体相同
	人 常	主任会议；1/5 委员	

3. 提出罢免或撤职各级人大、人常选任的其他国家机关组成人员的议案

	罢免（向人大提）	撤职（向人常提）
全 国	（主席团、3 个代表团、1/10 以上代表）*	（委长会/总理/军委主席）**
省、市、县级	主席团、常委会、1/10 以上代表	主任会：一府两院
乡 级	主席团、1/5 以上代表	

* 同时也是向全国人大提出组织特定问题调查委员会的主体。

** 监、法、检副职及以下由同级人常任免，但未明确提案主体（免案）。

4. 提出合宪性审查要求：（向全人常）军国法检+省人常。

5. 提出法律解释（立法解释）要求：（向全人常）军国法检专+省人常。

6. 提出修改港澳基本法的议案：（向全国人大）全人常、国务院、特别行政区。

7. 提出审判解释的要求：（向最高法）最高法审判委员会。

8. 提出召集村民会议：村委会；1/10 村民；1/3 村民代表。提出召集居民会议：居委会；1/5 居民；1/5 户；1/3 居民小组。

9. 提出召集村民代表会议：村委会；1/5 村民代表（居民自治无）。

10. 提出罢免村委会成员：1/5 村民；1/3 村民代表。提出罢免居委会成员：1/5 居民；1/5 户；1/3 居民代表。

二、专门委员会、临时性委员会及调查委员会

<table>
<tr><td rowspan="7">专门委员会</td><td>性　质</td><td>是常设性的机构。是按专业分工设立的辅助性工作机构。</td></tr>
<tr><td>类　型</td><td>全国人大设有民族委员会、宪法和法律委员会、财政经济委员会、教育科学文化卫生委员会、外事委员会、华侨委员会、监察和司法委员会、环境与资源保护委员会、农业与农村委员会、社会建设委员会。
记忆提示
（1）专门委员会：农村农业社建委，民族宪法财政经，外事华侨监司法，科教文卫保环境；
（2）全常工作机构：办公厅、审代表，法工预工和港澳。</td></tr>
<tr><td>任　务</td><td>是在全国人大及其常委会的领导下，研究、审议、拟定有关议案或提出有关报告，交全国人大或其常委会处理。</td></tr>
<tr><td rowspan="2">产　生</td><td>在全国人大会议期间向全国人民代表大会负责，在全国人大闭会期间向全国人大常委会负责。专门委员会委员由全国人大主席团在代表中提名，大会通过；在全国人大闭会期间，全国人大常委会可以补充任命个别副主任委员和委员。</td></tr>
<tr><td>全国人大常委会可以根据需要任命若干非全国人大代表的专家作为委员会的顾问，他们有权列席各专门委员会的会议，发表意见，但无表决权。</td></tr>
<tr><td>任　期</td><td>专门委员会每届任期5年，与全国人大任期相同。</td></tr>
<tr><td>工　作</td><td>（1）审议全国人大主席团或常委会交付的议案。
（2）向全国人大主席团或常委会提出属于全国人大或常委会职权范围内同本委员会有关的议案。
（3）审议全国人大交付的被认为同宪法、法律相抵触的国务院的行政法规、决定和命令，国务院各部委的命令、指示和规章，省、自治区、直辖市人大及其常委会的地方性法规和决议，以及省、自治区、直辖市人民政府的决定、命令和规章，并提出报告。
（4）审议全国人大主席团或常委会交付的质询案，听取受质询机关对质询案的答复，必要时向全国人大主席团或常委会提出报告。
（5）对属于全国人大或常委会职权范围内同本委员会有关的问题，进行调查研究，提出建议。此外，各专门委员会还有一些与本委员会职责有关的特殊工作。</td></tr>
<tr><td rowspan="3">临时性委员会和特定问题调查委员会</td><td>性　质</td><td>全国人民代表大会根据实际需要为完成某项特定工作任务而设立的临时性工作机构。</td></tr>
<tr><td>任　期</td><td>它的工作是临时性的，没有固定任期。</td></tr>
<tr><td>规　定</td><td>全国人大及其常委会认为必要时可组织关于特定问题的调查委员会，并且根据调查委员会的报告作出相应的决议。这种特定的调查委员会就是一种临时性委员会。1985年7月到1990年3月设立的香港特别行政区基</td></tr>
</table>

续表

临时性委员会和特定问题调查委员会	规 定	本法起草委员会，1988年4月设立的澳门特别行政区基本法起草委员会即为临时性委员会。
	组 织	全国人大及其常委会在认为必要时，可以组织对特定问题的调查委员会。
	产 生	调查委员会的组成人员必须是全国人大代表，其产生办法与专门委员会委员的产生办法类似。调查委员会是临时性的委员会，无固定任期，对特定问题的调查任务一经完成，该委员会即予撤销。

三、全国人民代表大会代表

（一）法律地位

全国人民代表大会代表是最高国家权力机关——全国人民代表大会的组成人员。其中一部分代表同时又是全国人大常委会的组成人员。他们是全国人民派往最高国家权力机关的使者，接受人民的委托，代表全国人民的意志和利益，并且依照宪法和法律的规定集体行使国家权力，是最高国家权力机关的重要组成部分。

（二）全国人民代表大会代表的工作

1. 代表在全国人大会议期间的工作
（1）出席会议，审议各项议案和报告；
（2）可依照法定程序提出议案（包括修改宪法的议案）；
（3）参加各项选举，可对主席团提名的国家领导机构的负责人名单提出意见；
（4）决定国务院组成人员和军委副主席、委员的人选；
（5）可提出询问，可依照法律规定的程序，书面提出对国务院及其各部委和国家监察委员会、最高人民法院、最高人民检察院的质询案；
（6）可依照法律的规定提出罢免案；
（7）可依法提议组织关于特定问题的调查委员会；
（8）可向全国人大提出对各方面工作的建议、批评和意见。

2. 代表在全国人大闭会期间的工作
（1）全国人大代表在常委会的统一安排下，对有关地区、有关单位进行视察，就被视察的各方面工作提出建议、批评、意见，但不直接处理问题；
（2）可应邀列席全国人大常委会会议以及各专门委员会会议；
（3）列席原选举单位的人民代表大会会议和人大常委会会议，回答原选举单位对代表工作的询问，协助政府推进工作；
（4）有权按照法律规定的程序提议临时召集全国人大会议；
（5）向全国人大常委会提出对各方面工作的建议、批评和意见。

记忆提示 会议期间：参考全国人大职权即可。

闭会期间：批评建议不处理，专委常委可列席，回到原选答问题，根据程序现召集，可向全常提建议。

（三）权利与义务

权 利	（1）全国人大代表有出席全国人大会议、发表意见、参与表决，共同决定中央国家机关领导人员的人选和国家生活中的重大问题的权利。 记忆提示 出席会议、发表意见、参与表决、共同决定。 （2）根据法律规定的程序提出议案、建议和意见的权利。一个代表团或者30名以上全国人大代表联名，可以向全国人大提出属于全国人大职权范围内的议案。 记忆提示 三十代表或一团，质询一府或两院。 （3）依照法律规定的程序提出质询案的权利。在全国人大会议期间，一个代表团或者30名以上代表联名，可以书面提出对国务院和国务院领导的各部委的质询案。在常委会会议期间，常务委员会组成人员10人以上联名，可以向常务委员会书面提出对国务院及国务院各部委和最高人民法院、最高人民检察院的质询案。 记忆提示 一团三十表，可提各议案。 （4）依法提出罢免案的权利。全国人大代表有权依照法律规定的程序，提出对全国人大常委会组成人员，中华人民共和国主席、副主席，国务院组成人员，中央军事委员会组成人员，最高人民法院院长，最高人民检察院检察长的罢免案。 记忆提示 三团加上主席，代表十分之一。 （5）人身特别保护权。在全国人大开会期间，非经全国人大会议主席团的许可，在全国人大闭会期间，非经全国人大常委会的许可，全国人大代表不受逮捕或者刑事审判。如果全国人大代表因为是现行犯而被拘留，执行拘留的公安机关必须立即向全国人大会议主席团或者全国人大常委会报告。 记忆提示 团、委不许，不逮不审判；现行被拘，报告由公安。 （6）言论免责权。根据宪法和代表法的规定，全国人大代表在全国人大各种会议上的发言和表决不受法律追究，以此保证他们能够真实地代表和反映人民的意志，为制定法律规范提供客观的依据。 记忆提示 人大各种会议上，发言表决不追究。 （7）物质保障权。全国人大代表在履职时，所在单位根据实际需要予以时间保障和工资福利保障，国家应当予以适当补贴和物质上的补助。 记忆提示 代表履职，单位保障。 记忆总结 表决质询和提案，人身言责物罢免。
义 务	（1）模范地遵守宪法和法律，在代表参加的生产、工作和社会活动中，宣传法治并协助宪法和法律的贯彻实施； （2）与原选举单位和人民保持密切联系，接受原选举单位的监督，原选举单位有权罢免其所选出的代表； （3）保守国家秘密； （4）出席全国人民代表大会会议，认真参与对国家事务的讨论和决定，积极参加代表的视察活动。 记忆提示 遵守宣传并协助，保守秘密不辜负，出席讨论和视察，密切联系受监督。

真题链接

一、单项选择题

1. 为治理交通拥堵，某市制定地方性法规《道路交通管理条例》，规定行人闯红灯罚款 20 元，累计 10 次处以行政拘留，下列说法正确的是 （   ）（2018/非法学/17)[1]

A. 该条例有权规定对行人闯红灯的行为处以罚款

B. 该条例只有在获得全国人大常委会授权后方可设定行政拘留

C. 只有该市人大有权制定该条例，该市人大常委会无权制定

D. 法院可以根据被处罚人的审查要求撤销该条例

2. 关于全国人大常委会的立法监督权，下列说法正确的是 （   ）（2018/非法学/18)[2]

A. 全国人大常委会有权改变同法律相抵触的地方性法规

B. 全国人大常委会可以撤销或改变同法律相抵触的行政法规

C. 部门规章和地方政府规章规定同一事项不一致的，由全国人大常委会裁决

D. 根据授权制定的法规与法律规定不一致的，由全国人大常委会裁决

3. 下列法规或条例中，须报全国人大常委会批准后生效的是 （   ）（2018/非法学/24)[3]

A. 重庆市人大常委会制定的地方性法规

B. 广西壮族自治区人大制定的单行条例

C. 河北省张家口市人大常委会制定的地方性法规

D. 吉林省延边朝鲜族自治州人大制定的自治条例

4. 关于全国人大代表，正确的是 （   ）（2018/非法学/25)[4]

A. 全国人大代表在各种会议上的发言，不受法律追究

B. 全国人大代表在全国人大开会期间可提出对国务院质询案

C. 罢免全国人大代表须经全国人大常委会组成人员的过半数通过

D. 全国人大代表被行政拘留，应向全国人大主席团或全国人大常委会备案

5. 下列人员中，既可由全国人大也可由全国人大常委会产生的是 （   ）（2018/非法学/26)[5]

A. 中华人民共和国副主席　　　　　B. 国务院副总理

---

〔1〕 A

〔2〕 D

〔3〕 B

〔4〕 B

〔5〕 C

C. 中央军事委员会副主席　　　　　　D. 最高人民法院副院长

6. 下列选项中，由全国人民代表大会选举出来的人员有（　　）（2017/非法学/18）[1]

A. 国家副主席　　　　　　　　　　B. 国务院副总理

C. 教育部部长　　　　　　　　　　D. 军委副主席

7. 下列关于全国人大专门委员会的表述正确的是（　　）（2016/非法学/19）[2]

A. 全国人大专门委员会根据工作需要可聘请若干顾问出席会议，参加表决

B. 全国人大专门委员会的委员人选，由主席团在代表中提名

C. 全国人大设有法律委员会、预算工作委员会等几个专门委员会

D. 全国人大专门委员会是全国人大的具体办事机构

8. 根据我国现行宪法，有权决定特赦的国家机关是（　　）（2015/法学/10）[3]

A. 国家主席　　　　　　　　　　B. 全国人民代表大会常务委员会

C. 国务院　　　　　　　　　　　D. 最高人民法院

9. 根据我国宪法和法律，下列关于紧急状态的表述，正确的是（　　）（2015/非法学/19）[4]

A. 特别行政区进入紧急状态由全国人大常委会决定

B. 个别省、自治区、直辖市进入紧急状态由国务院决定

C. 全国或个别省、自治区、直辖市进入紧急状态由全国人大决定

D. 省、自治区、直辖市范围内部分地区进入紧急状态由全国人大常委会决定

10. 根据我国立法法，下列事项尚未制定法律的，全国人大及其常委会可授权国务院先行制定行政法规的是（　　）（2015/非法学/25）[5]

A. 犯罪和刑罚

B. 对公民政治权利的剥夺

C. 对非国有财产的征收

D. 限制人身自由的强制措施和处罚

11. 2014年11月1日，第十二届全国人民代表大会常务委员会第十一次会议通过《全国人民代表大会常务委员会关于设立国家宪法日的决定》。根据该决定，国家宪法日是（　　）（2015/法学/9）[6]

A. 12月6日　　　　　　　　　　B. 12月4日

C. 9月29日　　　　　　　　　　D. 9月20日

---

[1] A
[2] B
[3] B
[4] A
[5] C
[6] B

12. 根据我国现行宪法的规定，有权制定基本法律的国家机关是（ ）(2014/非法学/16)[1]

　　A. 全国人民代表大会

　　B. 全国人民代表大会常务委员会

　　C. 全国人民代表大会法律委员会

　　D. 全国人民代表大会常务委员会法制工作委员会

13. 2012 年"两会"召开前夕，公安机关以涉嫌参与 1 年前的非法集资为由，逮捕了全国人大代表甲。根据我国宪法和法律，下列表述正确的是（ ）(2013/非法学/26)[2]

　　A. 非经全国人大主席团许可，公安机关无权逮捕甲

　　B. 非经全国人大常委会许可，公安机关无权逮捕甲

　　C. 公安机关可以拘留甲，但须立即向全国人大主席团报告

　　D. 公安机关可以拘留甲，但须立即向全国人大常委会报告

14. 下列关于中央国家机关职权或相互间关系的说法，正确的是（ ）(2013/非法学/28)[3]

　　A. 最高人民法院对全国人大负责

　　B. 中央军事委员会主席须向全国人大报告工作

　　C. 国务院制定行政法规须由全国人大常委会授权

　　D. 全国人大常委会有权决定省级范围内部分地区进入紧急状态

15. 根据我国现行宪法规定，负责主持全国人民代表大会会议的是（ ）(2013/法学/13)[4]

　　A. 国家主席

　　B. 全国人民代表大会主席团

　　C. 全国人民代表大会常务委员会委员长

　　D. 全国人民代表大会常务委员会秘书长

16. 下列关于全国人民代表大会代表权利的表述，正确的是（ ）(2012/非法学/21)[5]

　　A. 依法联名提出议案、质询案

　　B. 有权获得其工作、生活所需的各种信息

　　C. 享有言论豁免权，在公开场合的发言不受法律追究

　　D. 为广泛听取民意，得设代表工作室并聘请代表助理

----

　　[1] A
　　[2] B
　　[3] A
　　[4] B
　　[5] A

17. 根据我国宪法，处理全国人民代表大会常务委员会的重要日常工作的机关或组织是（　　）（2012/非法学/24）[1]

A. 委员长会议

B. 全国人民代表大会法律委员会

C. 全国人民代表大会常务委员会办公厅

D. 全国人民代表大会常务委员会法制工作委员会

18. 根据我国法律规定，有权提名国家主席、副主席人选的是（　　）（2011/非法学/26）[2]

A. 全国人民代表大会　　　　B. 全国人民代表大会主席团

C. 全国人民代表大会常务委员会　　D. 上一任国家主席

19. 全国人民代表大会的工作方式是（　　）（2010/非法学/18）[3]

A. 举行会议　　　　　　B. 进行社会调查

C. 审议议案　　　　　　D. 监督其他国家机关

20. 下列选项中，实行集体负责制的中央国家机关是（　　）（2010/非法学/26）[4]

A. 国务院　　　　　　　B. 全国人民代表大会

C. 国务院各部委　　　　D. 中央军事委员会

二、多项选择题

21. 根据现行宪法和法律，下列关于全国人大专门委员会的表述，正确的有（　　）（2018/法学/45）[5]

A. 专门委员会受全国人大及其常委会的领导

B. 专门委员会有权向全国人大提出同本委员会有关的提案

C. 专门委员会有权审查和撤销同法律相抵触的地方性法规

D. 专门委员会副主任委员由主任委员提名，由全国人大常委会通过

22. 根据我国宪法和法律，下列关于全国人民代表大会代表权利与义务的表述，正确的有（　　）（2016/法学/25）[6]

A. 全国人大代表有义务模范地遵守宪法和法律，协助宪法和法律的实施

B. 全国人大闭会期间，全国人大代表非经全国人大常委会许可，不受逮捕

C. 全国人大代表执行代表职务时，国家根据需要给予其适当的补贴和物质上的便利

D. 全国人大代表应同原选举单位和人民保持密切联系，可列席原选举单位的人民代表大会会议

---

[1] A
[2] B
[3] A
[4] B
[5] AB
[6] ABCD

23. 下列选项中，可以向全国人大提出法律案的有（　　）（2015/非法学/53）[1]

A. 全国人大财经委员会　　　　　　B. 全国人大主席团

C. 30 名以上全国人大代表联名　　　D. 全国人大解放军代表团

24. 下列关于全国人大常委会组成人员的表述，正确的有（　　）（2015/非法学/58）[2]

A. 全国人大常委会由委员长、副委员长、秘书长和委员组成

B. 全国人大常委会组成人员中应有适当名额的少数民族代表

C. 全国人大常委会组成人员不得担任国家行政机关、审判机关和检察机关的职务

D. 全国人大常委会组成人员得连选连任，但委员长、副委员长连续任职不得超过两届

25. 根据我国《代表法》的规定，人民代表大会代表享有的权利有（　　）（2014/非法学/55；2014/法学/27）[3]

A. 参加本级人民代表大会的各项选举

B. 提出对各方面工作的建议、批评和意见

C. 依法联名提出议案、质询案、罢免案等

D. 出席本级人民代表大会会议，参加审议各项议案、报告和其他议题，发表意见

26. 根据我国《立法法》的规定，下列关于法律解释的表述，正确的有（　　）（2014/非法学/57）[4]

A. 法律解释权属于全国人大常委会

B. 全国人大常委会的法律解释的效力低于法律

C. 国务院可以向全国人大常委会提出法律解释的要求

D. 当法律制定后出现新的情况，需要明确适用法律依据的，由全国人大常委会解释

27. 下列关于在全国人民代表大会会议期间提出质询案的表述，正确的有（　　）（2013/法学/28）[5]

A. 1 个代表团可以提出质询案

B. 质询案可以书面或口头形式提出

C. 质询案必须明确质询对象、质询的问题和内容

D. 30 名以上全国人民代表大会代表联名可以提出质询案

28. 根据我国《立法法》的规定，下列主体中既可以向全国人民代表大会，也可以向全国人民代表大会常务委员会提出法律案的有（　　）（2012/非法学/55）[6]

A. 中央军事委员会

---

[1] ABCD

[2] ABCD

[3] ABCD

[4] ACD

[5] ACD

[6] AC

B. 省级人民代表大会常务委员会

C. 全国人民代表大会各专门委员会

D. 30 名以上全国人民代表大会代表联名

29. 下列关于国家机关之间关系的表述，正确的有（　　）（2012/非法学/59）[1]

A. 在全国人民代表大会闭会期间，各专门委员会受全国人大常委会领导

B. 国务院领导地方各级人民政府的工作

C. 上级人民法院领导下级人民法院的工作

D. 最高人民检察院指导下级人民检察院的工作

30. 根据我国有关法律规定，全国人民代表大会预备会议的主要内容有（　　）（2010/非法学/56）[2]

A. 选举主席团和秘书长　　　　　　B. 决定是否举行秘密会议

C. 通过会议议程　　　　　　　　　D. 决定委员长人选

第三节　中华人民共和国主席

一、国家主席的性质和地位

中华人民共和国主席是我国的国家元首。国家主席不是握有一定国家权力的个人，而是一个国家机关，包括国家主席和副主席。国家主席是国家主权的代表，是国家统一和民族团结的象征。国家主席对内代表整个国家机构和国家权力，对外代表中华人民共和国和全体中国公民。由于国家主席的国家最高代表性质，他的尊严就是国家尊严的象征，所以国家主席有着最尊贵的法律地位，无论在国内还是在国外，都应受到最高级别的礼遇。

二、国家主席的产生和任期

根据我国《宪法》第 79 条第 2 款的规定，国家主席、副主席的任职基本条件有：①国家主席、副主席人选必须是有选举权和被选举权的中华人民共和国公民；②必须年满 45 周岁。

国家主席、副主席由全国人大选举产生。具体程序是：由全国人大主席团提出国家主席和副主席的候选人名单，然后经各代表团酝酿协商，再由主席团根据多数代表的意见确定正式候选人名单，最后由主席团把确定的候选人名单交付大会表决，由大会选举产生国家主席和副主席。国家主席、副主席的任期同全国人大每届任期相同，都是 5 年。国家主席和副主席可以由全国人大罢免。（注意国家主席对全人全常既不负责也不报告工作）

---

[1]　AB

[2]　AC

根据《宪法》第 84 条的规定，在任期届满前，国家主席缺位时，由副主席继任；副主席缺位时，由全国人民代表大会补选；国家主席、副主席都缺位时，由全国人民代表大会补选，在补选以前，由全国人民代表大会常务委员会委员长暂时代理主席职位。

三、国家主席的职权

国家主席行使主要职权必须以全国人大或全国人大常委会的决定为依据。国家主席行使职权时，主要采取国家主席令的形式。

1. 公布法律、发布命令权。法律在全国人大或全国人大常委会正式通过后，由国家主席予以颁布施行。国家主席根据全国人大或者全国人大常委会的决定，发布特赦令、紧急状态令、动员令、宣布战争状态等。

2. 任免权。全国人大或全国人大常委会确定国务院总理、副总理、国务委员、各部部长、各委员会主任、审计长、秘书长的正式人选后，由国家主席宣布其任职。根据全国人大常委会的决定，国家主席派遣或召回代表国家的常驻外交代表，即驻外使节。

3. 外交权。国家主席对外代表国家，进行国事活动。国家主席接受外国使节，根据全国人大常委会的决定，宣布批准或废除同外国缔结的条约和重要协定。

4. 荣典权。根据全国人大常委会的决定，国家主席代表国家向那些对国家有重大功勋的人或单位授予荣誉奖章和光荣称号。

记忆提示 公布法律人任免，外交国事和荣典。

[补充知识点]

《国家勋章和国家荣誉称号法》

第 3 条 国家设立"共和国勋章"，授予在中国特色社会主义建设和保卫国家中作出巨大贡献、建立卓越功勋的杰出人士。

国家设立"友谊勋章"，授予在我国社会主义现代化建设和促进中外交流合作、维护世界和平中作出杰出贡献的外国人。

第 4 条 国家设立国家荣誉称号，授予在经济、社会、国防、外交、教育、科技、文化、卫生、体育等各领域各行业作出重大贡献、享有崇高声誉的杰出人士。

国家荣誉称号的名称冠以"人民"，也可以使用其他名称。国家荣誉称号的具体名称由全国人民代表大会常务委员会在决定授予时确定。

第 5 条 全国人民代表大会常务委员会委员长会议根据各方面的建议，向全国人民代表大会常务委员会提出授予国家勋章、国家荣誉称号的议案。

国务院、中央军事委员会可以向全国人民代表大会常务委员会提出授予国家勋章、国家荣誉称号的议案。

第 6 条 全国人民代表大会常务委员会决定授予国家勋章和国家荣誉称号。

第 7 条 中华人民共和国主席根据全国人民代表大会常务委员会的决定，向国家勋章和国家荣誉称号获得者授予国家勋章、国家荣誉称号奖章，签发证书。

第 8 条 中华人民共和国主席进行国事活动，可以直接授予外国政要、国际友人等人士"友谊勋章"。

第18条 国家勋章和国家荣誉称号获得者因犯罪被依法判处刑罚或者有其他严重违法、违纪等行为，继续享有国家勋章、国家荣誉称号将会严重损害国家最高荣誉的声誉的，由全国人民代表大会常务委员会决定撤销其国家勋章、国家荣誉称号并予以公告。

真题链接

一、单项选择题

1. 2015 年，我国进行了第 8 次特赦。从 1959 年到 1975 年，我国共实行过 7 次特赦。这次特赦主要针对参加过中国人民抗日战争、中国人民解放战争的正在服刑的罪犯。下列关于特赦制度的说法，正确的是（　　）（2017/非法学/22；2017/法学/12）[1]

A. 特赦由全国人民代表大会决定

B. 由中华人民共和国主席发布特赦令

C. 特赦是免除犯罪分子的全部刑罚

D. 我国现行宪法规定了大赦和特赦

2. 国家主席无须根据全国人大和全国人大常委会的决定独立行使的职权是（　　）（2015/非法学/26）[2]

A. 发布特赦令　　　　　　　　　B. 宣布战争状态

C. 接受外国使节　　　　　　　　D. 任免国务院组成人员

3. 下列关于国家主席的表述，正确的是（　　）（2013/非法学/29）[3]

A. 国家主席由全国人大决定产生

B. 国家主席的任职年龄须年满 40 周岁

C. 国家主席缺位时，由副主席代理主席职位

D. 国家主席代表中华人民共和国，进行国事活动

4. 根据现行宪法，我国发布特赦令的国家机关是（　　）（2012/非法学/26）[4]

A. 全国人民代表大会常务委员会　　B. 国家主席

C. 国务院　　　　　　　　　　　　D. 最高人民法院

5. 根据我国现行宪法的规定，有权宣布全国进入紧急状态的国家机关是（　　）（2010/非法学/20）[5]

A. 全国人民代表大会　　　　　　　B. 全国人民代表大会常务委员会

C. 国家主席　　　　　　　　　　　D. 国务院

---

[1] B
[2] C
[3] D
[4] B
[5] C

二、多项选择题

6. 下列选项中，国家主席需要根据全国人大或全国人大常委会的决定行使的职权有（   ）（2018/非法学/47）[1]

A. 会晤外国总统

B. 授予国家勋章和荣誉称号

C. 发动动员令

D. 批准同外国缔结的重要决定

7. 根据现行宪法，下列国家领导人中连续任职不得超过两届的有（   ）（2012/非法学/57）[2]

A. 国家主席

B. 国务院总理

C. 中央军事委员会主席

D. 全国人民代表大会常务委员会委员长

8. 根据我国现行宪法的规定，国家主席可以行使的职权有（   ）（2010/法学/28）[3]

A. 决定特赦

B. 批准和废除我国同外国缔结的条约

C. 代表中华人民共和国接受外国使节

D. 根据全国人民代表大会的决定，公布法律

第四节　国务院

一、国务院的性质和地位

中华人民共和国国务院即中央人民政府，是最高国家权力机关的执行机关，是最高国家行政机关。

执行机关和行政机关表明了国务院的性质，即国务院是通过在全国范围内组织一系列的行政管理活动，执行全国人大及其常委会各项决议的最高国家行政机关。由此性质可见，国务院在全国行政机关系统中居最高地位。它统一领导地方各级人民政府的工作，统一领导和管理国务院各部委的工作。由于国务院是由最高国家权力机关组织产生的，必须对全国人大及其常委会负责并报告工作。因此，相对于最高国家权力机关来说，国务院处于从属地位。

二、国务院的组成和任期

国务院由总理、副总理若干人、国务委员若干人、各部部长、各委员会主任、审计长、秘书长组成。国务院总理人选根据国家主席的提名，由全国人大决定；副总理、国务委员、各部部长、各委员会主任、审计长和秘书长的人选根据总理的提名，由全

---

〔1〕　BCD

〔2〕　BD（原答案为ABD）

〔3〕　CD

国人大决定；在全国人大闭会期间，根据总理的提名，由全国人大常委会决定部长、委员会主任、审计长和秘书长的任免。组成人员的任免决定以后，由国家主席负责宣布。

国务院的任期与全国人大的每届任期相同，即为5年。任期届满后，由新一届的全国人大决定，组成新的国务院。《宪法》规定，总理、副总理、国务委员连续任职不得超过两届。

根据现行《宪法》、《国务院组织法》和1997年的《国务院行政机构设置和编制管理条例》的规定，经过多次机构改革，国务院主要组成机构如下：

1. 国务院办公厅，是协助国务院处理日常事务的行政机构。

2. 国务院组成部门，是具体履行国务院基本行政管理职能的行政机构，由各部、各委员会、中国人民银行、审计署组成。各组成部门的负责人都是国务院的组成人员。

3. 国务院直属特设机构，是国务院为了管理某类特殊的事项或履行特殊的职能而单独设立的一类机构。国务院直属特设机构目前只有国务院国有资产监督管理委员会。

4. 国务院直属机构，即专门业务主管机关，具有独立行政管理职能。如国家市场监督管理局、国家税务总局、国家广播电视总局等。

5. 国务院办事机构，是协助总理办理各项专门事项的机构，不具有独立的行政管理职能。如国务院研究室、国务院港澳事务办公室等。

6. 国务院组成部门管理的国家行政机构，如国家外汇管理局、国家邮政局、国家铁路局等。

7. 国务院议事协调机构，是协调国务院内部跨部门业务的行政机构，如国家禁毒委员会等。

8. 国务院直属事业单位，如中国气象局、中国科学院、中国社会科学院、新华通讯社等。

三、国务院的领导体制

中华人民共和国成立以来，最高国家行政机关的领导体制总体上是集体负责制，1982年《宪法》改为首长负责制，即国务院实行首长负责制，各部委实行部长、主任负责制。

概　念	总理负责制，是指国务院总理对他主管的工作负全部责任，与此相联系，他对自己主管的工作有完全决定权。
内　容	（1）由总理提名组成国务院，总理向全国人大及其常委会提出任免国务院其他组成人员的议案； （2）总理领导国务院的工作，副总理、国务委员协助总理工作，其他组成人员都在总理领导下工作，向总理负责； （3）总理主持召开国务院常务会议和全体会议，对于所议事项总理有最后决定权，并对决定的后果承担全部责任；

内　容	（4）国务院发布的行政法规、决定和命令、向全国人大及其常委会提出的议案、任免国务院有关人员的决定，都由总理签署。 记忆提示 提名组院，提议任免。领导工作，向其负责。召开会议，担责决策。法令决议，发布签署。

四、国务院的职权

国务院的职权也就是国家的最高行政权，根据《宪法》第 89 条的规定，有如下几个方面：

1. 法规制定权。其包括规定行政措施、制定行政法规、发布决定和命令的权力。

2. 提案权。国务院是具体管理和组织经济建设和社会生活的最高行政机构，有责任向最高国家权力机关提出有关的法律草案、计划和报告以及计划和报告的执行情况等，在最高国家权力机关审议批准后，使之成为指导社会生活和经济建设的法律文件。国务院的计划、报告都必须在全国人大及其常委会会议上以议案的形式提出，主要包括五个方面：①国民经济和社会发展计划和计划执行情况；②国家预算和预算的执行情况；③必须由全国人大常委会批准和废除的同外国缔结的条约和重要协定；④国务院组成人员中必须由全国人大或者全国人大常委会决定任免的人选；⑤在国务院职权范围内的其他必须由全国人大或者全国人大常委会审议或决定的事项。

记忆提示 条约协定，人员任命，国经社计，预算执行。

3. 领导权。包括对所属部委和地方各级行政机关的领导权和监督权。国务院有权改变或撤销地方各级行政机关及所属各部委发布的不适当的决定和命令。国务院所属各部委和地方各级行政机关必须接受国务院的统一领导和监督。

4. 管理权。包括对国防、民族、民政、文教、经济、华侨、外交等各项行政工作的领导和管理权。

5. 任免权。国务院有权依照《宪法》《国务院组织法》《地方各级人民代表大会和地方各级人民政府组织法》《公务员法》等有关法律，任免国家行政机关的领导人员。

6. 行政区域划分权。国务院有权批准省、自治区、直辖市的区域划分，批准自治州、县、自治县、市的建置和区域划分。省、自治区、直辖市的行政区域界线的变更，自治州、县、自治县、市、市辖区的设立、撤销、更名和隶属关系的变更，自治州、自治县的行政区域界线的变更，县、市行政区域界线的重大变更，都要由省级人民政府报国务院审批。

7. 紧急状态决定权。指国务院有权决定省、自治区、直辖市范围内部分地区进入紧急状态。

8. 其他职权。主要是指由最高国家权力机关通过明确的决议，以法律形式授予国务院以上述列举权力之外的职权。

记忆提示 区划紧急法提案，领导管理和任免。

一些状态的决定权总结

决定内容或状态	决定者
决定战争与和平	全国人大
在遭受侵略或盟友遭受侵略时决定反击	全国人大常委会
动员（全国/局部）	
全国或省级单位（含特别行政区）整体进入紧急状态	
省级单位内部分地区进入紧急状态	国务院

真题链接

一、单项选择题

1. 根据我国宪法规定，有权制定行政法规的主体是（ ）(2012/非法学/19)[1]

A. 国务院　　　　　　　　　　B. 国务院各部、各委员会

C. 省级人民政府　　　　　　　D. 较大的市的人民政府

2. 我国明确规定国务院实行总理负责制的是（ ）(2012/非法学/27)[2]

A. 1954 年宪法　　　　　　　B. 1975 年宪法

C. 1978 年宪法　　　　　　　D. 1982 年宪法

3. 根据我国现行宪法规定，编制和执行国民经济和社会发展计划和国家预算的国家机关是（ ）(2011/非法学/27)[3]

A. 全国人民代表大会　　　　　B. 国务院

C. 全国人民代表大会常务委员会　D. 财政部

4. 根据我国现行宪法规定，下列选项中属于国务院职权的是（ ）(2011/法学/12)[4]

A. 决定特赦　　　　　　　　　B. 批准直辖市的建置

C. 制定行政法规　　　　　　　D. 宣布全国进入紧急状态

5. 下列国家机关中，实行首长负责制的是（ ）(2011/法学/14)[5]

A. 国务院　　　　　　　　　　B. 国家主席

C. 全国人民代表大会　　　　　D. 最高人民法院

---

[1] A
[2] D
[3] B
[4] C
[5] A

6. 在我国，国务院与地方各级国家行政机关之间的关系 （　　） （2010/非法学/17）[1]

　　A. 统一领导关系　　　　　　　　　　B. 指导关系

　　C. 监督关系　　　　　　　　　　　　D. 相互协作关系

二、多项选择题

7. 根据我国宪法，下列关于国务院的表述，正确的有 （　　） （2016/非法学/53）[2]

　　A. 国务院实行集体负责制

　　B. 国务院是最高权力机关的执行机关

　　C. 国务院每届任期同全国人大每届任期相同

　　D. 国务院常务会议由总理、副总理、国务委员、秘书长、审计长组成

8. 根据现行宪法，下列选项中，属于国务院职权的有 （　　） （2020/非法学/47）[3]

　　A. 领导和管理国防建设事业

　　B. 领导和管理经济工作和城乡建设、生态文明建设

　　C. 决定同外国缔结的条约和重要协定的批准和废除

　　D. 改变或撤销地方各级国家行政机关的不适当的决定或命令

第五节　中央军事委员会

一、中央军事委员会的性质和地位

　　我国《宪法》第 93 条第 1 款规定："中华人民共和国中央军事委员会领导全国武装力量。"这一规定表明中央军事委员会是国家的最高军事领导机关，中央军委领导的我国武装力量由中国人民解放军现役部队和预备役部队、中国人民武装警察部队、民兵组成。中央军事委员会是我国国家机构的重要组成部分。

二、中央军事委员会的组成和任期

　　中央军委由主席、副主席若干人、委员若干人组成。中央军委主席由全国人大选举产生，根据中央军委主席的提名，全国人大决定其他组成人员的人选。全国人大有权罢免主席和其他组成人员。在全国人大闭会期间，全国人大常委会根据主席的提名，决定其他组成人员的人选。中央军委任期与全国人大每届任期相同，即 5 年，但没有届数限制。（注意中央军委对全国人大负责但不报告工作，也不接受质询）

---

　　[1]　A
　　[2]　BC
　　[3]　ABD

三、中央军事委员会的领导体制

1. 中央军委主席对全国人大和全国人大常委会负责，从而确认中央军委在中央国家机关体系中从属于最高国家权力机关的法律地位。

2. 中央军委副主席和委员均由中央军委主席提名。

3. 中央军委的有关重大问题要经委员会集体讨论，但是中央军委主席有决定权。

4. 中央军委其他组成人员必须接受中央军委主席的领导，中央军委发布的军令等须由中央军委主席签署方有法律效力。

真题链接

一、单项选择题

1. 根据我国宪法，下列关于中央军事委员会的表述，正确的是（   ）（2016/非法学/23）[1]

A. 在中央国家机关体系中居于最高地位

B. 主席由国家主席提名，全国人大决定

C. 每届任期5年，连续任职不得超过两届

D. 实行主席负责制，中央军委主席对全国人大及其常委会负责

二、多项选择题

2. 下列关于中央军事委员会负责制的表述，正确的有（   ）（2006/非法学/52）[2]

A. 中央军事委员会对全国人民代表大会负责

B. 中央军事委员会对全国人民代表大会常务委员会负责

C. 中央军事委员会对全国人民代表大会报告工作

D. 中央军事委员会发布的军令和其他命令由中央军事委员会主席签署

第六节　监察委员会

2016年12月25日，第十二届全国人大常委会第二十五次会议通过决定：在北京市、山西省、浙江省开展国家监察体制改革试点工作，在上述三省市及其所辖县、市、区设立监察委员会，行使监察职权，试点地区的人民检察院查处贪污贿赂、失职渎职以及预防职务犯罪等部门的职能整合进监察委员会。2017年11月，全国人大常委会通过了《关于在全国各地推开国家监察体制改革试点工作的决定》，省、市、县三级监察

---

〔1〕　D
〔2〕　ABD

委员会组建完毕。2018 年宪法修正案第 52 条赋予了监察委员会以宪法地位。2018 年 3 月 20 日通过《监察法》，于同日公布实施。

一、监察委员会的性质和地位

各级监察委员会是国家的监察机关，是行使国家监察职能的专责机关，依法对所有行使公权力的公职人员进行监察，调查职务违法和职务犯罪，开展廉政建设和反腐败工作，维护宪法和法律的尊严。

[注意] 各级监察委员会受同级人大人常监督，对本级人大人常负责，但不要求必须报告工作。

国家监察委员会由全国人大产生，对全国人大及其常委会负责，并接受其监督。

地方各级监察委员会由本级人大产生，对本级人大及其常委会和上一级监察委员会负责，并接受其监督。

二、监察委员会的组成和任期

中华人民共和国设立国家监察委员会和地方各级监察委员会。监察委员会由主任、副主任若十人和委员若干人组成。国家监察委员会主任每届任期同全国人大每届任期相同，连续任职不得超过两届。地方各级监察委员会主任每届任期同本级人大每届任期相同。

三、监察委员会的领导体制

国家监察委员会是最高监察机关。省、自治区、直辖市、自治州、县、自治县、市、市辖区设立监察委员会。国家监察委员会领导地方各级监察委员会的工作。上级监察委员会领导下级监察委员会的工作。

四、监察委员会和人民法院、人民检察院、执法部门的关系

监察委员会依法独立行使监察权，不受行政机关、社会团体和个人的干涉。监察机关办理职务违法和职务犯罪案件，应当与审判机关、检察机关和执法部门相互配合、相互制约。

真题链接

根据我国宪法和法律，下列关于监察委员会的表述，不正确的是（　　）（2019/非法学/20-单；2019/法学/15-单）[1]

A. 国家监察委员会是最高监察机关

---

[1]　B

B. 上级监察委员会监督下级监察委员会的工作

C. 各级监察委员会是行使国家监察职能的专责机关

D. 监察委员会依法独立行使监察权，不受行政机关、社会团体和个人的干涉

第七节　人民法院和人民检察院

一、人民法院

（一）性质和任务

根据《宪法》和《人民法院组织法》的规定，人民法院是国家审判机关，是适用法律的专门机关，独立行使国家的审判权。人民法院根据法律规定受理并处理具体案件，依据事实和法律作出判断，保障法律的实施，维护法律尊严，实现打击敌人、惩罚犯罪、保护人民、调解纠纷的国家职能。

根据《人民法院组织法》的规定，人民法院通过审判刑事案件、民事案件、行政案件以及法律规定的其他案件，惩罚犯罪，保障无罪的人不受刑事追究，解决民事、行政纠纷，保护个人和组织的合法权益，监督行政机关依法行使职权，维护国家安全和社会秩序，维护社会公平正义，维护国家法制统一、尊严和权威，保障中国特色社会主义建设的顺利进行。

（二）组织系统、职权和领导体制

人民法院依照宪法、法律和全国人民代表大会常务委员会的决定设置。

法院级别	法院组织系统	职　权
最高人民法院	最高人民法院是我国最高审判机关，依法行使国家最高审判权，同时监督地方各级人民法院和专门法院的工作。	最高人民法院是国家最高审判机关，所作的判决和裁定都是终审的判决和裁定。最高人民法院主要行使以下职权： （1）审判监督 监督地方各级人民法院和专门人民法院的审判工作。 （2）审判 ①法律规定由其管辖的和其认为应当由自己管辖的第一审案件； ②对高级人民法院判决和裁定的上诉、抗诉案件； ③按照全国人民代表大会常务委员会的规定提起的上诉、抗诉案件； ④按照审判监督程序提起的再审案件。 （3）死刑核准 死刑除依法由最高人民法院判决的以外，应当报请最高人民法院核准。

续表

法院级别	法院组织系统		职　　　权
最高人民法院	同　前		（4）司法解释 对于在审判过程中如何具体应用法律问题作出司法解释。最高人民法院可以发布指导性案例。 （5）巡回法庭 根据《关于巡回法庭审理案件若干问题的规定》，2015年1月，最高人民法院在深圳和沈阳设立了第一、第二巡回法庭。2016年12月19日，最高人民法院对该规定进行了修改，随后在南京、郑州、重庆和西安设立了第三、第四、第五和第六巡回法庭。最高人民法院巡回法庭庭长、副庭长，由最高人民法院院长提请全国人大常委会任免。 巡回法庭是最高人民法院的组成部分。巡回法庭的判决和裁定即最高人民法院的判决和裁定。
高级人民法院	高级人民法院包括： （1）省高级人民法院； （2）自治区高级人民法院； （3）直辖市高级人民法院。		高级人民法院审理的案件包括： （1）法律规定由其管辖的第一审案件； （2）下级人民法院报请审理的第一审案件； （3）最高人民法院指定管辖的第一审案件； （4）对中级人民法院判决和裁定的上诉、抗诉案件； （5）按照审判监督程序提起的再审案件； （6）中级人民法院报请复核的死刑案件。
中级人民法院	中级人民法院包括： （1）省、自治区辖市的中级人民法院； （2）在直辖市内设立的中级人民法院； （3）自治州中级人民法院； （4）在省、自治区内按地区设立的中级人民法院。		中级人民法院审理下列案件： （1）法律规定由其管辖的第一审案件； （2）基层人民法院报请审理的第一审案件； （3）上级人民法院指定管辖的第一审案件； （4）对基层人民法院判决和裁定的上诉、抗诉案件； （5）按照审判监督程序提起的再审案件。
基层人民法院	基层人民法院包括： （1）县、自治县人民法院； （2）不设区的市人民法院； （3）市辖区人民法院。		基层人民法院负责审判第一审案件（法律另有规定的案件除外），并且指导人民调解委员会的工作。
专门人民法院	军事法院	设在军队中的审判机关，分高级、中级、基层三级。	军事法院管辖现役军人的刑事犯罪案件，军队在编职工的刑事犯罪案件，最高人民法院授权审理的案件，在作战区和戒严区由统帅部、最高人民法院授权审理的案件。

续表

法院级别	法院组织系统		职　　　权
专门人民法院	海事法院	设在一定的沿海、沿江港口城市的审理海事、海商案件的审判机关。	海事法院管辖第一审海事案件和海商案件。
	知识产权法院	2014 年成立的北京、上海、广州知识产权法院。	依《最高人民法院关于北京、上海、广州知识产权法院案件管辖的规定》执行，各有侧重。
	金融法院	2018 年 8 月 20 日，上海金融法院正式挂牌。	上海金融法院的成立，是完善金融法治体系过程中的一步，也是司法体制改革的阶段性成果。

（三）组成和任期

1. 人民法院的组成

最高人民法院由院长 1 人，副院长、审判委员会委员、庭长、副庭长以及审判员若干人组成。最高人民法院设有民事审判庭、行政审判庭、刑事审判庭、环境资源审判庭、审判监督庭等审判庭、六个巡回法庭以及其他必要机构。根据《人民法院组织法》的规定，设立审判委员会，总结审判经验，讨论重大、疑难、复杂案件和其他有关审判工作的重大问题。根据《国家赔偿法》的规定，设立赔偿委员会，处理所管辖的国家赔偿案件。根据《法官法》的规定，设立法官考评委员会，负责对法官考评等工作。根据《宪法》和《人民法院组织法》的规定，最高人民法院院长由全国人民代表大会选举和罢免。最高人民法院副院长、审判委员会委员、庭长、副庭长、审判员由全国人民代表大会常务委员会根据最高人民法院院长的提请任免。

地方各级人民法院由院长 1 人，副院长、审判委员会委员、庭长、副庭长、审判员若干人组成。根据审判需要设立刑事、民事、行政、经济、告诉申诉等审判庭及必要的其他机构。根据《人民法院组织法》的规定，设立审判委员会，由审判委员会讨论重大、疑难、复杂案件和其他有关审判工作的重大问题。根据《国家赔偿法》的规定，中级以上人民法院设立赔偿委员会，处理所管辖的国家赔偿案件。根据《法官法》的规定，各级人民法院设立法官考评委员会，负责考评本院法官的有关工作。各级人大选举和罢免本级人民法院院长。各级人大常委会根据本级人民法院院长的提请任免同级人民法院副院长、审判委员会委员、庭长、副庭长、审判员，在人民法院院长因故不能担任职务时，决定由副院长代理院长。省、自治区、直辖市的人大常委会根据主任会议的提名，决定在省、自治区内按地区设立的和在直辖市内设立的中级人民法院院长的任免。

专门人民法院组成人员与地方各级人民法院基本相同。各专门人民法院由院长 1 人，副院长、审判委员会委员、庭长、副庭长、审判员若干人组成，根据审判特点设立必要的审判庭及必要的其他机构。根据《人民法院组织法》的规定，专门人民法院的设置、组织、职权和法官任免由全国人大常委会规定。例如，专门人民法院院长、副院长、审判委员会委员、庭长、副庭长、审判员等人员根据全国人大常委会的特别规定任免。根据法律规定，各级人民法院院长、副院长、审判委员会委员、庭长、副庭长、审判员必须是通过国家统一法律职业资格考试取得法律职业资格、有选举权和被选举权的中华人民共和国公民。

2. 人民法院院长的任期

各级人民法院院长的任期同本级人大的每届任期相同，都是 5 年。最高人民法院院长连续任职不得超过 2 届。

（四）工作原则和基本制度

1. 依法独立审判原则

《宪法》和《人民法院组织法》规定，人民法院依照法律规定独立行使审判权，不受行政机关、社会团体和个人的干涉。这一原则要求人民法院在审判工作中要以事实为根据、以法律为准绳，独立进行审判，实事求是地对案件作出公正判决和裁定，不受任何组织、领导及其他个人的干涉。人民法院在办理各种案件活动中，只服从法律，严格依法办事，在职权范围内的活动必须独立进行。依法独立审判原则，是社会主义法治的一项重要原则。审判工作贯彻这一原则有利于保证国家审判权的统一行使，保证国家法律统一执行，保证审判工作正常进行，保证案件正确判决。人民法院独立审判，并不是不受任何监督。在我国，人民法院要向同级人大负责并报告工作，接受同级人大常委会的监督。人民检察院是法律监督机关，人民法院执行法律要接受人民检察院依法进行的监督。此外，人民法院独立审判还应该接受人民群众的监督。

2. 审判案件适用法律上一律平等原则

（1）要求人民法院对一切公民都必须一律平等对待，一切公民的合法权益，都要依法予以保护，任何公民的违法犯罪行为，都要依法予以追究；

（2）要求在适用法律上不能有任何歧视，对公民一律平等对待，不能因公民的家庭出身、地位高低、政治倾向等非法定条件而对公民有不公正的待遇；

（3）对待法人或其他组织方面，不论组织规模大小、企业性质、何人经营、主办单位等情况如何，都应平等保护其合法权益、追究其违法责任。

3. 被告人有权获得辩护原则

被告人有权获得辩护，是宪法和有关法律规定的一项重要的司法原则和制度，是国家赋予被告人保护自己合法权益的一种重要诉讼权利。在刑事诉讼中，被告人和他的辩护人有权根据事实和法律，提出证明被告人无罪、罪轻或者免除、减轻刑事处罚的材料和意见，以维护被告人的合法权益。有关法律规定了被告人行使辩护权利的具体制度，必要时，人民法院应当为被告人指定承担法律援助义务的律师担任被告人的辩护人。实行辩护制度，有助于人民法院全面客观地认定案件事实，正确适用法律，公正判决或裁定案件以及避免错案冤案的发生。

4. 使用本民族语言文字进行诉讼原则[1]

《宪法》规定，各民族公民都有用本民族语言文字进行诉讼的权利。人民法院和人民检察院对于不通晓当地通用的语言文字的诉讼参与人，应当为他们翻译。在少数民族聚居或者多民族共同居住的地区，应当用当地通用的语言进行审理；起诉书、判决书、布告和其他文书应当根据实际需要使用当地通用的一种或者几种文字。我国是统一的多民族国家，各民族公民都有用本民族语言文字进行诉讼的权利，这是民族平等原则在诉讼制度方面的具体表现，宪法和法律的这一规定，是确保各民族公民平等地享有诉讼的权利和地位，反对民族歧视，维护民族平等和加强民族团结的重要法律保障。贯彻这一原则，有利于人民法院审理案件，有利于当事人行使诉讼权利和履行诉讼义务，有利于人民法院的判决、裁定的执行以及人民法院对人民群众进行法制教育。

5. 合议与独任审理制度

《人民法院组织法》规定，人民法院审理案件，由合议庭或者法官一人独任审理。我国刑事诉讼法、民事诉讼法以及行政诉讼法对合议庭的组成、工作及合议庭成员的权利作出具体规定，并规定了独任审判的适用范围。

在我国，绝大多数案件以合议庭形式审判，合议庭审判是我国人民法院审理案件的基本组织形式。

人民法院审判第一审案件，由审判员组成合议庭或者由审判员和人民陪审员组成合议庭进行，简单的民事案件、轻微的刑事案件和法律另有规定的案件可以由审判员1人独任审判。人民法院审判上诉和抗诉案件由审判员组成合议庭进行。

合议庭由法官组成，或者由法官和人民陪审员组成，成员为3人以上单数。合议庭由1名法官担任审判长。院长或者庭长参加审理案件时，由自己担任审判长。审判长主持庭审、组织评议案件，评议案件时与合议庭其他成员权利平等。

合议庭评议案件应当按照多数人的意见作出决定，少数人的意见应当记入笔录。评议案件笔录由合议庭全体组成人员签名。

合议庭或者法官独任审理案件形成的裁判文书，经合议庭组成人员或者独任法官签署，由人民法院发布。合议庭审理案件，法官对案件的事实认定和法律适用负责；法官独任审理案件，独任法官对案件的事实认定和法律适用负责。

合议庭评议案件采取少数服从多数原则，体现了民主集中制原则，保证案件能够充分讨论、提高质量。对于疑难、重大案件由合议庭提请院长提交本院审判委员会讨论决定。

---

[1] 2018年10月26日修订的《人民法院组织法》的规定，已删除"使用本民族语言文字进行诉讼"的原则，但《宪法》第139条仍保留对该原则的规定，故在此保留。

6. 回避制度

在审判阶段，回避制度，是指人民法院受理的案件如果与审判人员有利害关系或其他关系，应当回避。这是为了保护当事人合法权益，保证公正审判，防止审判人员主观偏向的诉讼制度。为保证当事人行使申请回避的权利，人民法院在开庭时，应当向当事人宣布合议庭组成人员及书记员名单，告知当事人有申请回避的权利。是否批准回避申请，由人民法院院长决定。院长的回避，由本院审判委员会决定。

审判人员一般应当回避的情形是：

（1）是本案当事人或者当事人的近亲属；

（2）本人或者他的亲属与本案有利害关系；

（3）担任过本案的证人、鉴定人、辩护人或者附带民事诉讼当事人的代理人；

（4）与本案当事人有其他关系可能影响案件公正处理的。

具有以上情形的审判人员及书记员、翻译人员、鉴定人、勘验人等，应当报告本院院长要求回避；当事人也有权申请回避。在刑事司法实践中，应当回避的人员，本人没有自行回避的，当事人和他们的法定代理人也没有申请其回避的，院长或者审判委员会应当决定其回避。

7. 公开审判制度

公开审判，是指人民法院对受理的案件公开审理和公开宣判。公开审理，使当事人充分行使法律规定的诉讼权利，对证据互相质证，明辨是非，便于审判人员查清事实。《宪法》规定，人民法院审理案件，除法律规定的特别情况外，一律公开进行。《人民法院组织法》规定，人民法院实行司法公开，法律另有规定的除外。刑事诉讼法、民事诉讼法及行政诉讼法都分别针对各类案件作出了具体规定，保证公开审判原则的切实贯彻。公开审判是人民法院各项诉讼制度和原则的中心环节。审判活动公开，可以把人民法院的审判活动直接置于当事人及人民群众的监督之下，有助于增强审判人员的责任感，改进审判作风，严格依法办事，从而保证审判质量，防止冤假错案的发生。还可以使旁听群众受到深刻的法制教育，对犯罪分子起到威慑作用，达到减少犯罪的效果。

8. 两审终审制

人民法院审判案件实行两审终审制。两审终审制，是指一个案件经过两级人民法院的审判，即告终结的制度。地方各级人民法院审理第一审案件所作的判决和裁定，如果当事人不服，可以在法定期限内向上一级人民法院提出上诉；人民检察院对所提起公诉的刑事案件，如果认为第一审判决或裁定有错误，在法定期限内可以向上一级人民法院提出抗诉。上一级人民法院对上诉、抗诉案件，按照第二审程序进行审理后所作的判决或裁定是终审的判决或裁定，发生法律效力。如果在上诉期限内，当事人不上诉，人民检察院不抗诉，第一审判决或裁定就发生法律效力。根据我国法律规定，死刑案件，不论是否经过两审，都必须经最高人民法院核准，判决方能生效。此外，根据法律规定，最高人民法院审理的第一审案件所作的判决或裁定以及基层人民法院按照民事诉讼法特别程序审理的选民资格案件、宣告失踪案件、宣告死亡案件、认定公民无行为能力案件、认定公民限制行为能力案件和认定财产无主案件、确认调解协议案件和实现担保物权案件实行一审终审制。

两审终审制是我国多年司法经验的总结，既可以使第一审错误的或不当的判决和裁定在发生法律效力前得到及时的纠正，保证案件的正确处理；又便于群众进行诉讼，避免因审级过多，而引起诉讼的拖延，节省人力、财力和时间。

9. 审判监督制度

审判监督制度，是指人民法院对已经发生法律效力的判决、裁定，发现确有错误，依法重新进行审判的一种特殊审判工作制度。根据法律规定，有权提起审判监督程序的主体是：

（1）各级人民法院院长对本院已经发生法律效力的判决和裁定，如果发现认定事实上或者适用法律上有错误，必须提交审判委员会处理。

（2）最高人民法院对各级人民法院已经发生法律效力的判决和裁定、上级人民法院对下级人民法院已经发生法律效力的判决和裁定，如果发现确有错误，有权提审或者指令下级人民法院再审。

（3）最高人民检察院对各级人民法院已经发生法律效力的判决和裁定、上级人民检察院对下级人民法院已经发生法律效力的判决和裁定，如果发现确有错误，有权按审判监督程序提出抗诉。

确立审判监督制度，是我国审判工作中实事求是、有错必纠、对人民高度负责的精神的体现，通过审判监督制度，纠正错误的判决和裁定，能够保护公民和组织的合法权益，纠正冤假错案，有利于社会的稳定。

10. 审判委员会制度

定位	审判委员会既是各级人民法院内设立的审判工作组织，又是人民法院进行审判工作的一种制度，该制度对保证办案质量和实现国家审判职能有重大作用。
任务	（1）总结审判工作经验； （2）讨论决定重大、疑难、复杂案件的法律适用； （3）讨论决定本院已经发生法律效力的判决、裁定、调解书是否应当再审； （4）讨论决定其他有关审判工作的重大问题。 最高人民法院对属于审判工作中具体应用法律的问题进行解释，应当由审判委员会全体会议讨论通过；发布指导性案例，可以由审判委员会专业委员会会议讨论通过。合议庭认为案件需要提交审判委员会讨论决定的，由审判长提出申请，院长批准。审判委员会讨论案件，合议庭对其汇报的事实负责，审判委员会委员对本人发表的意见和表决负责。审判委员会的决定，合议庭应当执行。审判委员会讨论案件的决定及其理由应当在裁判文书中公开，法律规定不公开的除外。

审判委员会召开全体会议和专业委员会会议，应当由其组成人员的过半数出席。审判委员会会议由院长或者院长委托的副院长主持。审判委员会举行会议时，同级人

民检察院检察长或者检察长委托的副检察长可以列席。

[补充知识点] 人民法院的其他委员会

（1）法官遴选委员会

《法官法》第16条 省、自治区、直辖市设立法官遴选委员会，负责初任法官人选专业能力的审核。

省级法官遴选委员会的组成人员应当包括地方各级人民法院法官代表、其他从事法律职业的人员和有关方面代表，其中法官代表不少于1/3。

省级法官遴选委员会的日常工作由高级人民法院的内设职能部门承担。

遴选最高人民法院法官应当设立最高人民法院法官遴选委员会，负责法官人选专业能力的审核。

（2）法官考评委员会

《法官法》

第38条 人民法院设立法官考评委员会，负责对本院法官的考核工作。

第39条 法官考评委员会的组成人员为5至9人。

法官考评委员会主任由本院院长担任。

（3）法官惩戒委员会

《法官法》

第48条 最高人民法院和省、自治区、直辖市设立法官惩戒委员会，负责从专业角度审查认定法官是否存在本法第46条第4项、第5项规定的违反审判职责的行为，提出构成故意违反职责、存在重大过失、存在一般过失或者没有违反职责等审查意见。法官惩戒委员会提出审查意见后，人民法院依照有关规定作出是否予以惩戒的决定，并给予相应处理。

法官惩戒委员会由法官代表、其他从事法律职业的人员和有关方面代表组成，其中法官代表不少于半数。

最高人民法院法官惩戒委员会、省级法官惩戒委员会的日常工作，由相关人民法院的内设职能部门承担。

第49条 法官惩戒委员会审议惩戒事项时，当事法官有权申请有关人员回避，有权进行陈述、举证、辩解。

第50条 法官惩戒委员会作出的审查意见应当送达当事法官。当事法官对审查意见有异议的，可以向惩戒委员会提出，惩戒委员会应当对异议及其理由进行审查，作出决定。

（4）法官权益保障委员会

《法官法》第52条 人民法院设立法官权益保障委员会，维护法官合法权益，保障法官依法履行职责。

（5）赔偿委员会

《人民法院组织法》第35条 中级以上人民法院设赔偿委员会，依法审理国家赔偿案件。

赔偿委员会由3名以上法官组成，成员应当为单数，按照多数人的意见作出决定。

11. 司法责任制。人民法院实行司法责任制，建立健全权责统一的司法权力运行机制。

法 院	人 选	提 名	选举/决定
最高院	院 长	全国人大主席团	全国人大
	其他人员	最高院院长	全国人常
地方法院	院 长	本级人大主席团	本级人大
	其他人员	本级院长	本级人常
特殊地方（中院）、地区、直辖市内金融、知产法院	院 长	省级人常主任会议	省级人常
	其他人员	高院院长	
军事法院	院 长	最高院院长	全人常
	其他人员及战区以下人员		按干部任免规则

①省、自治区内按地区设立的中级法院。如黑龙江省大兴安岭中级法院（全国有 10 个"地区"，无设区市或者自治州，省直管县，地级设派出机关：行政公署）。

②直辖市内设立的中级法院。如北京市第一中级法院。

③金融法院，知识产权法院 （广州特殊，知产法院无级别，按中院组建）
　　北、上　　　北、上、广　　　　过于特别，无需专门研究

★海事法院均为中级法院，设于南京就按一般地方，设于上海就按特殊地方。

记忆提示

（1）原则：独立、辩护、平等、民族；

（2）制度：回避公开合与独，两审审委审监督+司法责任制。

二、人民检察院

（一）性质和任务

《宪法》和《人民检察院组织法》规定，人民检察院是国家的法律监督机关。法律监督，又称为检察监督，是通过人民检察院行使检察权，对国家机关及其工作人员和公民是否遵守宪法和法律进行监督，保障宪法和法律的统一实施。

人民检察院通过行使检察权，追诉犯罪，维护国家安全和社会秩序，维护个人和组织的合法权益，维护国家利益和社会公共利益，保障法律正确实施，维护社会公平正义，维护国家法制统一、尊严和权威，保障中国特色社会主义建设的顺利进行。

（二）组织系统

根据《宪法》和《人民检察院组织法》的规定，人民检察院的组织系统由最高人民检察院、地方各级人民检察院和军事检察院等专门人民检察院构成。

1. 最高人民检察院

最高人民检察院是国家最高检察机关，领导全国人民检察院的工作。

2. 地方各级人民检察院

地方各级人民检察院分为：

（1）省级人民检察院，包括省、自治区、直辖市人民检察院；

（2）设区的市级人民检察院，包括省、自治区辖市人民检察院，自治州人民检察院，省、自治区、直辖市人民检察院分院；

（3）基层人民检察院，包括县、自治县、不设区的市、市辖区人民检察院。

在新疆生产建设兵团设立的人民检察院的组织、案件管辖范围和检察官任免，依照全国人民代表大会常务委员会的有关规定。

3. 专门人民检察院

专门人民检察院是在最高人民检察院领导下，在特定的组织系统内设定的检察机关。专门人民检察院主要有军事检察院等。专门人民检察院的设置、组织、职权和检察官任免，由全国人民代表大会常务委员会规定。

（三）职权

根据《人民检察院组织法》《刑事诉讼法》《民事诉讼法》《行政诉讼法》的规定，人民检察院总体上行使下列职权：

1. 依照法律规定对有关刑事案件行使侦查权。

2. 对刑事案件进行审查，批准或者决定是否逮捕犯罪嫌疑人。

3. 对刑事案件进行审查，决定是否提起公诉，对决定提起公诉的案件支持公诉。

4. 依照法律规定提起公益诉讼。

5. 对诉讼活动实行法律监督。

6. 对判决、裁定等生效法律文书的执行工作实行法律监督。

7. 对监狱、看守所的执法活动实行法律监督。

8. 法律规定的其他职权。

记忆提示 批捕三监督，公益和公诉。

人民检察院行使法律监督职权，可以进行调查核实，并依法提出抗诉、纠正意见、检察建议。有关单位应当予以配合，并及时将采纳纠正意见、检察建议的情况书面回复人民检察院。抗诉、纠正意见、检察建议的适用范围及其程序，依照法律有关规定。

最高人民检察院对最高人民法院的死刑复核活动实行监督；对报请核准追诉的案件进行审查，决定是否追诉。

最高人民检察院可以对属于检察工作中具体应用法律的问题进行解释。最高人民检察院可以发布指导性案例。

（四）领导体制

根据《宪法》和《人民检察院组织法》的规定，人民检察院的领导体制实行双重从属制，即最高人民检察院领导地方各级人民检察院和专门人民检察院的工作，上级人民检察院领导下级人民检察院的工作。最高人民检察院对全国人大及其常委会负责并报告工作，地方各级人民检察院对本级人大及其常委会负责并报告工作。《检察官法》和《地方各级人民代表大会和地方各级人民政府组织法》中关于地方各级人民检察院检察长任免的规定，也体现了双重领导体制。

1. 国家权力机关对人民检察院的领导主要表现在：

（1）全国人大及其常委会选举、罢免或者任免最高人民检察院主要组成人员，审议最高人民检察院的工作报告，对最高人民检察院进行各种形式的监督等；

（2）地方各级人大及其常委会对同级人民检察院主要组成人员的选举、罢免或任免，审议同级人民检察院的工作报告，对检察院的工作进行各种形式的监督等。

2. 上级人民检察院对下级人民检察院的领导主要表现为：

（1）主要组成人员的任免。地方各级人民检察院检察长的任免必须报上一级人民检察院检察长提请该级人大常委会批准。省、自治区内按地区设立的和在直辖市内设立的人民检察院分院检察长、副检察长、检察委员会委员和检察员，由省、自治区、直辖市人民检察院检察长提请本级人民代表大会常务委员会任免。对于不具备《检察官法》规定的条件或者违反法定程序被选为人民检察院检察长的，上一级人民检察院检察长有权提请该级人大常委会不批准。最高人民检察院和省、自治区、直辖市人民检察院检察长可以建议本级人大常委会撤换下级人民检察院检察长、副检察长和检察委员会委员。

（2）业务领导。对下级检察院检察工作给予指示或对专项问题的请示给予答复。当下级人民检察院在办理案件遇到特殊困难时，上级人民检察院及时给予支持和指示，必要时可派人协助工作，也可以将案件上调自己办理。

（3）上级人民检察院对下级人民检察院的工作进行必要的检查监督，对业务进行考核评比。通过检查考核，了解下级人民检察院检察官及其他人员的政治素质和业务能力水平，帮助培训，组织学习交流工作经验，以提高下级检察院的业务水平。

人民检察院内部的领导关系是：检察长统一领导检察院的工作。地方各级人民检察院的检察长不同意本院检察委员会多数人的意见：

❶属于办理案件的，可以报请上一级人民检察院决定；

❷属于重大事项的，可以报请上一级人民检察院或者本级人民代表大会常务委员会决定。

检察官可以就重大案件和其他重大问题，提请检察长决定。检察长可以根据案件情况，提交检察委员会讨论决定。检察委员会讨论案件，检察官对其汇报的事实负责，检察委员会委员对本人发表的意见和表决负责。检察委员会的决定，检察官应当执行。

检察院的性质、任务及职权

性　　质	国家的法律监督机关。
任　　务	人民检察院通过行使检察权，追诉犯罪，维护国家安全和社会秩序，维护个人和组织的合法权益，维护国家利益和社会公共利益，保障法律正确实施，维护社会公平正义，维护国家法制统一、尊严和权威，保障中国特色社会主义建设的顺利进行。

续表

组织系统	最高 人民检察院	是国家最高检察机关，领导全国人民检察院的工作。
	地方各级 人民检察院	地方各级检察院包括： （1）省级人民检察院，包括省、自治区、直辖市人民检察院； （2）设区的市级人民检察院，包括省、自治区辖市人民检察院，自治州人民检察院，省、自治区、直辖市人民检察院分院； （3）基层人民检察院，包括县、自治县、不设区的市、市辖区人民检察院。
		在新疆生产建设兵团设立的人民检察院的组织、案件管辖范围和检察官任免，依照全国人民代表大会常务委员会的有关规定。
		省级人民检察院和设区的市级人民检察院根据检察工作需要，经最高人民检察院和省级有关部门同意，并提请本级人民代表大会常务委员会批准，可以在辖区内特定区域设立人民检察院，作为派出机构。
	专门 人民检察院	主要有军事检察院等。专门人民检察院的设置、组织、职权和检察官任免，由全国人民代表大会常务委员会规定。
职 权		（1）依照法律规定对有关刑事案件行使侦查权：①公安机关侦查不足，检察院可自行侦查；②对于执法机关在侦查过程中的刑讯逼供、滥用职权等行为进行侦查。 （2）对刑事案件进行审查，批准或者决定是否逮捕犯罪嫌疑人。 （3）对刑事案件进行审查，决定是否提起公诉，对决定提起公诉的案件支持公诉。 （4）依照法律规定提起公益诉讼。 （5）对诉讼活动实行法律监督。 （6）对判决、裁定等生效法律文书的执行工作实行法律监督。 （7）对监狱、看守所的执法活动实行法律监督。 （8）法律规定的其他职权。

检察院的领导体制

含 义	人民检察院的领导体制实行双重从属制，即最高人民检察院领导地方各级人民检察院和专门人民检察院的工作，上级人民检察院领导下级人民检察院的工作。最高人民检察院对全国人大及其常委会负责并报告工作，地方各级人民检察院对本级人大及其常委会负责并报告工作。
国家权力机关与人民检察院的关系	（1）全国人大及其常委会选举、罢免或者任免最高人民检察院主要组成人员，审议最高人民检察院的工作报告，对最高人民检察院进行各种形式的监督等； （2）地方各级人大及其常委会对同级人民检察院主要组成人员进行选举、罢免或任免，审议同级人民检察院的工作报告，对检察院的工作进行各种形式的监督等。

续表

上级人民检察院对下级人民检察院的领导	(1) **主要组成人员的任免。** 地方各级人民检察院检察长的任免必须报上一级人民检察院检察长提请本级人大常委会批准。省、自治区、直辖市人民检察院分院检察长、副检察长、检察委员会委员和检察员，由省、自治区、直辖市人民检察院检察长提请本级人民代表大会常务委员会任免。全国人民代表大会常务委员会和省、自治区、直辖市人民代表大会常务委员会根据本级人民检察院检察长的建议，可以撤换下级人民检察院检察长、副检察长和检察委员会委员。
	(2) **业务领导。** 上级人民检察院对下级人民检察院行使下列职权： ①认为下级人民检察院的决定错误的，指令下级人民检察院纠正，或者依法撤销、变更； ②可以对下级人民检察院管辖的案件指定管辖； ③可以办理下级人民检察院管辖的案件； ④可以统一调用辖区的检察人员办理案件。
	上级人民检察院的决定，应当以书面形式作出。下级人民检察院应当执行上级人民检察院的决定；有不同意见的，可以在执行的同时向上级人民检察院报告。
人民检察院内部的领导关系	检察长领导本院检察工作，管理本院行政事务。副检察长协助检察长工作。检察官在检察长领导下开展工作，重大办案事项由检察长决定。检察长可以将部分职权委托检察官行使，可以授权检察官签发法律文书。
	各级人民检察院设检察委员会。检察委员会由检察长、副检察长和若干资深检察官组成，成员应当为单数。检察委员会履行下列职能：①总结检察工作经验；②讨论决定重大、疑难、复杂案件；③讨论决定其他有关检察工作的重大问题。
	地方各级人民检察院的检察长不同意本院检察委员会多数人的意见，属于办理案件的，可以报请上一级人民检察院决定；属于重大事项的，可以报请上一级人民检察院或者本级人民代表大会常务委员会决定。

（五）人民检察院的工作原则

依法独立行使检察权原则	《宪法》和《人民检察院组织法》规定，<u>人民检察院依法独立行使检察权，不受行政机关、社会团体和个人的干涉</u>。这是检察机关的一项重要原则，也是检察机关进行法律监督，实现检察职能的重要保证。人民检察院在办理案件过程中，依法行使检察权，以事实为根据，以法律为准绳，不受任何干扰。人民检察院独立行使检察权，有利于维护社会主义法制的统一实施，保证案件得到公正处理。
行使检察权在适用法律上一律平等原则	人民检察院行使检察权在适用法律上一律平等，不允许任何组织和个人有超越法律的特权，禁止任何形式的歧视。

司法公正原则	人民检察院坚持司法公正,以事实为根据,以法律为准绳,遵守法定程序,尊重和保障人权。
司法公开原则	人民检察院实行司法公开,法律另有规定的除外。
司法责任制原则	人民检察院实行司法责任制,建立健全权责统一的司法权力运行机制。
公民使用本民族语言文字进行诉讼原则	这一原则与人民法院审判活动中的公民使用本民族语言文字进行诉讼原则的性质相同,是宪法中规定的重要司法工作原则。人民检察院在办理案件过程中,对于不通晓当地语言文字的当事人,应当为他们翻译。在少数民族聚居区或者多民族杂居的地区,应当用当地通用的语言进行讯问,用当地通用的文字制作起诉书或其他法律文书。
专门工作与走群众路线相结合原则*	人民检察院贯彻群众路线,主要表现在: (1) 依靠群众,揭露犯罪,举报犯罪线索; (2) 依靠群众,调查案情,核实证据,有些案件还可以征求群众对案件的处理意见,以利于案件的正确处理; (3) 依靠群众,预防犯罪和各种违法行为; (4) 倾听群众意见,接受批评、监督,纠正错误,提高法律监督水平。

记忆提示 独立平等本民族,公正公开责任制。

检察院	人 选	提 名	选举/决定
最高检	检察长	全国人大主席团	全国人大
	其他人员	最高检检察长	全国人常
地方检察院	检察长	本级人大主席团	本级人大
	其他人员	本级检察长	本级人常
特殊地方、地区、直辖市内(分院)	院 长	省级检察长	省级人常
	其他人员		
军事检察院	检察长	最高检检察长	全人常
	其他人员及战区以下人员		经上级检察长同意按干部任免规则

①省、自治区内按地区设立的检察院分院。如新疆维吾尔自治区人民检察院和田分院。
②直辖市内设立的检察院分院。如上海市人民检察院第一分院。

★ [注意] 地方检察长选举后需由上级检察长报上级人常完成任命。

---

* 该原则在最新的《人民检察院组织法》中已被删除,但该原则属于政治政策性原则,内容仍保留在此,供各位考生参考。新法中提到的责任制原则在法理学的社会主义法治理论部分有所论述,注意结合学习。

三、人民法院、人民检察院和公安机关的关系

	《宪法》第140条规定："人民法院、人民检察院和公安机关办理刑事案件，应当分工负责，互相配合，互相制约，以保证准确有效地执行法律。"
分工负责	除人民检察院依法自行侦查的案件及当事人自诉案件外，在办理刑事案件时，公安机关负责案件的侦查、预审、执行逮捕、依法执行判决，人民检察院负责批准逮捕、审查起诉和出庭公诉、抗诉，人民法院负责审判。《刑事诉讼法》对三机关各自的工作分工作出详细的规定，各司其职、各尽其责，避免互相推诿扯皮或争夺管辖权。
互相配合	每一机关的工作依法完成后移交下一个环节的工作机关时，都能依法顺利接受并开始新环节的工作。每一个机关在工作上需要另一机关协助时，能依法在职权范围内协助。互相配合表明三机关虽然职责不同，但目的和任务是一致的，适用的法律和执行的政策是一致的。三机关在办理刑事案件时，既不能互相对立，又必须坚持原则，严格依照法律，密切配合，切实保证惩罚犯罪，保障公民合法权益。
互相制约	三机关通过各自的工作发现另外机关的工作问题，可提出建议要求其纠正；通过下一阶段的工作审查前一阶段工作是否存在问题，并作出相应的处理。 （1）公安机关在侦查过程中，需要逮捕犯罪嫌疑人时要经过人民检察院审查批准，对不予批准的，公安机关认为有错误的，可以要求复议以及向上级人民检察院要求复核。 （2）人民检察院对公安机关侦查终结移送起诉的案件，进行审查，决定是否起诉。犯罪事实不清、证据不足的，可以退回公安机关补充侦查或自行侦查。在办理案件中发现公安机关有违法情况，可以通知公安机关予以纠正。公安机关对人民检察院的决定认为有错误的，可以要求复议，以及要求上一级检察机关复核。 （3）人民法院对人民检察院提起公诉的案件，经审判，根据具体情况和法律作出有罪、无罪的判决。人民检察院认为判决有错误的，可以提出抗诉。对发生法律效力的判决，人民检察院认为有错误的，可以依照审判监督程序通过抗诉引起再审。 通过互相制约，可以纠正错误，避免冤假错案，避免放纵罪犯。
	**记忆提示** 公检法，分配制。（分工负责，相互配合，相互制约）

真题链接

一、单项选择题

1. 关于我国专门人民法院，下列说法正确的是（　　）（2018/非法学/20）[1]

A. 知识产权法院的设立由全国人大常委会决定

B. 中国人民解放军法院院长由中央军事委员会任命

C. 海事法院负责审理海事和海商领域的刑事和民事案件

---

[1]　A

D. 我国设立专门的行政法院以保障行政案件的独立公正审理

2. 根据现行宪法和法律，下列关于人民法院的表述，正确的是（　　）(2017/非法学/29)[1]

A. 人民法院审判案件一律公开进行

B. 最高人民法院院长得连选连任，不受任期限制

C. 地方各级人民法院对上一级人民法院负责并报告工作

D. 人民法院依法独立行使审判权，不受行政机关、社会团体和个人的干涉

3. 根据我国宪法和法律，下列关于人民法院审判工作制度的表述，正确的是（　　）(2016/非法学/29)[2]

A. 人民法院实行陪审制

B. 人民法院审判案件，实行两审终审制

C. 上级人民法院领导下级人民法院的审判工作

D. 人民法院设立审判监督庭，专门讨论重大疑难案件

4. 下列关于我国司法制度的表述，正确的是（　　）(2015/非法学/28)[3]

A. 人民检察院属于司法行政机关

B. 最高人民法院院长由全国人大常委会任免

C. 人民法院上下级之间是指导与被指导关系

D. 人民检察院上下级之间是领导与被领导关系

5. 下列权利中，我国现行宪法有明确规定的是（　　）(2015/法学/11)[4]

A. 沉默权　　　　　　　　　　B. 罢工自由

C. 营业自由　　　　　　　　　D. 被告人有权获得辩护

6. 下列关于我国检察机关的表述，正确的是（　　）(2014/非法学/23)[5]

A. 最高人民检察院是最高司法行政机关

B. 人民检察院是国家的法律监督机关

C. 上级人民检察院指导下级人民检察院的工作

D. 人民检察院有批准逮捕、审查起诉并领导公安机关侦查活动的职权

7. 根据我国现行宪法规定，人民法院、人民检察院和公安机关在办理刑事案件过程中的相互关系是（　　）(2013/法学/14)[6]

A. 各自独立办案　　　　　　　B. 联合办案

C. 分工负责，互相制衡　　　　D. 分工负责，互相配合，互相制约

---

[1] D
[2] B
[3] D
[4] D
[5] B
[6] D

8. 下列机关中，享有对直辖市中级人民法院院长任免权的是（　　）（2012/非法学/22)[1]

　　A. 市人民代表大会　　　　　　　　B. 市高级人民法院

　　C. 市政法委员会　　　　　　　　　D. 市人民代表大会常务委员会

9. 根据我国现行宪法的规定，上下级人民法院在审判工作中的关系是（　　）（2011/非法学/31)[2]

　　A. 监督关系　　　　　　　　　　　B. 领导关系

　　C. 指导关系　　　　　　　　　　　D. 隶属关系

10. 2017 年 8 月，杭州互联网法院成立。互联网法院将涉及网络的案件从现有审判体系中剥离，依托互联网技术，实现了"网上案件网上审"。对此，下列表述正确的是（　　）（2019/非法学/12；2019/法学/7)[3]

　　A. 法院对网络新科技的运用并不影响司法效率

　　B. 法院对网络新科技的运用必然提升司法公正

　　C. 互联网法院是网络新科技在司法领域运用的产物

　　D. 法院运用网络新科技审理案件体现了司法的能动性

11. 某市中级人民法院在审理一起姓名权案件时，认为《婚姻法》第 22 条（现为《民法典》第 1015 条）"子女可以随父姓，可以随母姓"的规定需要进一步明确具体含义，于是中止审理，逐级报送至最高人民法院。根据我国宪法和法律，下列做法正确的是（　　）（2019/非法学/21)[4]

　　A. 该市中级人民法院可以援引宪法作为裁判依据

　　B. 最高人民法院应就进一步明确该条的具体含义作出司法解释

　　C. 该市中级人民法院应直接报送全国人大常委会，根据请示结果作出判决

　　D. 最高人民法院可向全国人大常委会提出对该条进行法律解释的要求

二、多项选择题

12. 下列选项中，属于我国人民法院审判工作原则的有（　　）（2015/非法学/56)[5]

　　A. 两审终审原则　　　　　　　　　B. 群众路线原则

　　C. 平等适用法律原则　　　　　　　D. 被告人有权获得辩护原则

13. 下列选项中，属于人民检察院职权的有（　　）（2011/法学/28)[6]

　　A. 核准死刑案件　　　　　　　　　B. 对刑事案件行使公诉权

---

[1]　D
[2]　A
[3]　C
[4]　D
[5]　CD
[6]　BCD

C. 受理公民的控告、检举和申诉　　D. 对诉讼活动进行监督

14. 下列选项中，属于我国人民法院应遵循的审判工作原则的有（　　）（2010/非法学/55）[1]

A. 合议制原则　　　　　　　　　B. 被告人有权获得辩护原则
C. 公开审理原则　　　　　　　　D. 专门工作与群众路线相结合原则

第八节　地方国家机关

一、县级以上地方各级人大及其常委会

	县级以上地方各级人民代表大会	县级以上地方各级人民代表大会常委会
性质和地位	地方各级人民代表大会，是指省、自治区、直辖市、自治州、市、县、市辖区、乡、民族乡、镇的人民代表大会。它们是本行政区域内的国家权力机关，本行政区域内的同级人民政府、监察机关、人民法院和人民检察院都由其产生，对它负责，受它监督。它们同全国人民代表大会一起构成中国国家权力机关体系。	县级以上地方各级人大常委会是本级人民代表大会闭会期间行使地方国家权力的机关，是本级国家权力机关的组成部分。 它从属于本级人民代表大会，对本级人民代表大会负责并报告工作。
组成和任期	地方各级人民代表大会由人民选举的代表组成。 乡、民族乡、镇、县、自治县、不设区的市、市辖区的人民代表大会的代表由选民直接选举产生。 省、自治区、直辖市、自治州、设区的市的人民代表大会的代表由下级人民代表大会选举产生。地方各级人民代表大会每届任期5年。	县级以上地方各级人大常委会由主任、副主任若干人、委员若干人组成，其组成人员均由本级人民代表大会第一次会议从代表中选举产生。人大常委会组成人员不得担任国家行政机关、监察机关、审判机关和检察机关的职务。如果担任上述职务，必须向常务委员会辞去常务委员会的职务。地方各级人民代表大会常委会任期5年。 常务委员会组成人员的名额： （1）省、自治区、直辖市45人至75人，人口超过8000万的省不超过95人； （2）设区的市、自治州29人至51人，人口超过800万的设区的市不超过61人； （3）县、自治县、不设区的市、市辖区15人至35人，人口超过100万的县、自治县、不设区的市、市辖区不超过45人。 省、自治区、直辖市每届人民代表大会常

---

[1]　ABC

县级以上地方各级人民代表大会	县级以上地方各级人民代表大会常委会
组成和任期	同　前	务委员会组成人员的名额，根据优化常务委员会组成人员结构的需要，由省、自治区、直辖市的人民代表大会依照前述规定，按人口多少确定。自治州、县、自治县、市、市辖区每届人民代表大会常务委员会组成人员的名额，根据优化常务委员会组成人员结构的需要，由省、自治区、直辖市的人民代表大会常务委员会依照前述规定，按人口多少确定。每届人民代表大会常务委员会组成人员的名额经确定后，在本届人民代表大会的任期内不再变动。 常务委员会根据工作需要，设立办事机构和法制工作委员会、预算工作委员会、代表工作委员会等工作机构。
职　权	1. 立法权 省、自治区、直辖市的人民代表大会根据本行政区域的具体情况和实际需要，在不同宪法、法律、行政法规相抵触的前提下，可以制定和颁布地方性法规，报全国人民代表大会常务委员会和国务院备案。 设区的市、自治州的人民代表大会根据本行政区域的具体情况和实际需要，在不同宪法、法律、行政法规和本省、自治区的地方性法规相抵触的前提下，可以依照法律规定制定地方性法规，报省、自治区的人民代表大会常务委员会批准后施行，并由省、自治区的人民代表大会常务委员会报全国人民代表大会常务委员会和国务院备案。 省、自治区、直辖市以及设区的市、自治州的人民代表大会根据区域协调发展的需要，可以开展协同立法。 2. 县级以上的地方人大职权 （1）在本行政区域内，保证宪法、法律、行政法规和上级人民代表大会及其常务委员会决议的遵守和执行，保证国家计划和国家预算的执行。	1. 立法权 省、自治区、直辖市的人民代表大会常务委员会在本级人民代表大会闭会期间，根据本行政区域的具体情况和实际需要，在不同宪法、法律、行政法规相抵触的前提下，可以制定和颁布地方性法规，报全国人民代表大会常务委员会和国务院备案。 设区的市、自治州的人民代表大会常务委员会在本级人民代表大会闭会期间，根据本行政区域的具体情况和实际需要，在不同宪法、法律、行政法规和本省、自治区的地方性法规相抵触的前提下，可以依照法律规定制定地方性法规，报省、自治区的人民代表大会常务委员会批准后施行，并由省、自治区的人民代表大会常务委员会报全国人民代表大会常务委员会和国务院备案。 省、自治区、直辖市以及设区的市、自治州的人民代表大会常务委员会根据区域协调发展的需要，可以开展协同立法。 2. 县级以上的地方人大常委会职权 （1）在本行政区域内，保证宪法、法律、行政法规和上级人民代表大会及其常务委员会决议的遵守和执行。

县级以上地方各级人民代表大会	县级以上地方各级人民代表大会常委会
职 权	

县级以上地方各级人民代表大会	县级以上地方各级人民代表大会常委会
（2）审查和批准本行政区域内的国民经济和社会发展规划纲要、计划和预算及其执行情况的报告，依法履行国有资产监督、地方政府债务审查监督等职责。 （3）讨论、决定本行政区域内的政治、经济、教育、科学、文化、卫生、生态环境保护、自然资源、民政、社会保障、民族等工作的重大事项。 （4）选举本级人民代表大会常务委员会的组成人员。 （5）选举省长、副省长，自治区主席、副主席，市长、副市长，州长、副州长，县长、副县长，区长、副区长。 （6）选举本级监察委员会主任、人民法院院长和人民检察院检察长；选出的人民检察院检察长，须报经上一级人民检察院检察长提请该级人民代表大会常务委员会批准。 （7）选举上一级人民代表大会代表。 （8）听取和审查本级人民代表大会常务委员会的工作报告。 （9）听取和审查本级人民政府和人民法院、人民检察院的工作报告。 （10）改变或者撤销本级人民代表大会常务委员会的不适当的决议。 （11）撤销本级人民政府的不适当的决定和命令。 （12）保护社会主义的全民所有的财产和劳动群众集体所有的财产，保护公民私人所有的合法财产，维护社会秩序，保障公民的人身权利、民主权利和其他权利。 （13）保护各种经济组织的合法权益。 （14）促进各民族广泛交往交流交融，铸牢中华民族共同体意识，保障少数民族的权利。 （15）保障宪法和法律赋予妇女的男女平等、同工同酬和婚姻自由等各项权利。	（2）领导或者主持本级人民代表大会代表的选举。 （3）召集本级人民代表大会会议。 （4）讨论、决定本行政区域内的政治、经济、教育、科学、文化、卫生、生态环境保护、自然资源、民政、社会保障、民族等工作的重大事项。 （5）根据本级人民政府的建议，审查和批准本行政区域内的国民经济和社会发展规划纲要、计划和本级预算的调整方案。 （6）监督本行政区域内国民经济和社会发展规划纲要、计划和预算的执行，审查和批准本级决算，监督审计查出问题整改情况，审查监督政府债务。 （7）监督本级人民政府、监察委员会、人民法院和人民检察院的工作，听取和审议有关专项工作报告，对法律、法规执行情况开展执法检查，开展专题询问；联系本级人民代表大会代表，受理人民群众对上述机关和国家工作人员的申诉和意见。 （8）依法履行国有资产监督职责，听取和审议本级人民政府关于国有资产管理情况的报告。 （9）听取和审议本级人民政府关于年度环境状况和环境保护目标完成情况的报告。 （10）听取和审议备案审查工作情况报告。 （11）撤销下一级人民代表大会及其常务委员会的不适当的决议。 （12）撤销本级人民政府的不适当的决定和命令。 （13）在本级人民代表大会闭会期间，决定副省长、自治区副主席、副市长、副州长、副县长、副区长的个别任免；在省长、自治区主席、市长、州长、县长、区长和监察委员会主任、人民法院院长、人民检察院检察长因故不能担任职务的时候，从本级人民政府、监察委员会、人民法院、人民检察

续表

	县级以上地方各级人民代表大会	县级以上地方各级人民代表大会常委会
职　权	3. 乡、民族乡、镇的人大职权 （1）在本行政区域内，保证宪法、法律、行政法规和上级人民代表大会及其常务委员会决议的遵守和执行。 （2）在职权范围内通过和发布决议。 （3）根据国家计划，决定本行政区域内的经济、文化事业和公共事业的建设计划。 （4）审查和批准本行政区域内的财政预算和预算执行情况的报告，监督本级预算的执行，审查和批准本级预算的调整方案，审查和批准本级决算。 （5）决定本行政区域内的民政工作的实施计划。 （6）选举本级人民代表大会主席、副主席。 （7）选举乡长、副乡长，镇长、副镇长。 （8）听取和审查乡、民族乡、镇的人民政府的工作报告。 （9）撤销乡、民族乡、镇的人民政府的不适当的决定和命令。 （10）保护社会主义的全民所有的财产和劳动群众集体所有的财产，保护公民私人所有的合法财产，维护社会秩序，保障公民的人身权利、民主权利和其他权利。 （11）保护各种经济组织的合法权益。 （12）促进各民族广泛交往交流交融，铸牢中华民族共同体意识，保障少数民族的权利。 （13）保障宪法和法律赋予妇女的男女平等、同工同酬和婚姻自由等各项权利。少数民族聚居的乡、民族乡、镇的人民代表大会在行使职权的时候，应当采取适合民族特点的具体措施。	院副职领导人员中决定代理的人选；决定代理检察长，须报上一级人民检察院和人民代表大会常务委员会备案。 （14）根据省长、自治区主席、市长、州长、县长、区长的提名，决定本级人民政府秘书长、厅长、局长、委员会主任、科长的任免，报上一级人民政府备案。 （15）根据监察委员会主任的提请，任免监察委员会副主任、委员。 （16）按照人民法院组织法和人民检察院组织法的规定，任免人民法院副院长、庭长、副庭长、审判委员会委员、审判员，任免人民检察院副检察长、检察委员会委员、检察员，批准任免下一级人民检察院检察长；省、自治区、直辖市的人民代表大会常务委员会根据主任会议的提名，决定在省、自治区内按地区设立的和在直辖市内设立的中级人民法院院长的任免，根据省、自治区、直辖市的人民检察院检察长的提名，决定人民检察院分院检察长的任免。 （17）在本级人民代表大会闭会期间，决定撤销个别副省长、自治区副主席、副市长、副州长、副县长、副区长的职务；决定撤销由它任命的本级人民政府其他组成人员和监察委员会副主任、委员，人民法院副院长、庭长、副庭长、审判委员会委员、审判员，人民检察院副检察长、检察委员会委员、检察员，中级人民法院院长，人民检察院分院检察长的职务。 （18）在本级人民代表大会闭会期间，补选上一级人民代表大会出缺的代表和罢免个别代表。 （19）决定授予地方的荣誉称号。

续表

	县级以上地方各级人民代表大会	县级以上地方各级人民代表大会常委会
工作的方式和程序	地方各级人民代表大会的工作方式主要是举行会议。会议至少每年举行一次。 县级以上地方各级人大会议由本级人大常委会召集，乡级人大会议由上一次的人大会议主席团负责召集。地方各级人大举行会议时由主席团主持，县级以上地方各级人民政府组成人员和人民法院院长、人民检察院检察长、乡级人民政府领导人列席本级人大会议。 地方各级人大会议的主席团、人大常委会、专门委员会、本级人民政府及县以上人大代表10人以上和乡镇人大代表5人以上联名，可以提出属于本级人大职权范围内的议案，由主席团决定是否提交大会审议。所有议案都必须以全体代表的过半数通过。	常务委员会会议由主任召集并主持，每两个月至少举行一次。主任可以委托副主任主持会议。 县级以上的地方各级人民代表大会常务委员会主任会议可以向本级人民代表大会常务委员会提出属于常务委员会职权范围内的议案，由常务委员会会议审议。 县级以上的地方各级人民政府、人民代表大会各专门委员会，可以向本级人民代表大会常务委员会提出属于常务委员会职权范围内的议案，由主任会议决定提请常务委员会会议审议，或者先交有关的专门委员会审议、提出报告，再提请常务委员会会议审议。 省、自治区、直辖市、自治州、设区的市的人民代表大会常务委员会组成人员5人以上联名，县级的人民代表大会常务委员会组成人员3人以上联名，可以向本级常务委员会提出属于常务委员会职权范围内的议案，由主任会议决定是否提请常务委员会会议审议，或者先交有关的专门委员会审议、提出报告，再决定是否提请常务委员会会议审议。 常务委员会的决议，由常务委员会以全体组成人员的过半数通过。 县级以上的地方各级人民代表大会常务委员会和各专门委员会、工作机构应当建立健全常务委员会组成人员和各专门委员会、工作机构联系代表的工作机制，支持和保障代表依法履职，扩大代表对各项工作的参与，充分发挥代表作用。 县级以上的地方各级人民代表大会常务委员会通过建立基层联系点、代表联络站等方式，密切同人民群众的联系，听取对立法、监督等工作的意见和建议。

[补充知识点]

各级人大罢免同级由其选任的国家机关组成人员的提出主体：（通过均为全体过半）

罢免案

	人　大
全　国	主席团，三团，1/10
省市县	主席团，常，1/10
乡	主席团，1/5

地方各级人大常委会撤职案的对象和提出主体：

撤职案

撤职对象	①个别副职；②人常选任
提出主体	一府两院，主任会+1/5

向各级人大、人常提出质询案的主体：

质询案

	人　大	人　常
全　国	一团30表	10
一般地方	10	5
特殊地方	5（乡）	3（县）

二、县级以上地方各级人民政府

（一）性质和地位

根据《宪法》的规定，县级以上地方各级人民政府，是指省、自治区、直辖市、自治州、设区的市、县、自治县、不设区的市、市辖区的人民政府。地方各级人民政府是地方各级国家权力机关的执行机关，是地方各级国家行政机关。由同级人民代表大会产生，对同级人大及其常委会负责并报告工作。地方各级人民政府都是国务院统一领导下的国家行政机关。

地方各级人民政府应当维护宪法和法律权威，坚持依法行政，建设职能科学、权责法定、执法严明、公开公正、智能高效、廉洁诚信、人民满意的法治政府。地方各级人民政府应当坚持以人民为中心，全心全意为人民服务，提高行政效能，建设服务型政府。地方各级人民政府应当严格执行廉洁从政各项规定，加强廉政建设，建设廉洁政府。

地方各级人民政府应当坚持政务公开，全面推进决策、执行、管理、服务、结果公开，及时、准确公开政府信息，提高政府工作的透明度。地方各级人民政府应当坚持科学决策、民主决策、依法决策，提高决策的质量。地方各级人民政府应当依法接受监督，确保行政权力依法正确行使。

（二）组成和任期

省、自治区、直辖市、自治州、设区的市的人民政府分别由省长、副省长、自治区主席、副主席、市长、副市长、州长、副州长和秘书长、厅长、局长、委员会主任等组成。

县、自治县、不设区的市、市辖区的人民政府分别由县长、副县长、市长、副市长、区长、副区长和局长、科长等组成。

民族自治地方，即自治区、自治州、自治县的人民政府的主席、州长、县长由实行区域自治民族的公民担任。

地方各级人民政府的任期与本级人民代表大会的任期相同，均为 5 年。

（三）主要职权

1. 地方政府规章的制定

省、自治区、直辖市的人民政府可以根据法律、行政法规和本省、自治区、直辖市的地方性法规，制定规章，报国务院和本级人民代表大会常务委员会备案。设区的市、自治州的人民政府可以根据法律、行政法规和本省、自治区的地方性法规，依照法律规定制定规章，报国务院和省、自治区的人民代表大会常务委员会、人民政府以及本级人民代表大会常务委员会备案。

制定地方政府规章，须经各该级政府常务会议或者全体会议讨论决定。

2. 县级以上人民政府职权

（1）执行本级人民代表大会及其常务委员会的决议，以及上级国家行政机关的决定和命令，规定行政措施，发布决定和命令；（县级以上的地方各级人民政府制定规范性文件，应当经过评估论证、公开征求意见、合法性审查、集体审议决定等程序，按照法定要求和程序予以公布，并向本级人民代表大会常务委员会备案）

（2）领导所属各工作部门和下级人民政府的工作；

（3）改变或者撤销所属各工作部门的不适当的命令、指示和下级人民政府的不适当的决定、命令；

（4）依照法律的规定任免、培训、考核和奖惩国家行政机关工作人员；

（5）编制和执行国民经济和社会发展规划纲要、计划和预算，管理本行政区域内的经济、教育、科学、文化、卫生、体育事业、生态环境保护、自然资源、城乡建设事业和财政、民政、社会保障、公安、民族事务、司法行政、计划生育等行政工作；

（6）保护社会主义的全民所有的财产和劳动群众集体所有的财产，保护公民私人所有的合法财产，维护社会秩序，保障公民的人身权利、民主权利和其他权利；

（7）保护各种经济组织的合法权益；

（8）促进各民族广泛交往交流交融，铸牢中华民族共同体意识，保障少数民族的权利和尊重少数民族的风俗习惯，帮助本行政区域内的民族自治地方依照宪法和法律实行区域自治，帮助各少数民族发展政治、经济和文化的建设事业；

（9）保障宪法和法律赋予妇女的男女平等、同工同酬和婚姻自由等各项权利；

（10）办理上级国家行政机关交办的其他事项。

3. 乡、民族乡、镇的人民政府职权

（1）执行本级人民代表大会的决议和上级国家行政机关的决定和命令，发布决定和命令；

（2）编制和执行本行政区域内的国民经济和社会发展计划和预算，管理本行政区域内的经济、教育、科学、文化、卫生、体育事业、生态环境保护和财政、民政、社会保障、公安、司法行政、计划生育等行政工作；

（3）保护社会主义的全民所有的财产和劳动群众集体所有的财产，保护公民私人所有的合法财产，维护社会秩序，保障公民的人身权利、民主权利和其他权利；

（4）保护各种经济组织的合法权益；

（5）促进各民族广泛交往交流交融，铸牢中华民族共同体意识，保障少数民族的权利和尊重少数民族的风俗习惯；

（6）保障宪法和法律赋予妇女的男女平等、同工同酬和婚姻自由等各项权利；

（7）指导、支持和帮助基层群众性自治组织的工作；

（8）办理上级人民政府交办的其他事项。

（四）领导体制

地方各级人民政府实行行政首长负责制。由行政首长主持和负责地方各级人民政府的行政工作，以保证行政工作的效率。人民政府会议分为全体会议和常务会议，政府工作中的重大问题，须经常务会议或者全体会议讨论决定。

（五）派出机关

省、自治区、县、自治县、市辖区和不设区的市的人民政府，在必要时经上一级人民政府批准，可分别设若干派出机关。

1. 省、自治区人民政府的派出机关是行政公署，简称"行署"。（全国尚未撤销现存共10个：7地区、3盟）

机构名称	所属地区	所属省级行政区	设立日期	驻 地
大兴安岭地区行政公署	大兴安岭地区	黑龙江省	1970年4月	加格达奇区
阿里地区行政公署	阿里地区	西藏自治区	1979年2月	噶尔县
阿克苏地区行政公署	阿克苏地区	新疆维吾尔自治区	1968年9月	阿克苏市
喀什地区行政公署	喀什地区	新疆维吾尔自治区	1968年9月	喀什市
和田地区行政公署	和田地区	新疆维吾尔自治区	1968年9月	和田市
塔城地区行政公署	塔城地区	新疆维吾尔自治区	1968年9月	塔城市
阿勒泰地区行政公署	阿勒泰地区	新疆维吾尔自治区	1968年9月	阿勒泰市
锡林郭勒盟行政公署	锡林郭勒盟	内蒙古自治区	1978年6月	锡林浩特市
兴安盟行政公署	兴安盟	内蒙古自治区	1980年7月	乌兰浩特市
阿拉善盟行政公署	阿拉善盟	内蒙古自治区	1979年12月	阿拉善左旗

2. 县、自治县人民政府的派出机关是区公所。

现存区公所

省/自治区	地级市/地区	县	区公所
河 北	张家口市	涿鹿县	赵家蓬区公所
新 疆	喀什地区	泽普县	奎依巴格区公所

3. 市辖区和不设区的市人民政府的派出机关是街道办事处。

派出机关受派出的人民政府委托，代表派出的人民政府进行行政管理。根据法律、法规和规章的授权，派出机关也可以自己的名义进行行政管理。（根据 2021 年的数据，全国有 6152 个街道办事处，在此不列举）

（六）工作部门

《地方各级人民代表大会和地方各级人民政府组织法》第 78 条 地方各级人民政府根据工作需要和优化协同高效以及精干的原则，设立必要的工作部门。

县级以上的地方各级人民政府设立审计机关。地方各级审计机关依照法律规定独立行使审计监督权，对本级人民政府和上一级审计机关负责。

省、自治区、直辖市的人民政府的厅、局、委员会等工作部门的设立、增加、减少或者合并，由本级人民政府报请国务院批准，并报本级人民代表大会常务委员会备案。

自治州、县、自治县、市、市辖区的人民政府的局、科等工作部门的设立、增加、减少或者合并，由本级人民政府报请上一级人民政府批准，并报本级人民代表大会常务委员会备案。

[注意] 地方各级人民政府由国务院统一领导，但地方人民政府的工作部门并不由国务院统一领导，而是由该级政府领导及由其上级主管部门领导或指导。

真题链接

一、单项选择题

1. 关于县级以上地方各级人民政府的组成部门，下列说法正确的是 （   ）
（2018/非法学/19）[1]

   A. 各级人民政府由同级人大决定设立

   B. 地方审计机关独立行使审计监督权，只对上一级审计机关负责

   C. 各组成部门受本级人民政府的领导，并且受上级主管部门的业务指导或领导

   D. 民族自治地方人民政府组成部门的负责人由实施区域自治的民族公民担任

---

[1] C

2. 下列关于地方各级人民代表大会会议制度的说法，正确的有（ ）（2017/非法学/16）[1]

　　A. 地方各级人大召开需要 2/3 的代表参加会议

　　B. 地方各级人大代表大会全体会议由人大常委会主持

　　C. 地方各级人民代表大会每一年举行一次

　　D. 如果人大常委会认为有必要或者 1/10 以上人大代表提议，可以临时召集会议

3. 审计机关，是指依照国家法律规定设立的、代表国家行使审计监督职权的国家机关。下列关于审计机关的说法，错误的是（ ）（2017/非法学/23）[2]

　　A. 县级以上地方各级人民政府设立审计机关

　　B. 审计机关只对本级人民政府负责并报告工作

　　C. 审计署是国家最高审计机关，审计长是行政领导

　　D. 审计机关对国家的事业组织的财务收支，进行审计监督

4. 根据我国地方组织法，下列关于地方各级人民代表大会的表述，错误的有（ ）（2017/非法学/55）[3]

　　A. 省人民代表大会会议每年至少举行一次

　　B. 市人民代表大会举行会议的时候，由主席团主持

　　C. 县人民法院院长列席本级人民代表大会会议

　　D. 乡人大主席负责召集下一次本级人民代表大会会议

5. 根据我国宪法和法律，下列关于地方各级人民代表大会的表述，不正确的是（ ）（2016/非法学/27）[4]

　　A. 地方各级人民代表大会都是地方国家权力机关

　　B. 地方各级人民代表大会会议每年至少要举行一次

　　C. 地方各级人民代表大会会议由本级人大常委会召开

　　D. 地方各级人民代表大会进行选举和通过决议，以全体代表过半数通过

6. 关于设区的市的人大及其常委会制定的地方性法规的备案，下列表述正确的是（ ）（2016/非法学/28）[5]

　　A. 直接报国务院备案

　　B. 报省、自治区政府备案

　　C. 报省、自治区人大常委会备案

　　D. 经省、自治区人大常委会批准后，报全国人大常委会和国务院备案

7. 根据我国宪法和法律，下列关于地方人民政府派出机关的表述，正确的是

---

〔1〕　A

〔2〕　B

〔3〕　D

〔4〕　C

〔5〕　D

（　　）（2016/法学/14）[1]

 A. 派出机关是一级政权机关，有行政管理职权

 B. 县人民政府设立派出机关应当经国务院批准

 C. 不设区的市的人民政府经批准可设立派出机关

 D. 行政公署是省、自治区、直辖市人民政府的派出机关

8. 根据我国宪法和法律，下列关于地方各级人民政府的表述，不正确的是（　　）（2016/法学/10）[2]

 A. 地方各级人民政府必须依法行政

 B. 地方各级人民政府实行集体负责制

 C. 地方各级人民政府均受国务院的统一领导

 D. 地方各级人民政府是地方各级人大的执行机关

9. 2014 年春节期间，县人大代表刘某因酒后交通肇事逃逸，涉嫌犯罪，县公安局拟对其实施逮捕。对此，下列做法中正确的是（　　）（2015/非法学/29）[3]

 A. 公安局可自行决定并实施逮捕

 B. 公安局经县人民法院决定后可实施逮捕

 C. 公安局经县人民检察院批准后可实施逮捕

 D. 非经县人大常委会许可，公安局不得实施逮捕

10. 下列法律文件中，属于地方性法规的是（　　）（2014/非法学/19）[4]

 A. 某省人民政府制定的《物业管理办法》

 B. 某省人力资源和社会保障厅颁布的《人才招聘管理办法》

 C. 某省人民代表大会常务委员会制定的《辐射污染防治条例》

 D. 某省公安厅转发的《公安部关于公安机关办理未成年人违法犯罪案件的规定》

11. 根据现行宪法，我国县级以上地方各级审计机关依法独立行使审计监督权。下列表述中，正确的是（　　）（2014/非法学/25）[5]

 A. 地方各级审计机关对监察部和本级人民政府负责

 B. 地方各级审计机关对本级人民政府和上一级审计机关负责

 C. 地方各级审计机关对本级人民政府和上一级人民代表大会负责

 D. 地方各级审计机关对上一级人大常委会和上一级人民政府负责

12. 根据我国宪法和法律规定，下列关于行政法规、地方性法规以及规章备案的表述，不正确的是（　　）（2012/法学/13）[6]

---

[1] C
[2] B
[3] D
[4] C
[5] B
[6] C

A. 行政法规报全国人大常委会备案

B. 省级人大及其常委会制定的地方性法规，报全国人大常委会和国务院备案

C. 设区的市的人大及其常委会制定的地方性法规，报省、自治区人大常委会备案

D. 部门规章报国务院备案

13. 在某市人民代表大会会议期间，市人大代表张某对本市综合执法部门的工作有意见，欲就此提出质询案。根据我国现行宪法和法律的规定，他应该获得联名的代表人数是（　　）(2011/非法学/25)[1]

A. 10 名以上　　　　　　　　　　B. 30 名以上

C. 40 名以上　　　　　　　　　　D. 50 名以上

14. 下列关于我国县级人民政府的表述，正确的是（　　）(2011/非法学/28)[2]

A. 县级人民政府每届任期 3 年

B. 县级人民政府不设工作部门

C. 县级人民政府是国务院统一领导下的国家行政机关

D. 县级人民政府在国家权力机关系统中处于基础地位

二、多项选择题

15. 根据我国宪法和法律的规定，下列选项中，属于各级人大常委会监督职权的有（　　）(2014/非法学/58)[3]

A. 进行询问和质询

B. 组织关于特定问题的调查委员会

C. 听取和审议人民政府专项工作报告

D. 对有关法律、法规实施情况组织执法检查

16. 根据我国现行宪法和法律的规定，有权制定地方性法规的主体包括（　　）(2011/非法学/55)[4]

A. 省、直辖市的人民代表大会

B. 省、自治区的人民政府所在地的市的人民代表大会

C. 经国务院批准的较大的市的人民代表大会

D. 不设区的市的人民代表大会

17. 下列选项中，属于地方人民政府设立的派出机关的有（　　）(2011/非法学/57)[5]

A. 行政公署　　　　　　　　　　B. 村民委员会

C. 街道办事处　　　　　　　　　　D. 居民委员会

---

〔1〕　A

〔2〕　C

〔3〕　ABCD

〔4〕　ABC

〔5〕　AC